TECNOLOGIA *BLOCKCHAIN* NAS CONTRATAÇÕES PÚBLICAS NO BRASIL

MIRELA MIRÓ ZILIOTTO

Prefácio
Luiz Alberto Blanchet

Apresentação
Rodrigo Pironti

TECNOLOGIA *BLOCKCHAIN* NAS CONTRATAÇÕES PÚBLICAS NO BRASIL

Belo Horizonte

2022

© 2022 Editora Fórum Ltda.

(Publicado na Argentina pela Rubinzal y Culzoni)

É proibida a reprodução total ou parcial desta obra, por qualquer meio eletrônico, inclusive por processos xerográficos, sem autorização expressa do Editor.

Conselho Editorial

Adilson Abreu Dallari
Alécia Paolucci Nogueira Bicalho
Alexandre Coutinho Pagliarini
André Ramos Tavares
Carlos Ayres Britto
Carlos Mário da Silva Velloso
Cármen Lúcia Antunes Rocha
Cesar Augusto Guimarães Pereira
Clovis Beznos
Cristiana Fortini
Dinorá Adelaide Musetti Grotti
Diogo de Figueiredo Moreira Neto (in memoriam)
Egon Bockmann Moreira
Emerson Gabardo
Fabrício Motta
Fernando Rossi
Flávio Henrique Unes Pereira
Floriano de Azevedo Marques Neto
Gustavo Justino de Oliveira
Inês Virgínia Prado Soares
Jorge Ulisses Jacoby Fernandes
Juarez Freitas
Luciano Ferraz
Lúcio Delfino
Marcia Carla Pereira Ribeiro
Márcio Cammarosano
Marcos Ehrhardt Jr.
Maria Sylvia Zanella Di Pietro
Ney José de Freitas
Oswaldo Othon de Pontes Saraiva Filho
Paulo Modesto
Romeu Felipe Bacellar Filho
Sérgio Guerra
Walber de Moura Agra

CONHECIMENTO JURÍDICO

Luís Cláudio Rodrigues Ferreira
Presidente e Editor

Coordenação editorial: Leonardo Eustáquio Siqueira Araújo
Aline Sobreira de Oliveira
Tradução: Fernanda Nunes Barbosa

Av. Afonso Pena, 2770 – 15º andar – Savassi – CEP 30130-012
Belo Horizonte – Minas Gerais – Tel.: (31) 2121.4900 / 2121.4949
www.editoraforum.com.br – editoraforum@editoraforum.com.br

Técnica. Empenho. Zelo. Esses foram alguns dos cuidados aplicados na edição desta obra. No entanto, podem ocorrer erros de impressão, digitação ou mesmo restar alguma dúvida conceitual. Caso se constate algo assim, solicitamos a gentileza de nos comunicar através do *e-mail* editorial@editoraforum.com.br para que possamos esclarecer, no que couber. A sua contribuição é muito importante para mantermos a excelência editorial. A Editora Fórum agradece a sua contribuição.

Dados Internacionais de Catalogação na Publicação (CIP) de acordo com a AACR2

Z69t	Ziliotto, Mirela Miró Tecnologia blockchain nas contratações públicas no Brasil / Mirela Miró Ziliotto. – Belo Horizonte : Fórum, 2022. 178 p. : il ; 14,5cm x 21,5cm. Inclui bibliografia. ISBN: 978-65-5518-318-4 1. Direito. 2. Direito Administrativo. 3. Inovação. 4. Tecnologia empresarial. I. Título.
2021-4686	CDD: 341.3 CDU: 342.9

Elaborado por Odilio Hilario Moreira Junior - CRB-8/9949

Informação bibliográfica deste livro, conforme a NBR 6023:2018 da Associação Brasileira de Normas Técnicas (ABNT):

ZILIOTTO, Mirela Miró. *Tecnologia blockchain nas contratações públicas no Brasil*. Belo Horizonte: Fórum, 2022. 178 p. ISBN 978-65-5518-318-4.

Ao meu pai, Luiz Cesar, minha luz eterna.

AGRADECIMENTOS

As pessoas que se interessaram pelo meu esforço e por este trabalho foram inestimáveis no que diz respeito à sua pesquisa, construção, elaboração e conclusão. Deram-me forças para escrever, ajudaram-me a continuar sendo tecnicamente rigorosa, motivaram-me a buscar meus sonhos e acreditar que seria possível conciliar responsabilidades, metas e objetivos, ajudaram-me a encontrar um significado para as minhas escolhas, lembrando-me que sou apaixonada por essa vida de estudos e aprendizados contínuos que permeia o dia a dia de qualquer professora e profissional que busca se destacar e fazer a diferença na vida das pessoas.

Enfim, obrigada a todos aqueles e aquelas que nunca me deixaram esquecer que a recompensa e alegria por todo esforço, trabalho e aprendizados, durante a pesquisa e construção da obra, valeriam a pena.

O sentimento pela conclusão de mais uma produção científica e realização de um sonho não poderia ser outro senão de gratidão.

Obrigada, especialmente, à minha família, minha fortaleza e maior riqueza, por estarem sempre presentes. À minha mãe, pelo incentivo e apoio incondicional em todas as minhas decisões. Aos meus irmãos, pela compreensão de muitas ausências e pelas risadas proporcionadas em nossos encontros. Aos meus sobrinhos, pela leveza e carinho que me trouxeram durante a caminhada. Aos meus avós, pelo suporte e incentivo de coragem para ir em busca das minhas metas e objetivos.

Às minhas amigas e amigos, por se interessarem pelo meu estudo e pelo suporte, incentivo e compreensão pelos inúmeros cancelamentos de programas e ausências.

À minha família do escritório Pironti Advogados, pelo suporte incondicional que me permite perseguir meus sonhos, conciliando a academia e a advocacia.

Ao meu mentor, professor, sócio e amigo, Rodrigo Pironti, responsável pelo meu crescimento profissional diário e parceiro de grande parte das minhas conquistas, especialmente por me instigar todos os dias a ser um ser humano melhor e a sempre ir além.

Ao Prof. Dr. Luiz Alberto Blanchet, pelo incentivo, interesse pela minha pesquisa e pela tranquilidade repassada durante toda a orientação para a elaboração deste trabalho, que, certamente, tornou a caminhada mais leve e mais prazerosa, ainda que com a exigência de muito trabalho, pesquisa e estudo.

Aos professores Fernando Mânica e Irene Nohara, que, com brilhantismo e orientações de melhoria, auxiliaram-se no aprimoramento deste trabalho.

A todos aqueles e aquelas que, de alguma forma, influenciaram a minha trajetória e participaram da construção deste trabalho, não sendo possível nominar um a um, muito obrigada!

The worst thing about corruption is the way it corrupts the values of a society. The way it insidiously undermines integrity, trust, and the very fabric of society.
(Ngozi Okonjo-Iweala, 2019)

LISTA DE ABREVIATURAS E SIGLAS

BA – Bahia
CADE – Conselho Administrativo de Defesa Econômica
CAR – Companhia de Desenvolvimento e Ação Regional da Bahia
CFI – Centro Federal de Inteligência
CRFB/1988 – Constituição da República Federativa de 1988
CPI – Comissão Parlamentar de Inquérito
DLT – *Distributed Ledger Technology*
ENCCLA – Estratégia Nacional de Combate à Corrupção e à Lavagem de Dinheiro
INSS – Instituto Nacional do Seguro Social
M3 – *Middleman-mediated Money*
n. – Número
NAPR – Agência Nacional de Registro Público
NBER – National Bureau of Economic Research
OCDE – Organização para Cooperação e Desenvolvimento Econômico
ONU – Organização das Nações Unidas
p. – Página
PIB – Produto Interno Bruto
PNB – Produto Nacional Bruto
POA – *Proof-of-Authority*
POS – *Proof-of-Steak*
POW – *Proof-of-Work*
P2P – *Peer-to-peer*
PUCPR – Pontifícia Universidade Católica do Paraná
RN – Rio Grande do Norte
SOL – Solução *On-line* de Licitação
TCU – Tribunal de Contas da União
TI – Transparência Internacional
Trad. – Tradução
TVs – Televisões
UNODC – Escritório das Nações Unidas sobre Drogas e Crime
VASP – Viação Aérea São Paulo
WEF – *World Economic Forum*

LISTA DE ILUSTRAÇÕES

Figura 1 – Funcionamento tecnologia *blockchain* – TCU

Figura 2 – Funcionamento *bitcoin*

Figura 3 – Processo de encriptação

Figura 4 – Criptografia simétrica

Figura 5 – Criptografia assimétrica

Figura 6 – *Hashing*

Figura 7 – Funcionamento tecnologia *blockchain* – Comissão Europeia

Figura 8 – Transações entre blocos

Figura 9 – Encadeamento de blocos tecnologia *blockchain* – TCU

Figura 10 – Tipos de *blockchain*

Tabela 1 – Tipos de *blockchain*

Figura 11 – Propriedades da tecnologia *blockchain*

Figura 12 – Trilema *blockchain*

Figura 13 – Riscos da implementação da tecnologia *blockchain*

Figura 14 – Funcionamento da tecnologia *blockchain* para fornecimento de certificados digitais pela Agência Nacional de Registro Público (NAPR) da República da Geórgia

Figura 15 – Árvore de decisão ante a necessidade de utilizar a tecnologia *blockchain*

SUMÁRIO

PREFÁCIO
Luiz Alberto Blanchet... 17

APRESENTAÇÃO
Rodrigo Pitonti 19

CONSIDERAÇÕES INICIAIS: A INEVITÁVEL ADOÇÃO DE
FERRAMENTAS TECNOLÓGICAS NO COMBATE À CORRUPÇÃO.... 23

CAPÍTULO 1
DESENVOLVIMENTO COMO LIBERDADE E AS GARANTIAS DE
TRANSPARÊNCIA... 27

1.1   A Teoria do Desenvolvimento como Liberdade de Amartya
         Sen.. 27

1.1.1   Delimitações temáticas da Teoria de Desenvolvimento como
         Liberdade de Amartya Sen.. 27

1.1.2   Liberdade na concepção de Amartya Sen............................. 30

1.1.3   Desenvolvimento para Amartya Sen..................................... 31

1.2   As garantias de transparência e o comportamento humano....... 33

1.2.1   Garantias de transparência... 33

1.2.2   Comportamento humano para Amartya Sen........................ 34

1.2.3   Impactos das garantias de transparência no comportamento
         humano e no próprio desenvolvimento............................... 36

1.3   Transparência como ferramenta de legitimação do Estado........ 43

CAPÍTULO 2
CORRUPÇÃO SISTÊMICA NAS CONTRATAÇÕES PÚBLICAS NO
BRASIL.. 63

2.1   Corrupção sistêmica no Brasil como obstáculo e herança
         cultural... 63

2.1.1   Contratações públicas no Brasil... 73

2.1.2   Corrupção nas contratações públicas no Brasil.................... 78

2.2   Combate à corrupção como um direito fundamental............... 85

2.3	Mecanismos de combate à fraude e à corrupção nas contratações públicas	90

CAPÍTULO 3

A TECNOLOGIA *BLOCKCHAIN* APLICADA NAS CONTRATAÇÕES PÚBLICAS ... 101

3.1	Premissas e fundamentos da tecnologia *blockchain*	102
3.1.1	O que é a tecnologia *blockchain*?	103
3.1.1.1	Componentes da tecnologia *blockchain*	112
3.1.1.2	Tipos de tecnologia *blockchain*	119
3.1.2	Pilares da tecnologia *blockchain*	125
3.1.3	Benefícios e necessidades de aprimoramento para aplicação na Administração Pública	131
3.2	Benefícios da tecnologia *blockchain* nas contratações públicas....	143
3.2.1	Análise do Tribunal de Contas da União	144
3.2.2	Análise Fórum Econômico Mundial	150
3.3	Caso prático no Brasil – Solução Online de Licitação (SOL)	152
3.3.1	Surgimento da SOL	153
3.3.2	Funcionamento SOL	154

CONSIDERAÇÕES FINAIS ... 157

REFERÊNCIAS ... 163

APÊNDICE ... 177

PREFÁCIO

Desenvolvimento científico, pesquisa, capacitação tecnológica e inovação são intrinsecamente fatores de inafastável imperiosidade para qualquer sociedade contemporânea. O sucesso de qualquer grupo humano depende da habilidade e eficácia com que seus integrantes pensam e agem. Pensar e agir, dois verbos tão comuns, mas indispensáveis desde as situações mais simples até as mais complexas. Não terá, portanto, sido por mera inspiração criativa e tampouco por influências ideológicas que no Brasil tais fatores passaram a ser objeto de disciplinamento por normas constitucionais. A Constituição da República atribui ao Estado as funções de promotor e fomentador do desenvolvimento científico, da pesquisa, da capacitação tecnológica e da inovação. No mundo jurídico, todavia, muitos sempre foram avessos às inovações tecnológicas, como se conservador fosse sinônimo de retrógrado. A implantação do processo eletrônico precisou superar muitas e infundadas resistências. Há, ainda hoje, profissionais do Direito que não saberiam explicar a profissionais de outras áreas o que é a Ciência Jurídica, pois muitas vezes é chamada *Direito* simplesmente, ou seja, atribui-se o mesmíssimo nome a uma ciência e ao seu objeto.

Seja pelo improcedente e inexcusável temor do desconhecido – fruto de mera ignorância se não for sintoma de problemas psicológicos –, seja pelo irremissível preconceito contra inovações, seja ainda por qualquer outro motivo, a resistência contra inovações que incrementam a busca pelo bem-estar, pela dignidade, pelo desenvolvimento e por tantos outros valores fundamentais jamais terá explicação objetiva em bases suficientemente lógicas para emprestar-lhe aparência séria. É, afinal, o processo de adaptação do ser humano à mutabilidade dos problemas que deve superar, assim como o constante aprimoramento dos instrumentos e meios que lhe propiciarão as melhores soluções, apenas isso, assim simplesmente, que o caracterizam como humano.

Hoje, felizmente, já são muitos os juristas que dedicam seus estudos a aspectos e reflexos jurídicos de avanços científicos e respectivas inovações tecnológicas. A jovem autora Mirela Miró Ziliotto integra uma das melhores equipes de advogados proficientemente adaptados aos novos tempos, liderados por Rodrigo Pironti Aguirre de Castro, em cujo doutoramento tive a honra de orientá-lo, assim como a autora Mirela e outros integrantes de sua equipe.

O trabalho ora publicado resultou das pesquisas desenvolvidas por Mirela durante seu mestrado na Pontifícia Universidade Católica do Paraná. Pesquisadora brilhante, que cumpriu todos os créditos e requisitos necessários para a conclusão com êxito e nota máxima unanimemente atribuída pela banca.

Em sua pesquisa, Mirela dedicou seu espírito ao estudo da tecnologia *blockchain* e à viabilidade de sua aplicação, pela Administração Pública, nos procedimentos de contratação pública, tendo como preocupação central a garantia de transparência e o combate à corrupção.

A transparência, a impossibilidade de alteração, os dados criptografados e a validação por consenso distribuído, inerentes à tecnologia *blockchain*, levaram a autora a dedicar sua reflexão aos problemas de falta de transparência e de confiabilidade que comumente comprometem a lidimidade dos procedimentos de contratações públicas. A autora logo percebeu a utilidade da tecnologia *blockchain* como um importante instrumento para a solução dos problemas de confiabilidade e transparência na condução das contratações públicas.

A abordagem, além do ineditismo em seu estilo conteúdo, foi levada a efeito com a máxima objetividade e rigor científico.

Luiz Alberto Blanchet
Doutor e Mestre em Direito pela Universidade Federal do Paraná (UFPR). Membro Catedrático da Academia Brasileira de Direito Constitucional (ABDConst). Professor do Programa de Pós-Graduação da Pontifícia Universidade Católica do Paraná (PUCPR).

APRESENTAÇÃO

A obra que se apresenta à comunidade jurídica com o tema central *"A TECNOLOGIA BLOCKCHAIN NAS CONTRATAÇÕES PÚBLICAS NO BRASIL"* supre uma importante lacuna na literatura jurídica contemporânea e traduz a mais nova contribuição da Professora Mirela Miró Ziliotto, autora cujo dinamismo, fidelidade acadêmica e competência técnica chamam o leitor, em todos os seus textos, a uma reflexão atenta e com acurado rigor científico.

Antes de apresentar a obra, peço a devida vênia aos leitores e me permito apresentar a autora – com o requerimento público de reconhecida e devida suspeição – porque são poucas as oportunidades da vida em que podemos expressar para a posteridade a admiração e o zelo pelas pessoas que nos importam.

Mirela é uma daquelas pessoas cujo convívio faz perceber não apenas a brilhante profissional, professora e autora, mas para além disso, a extraordinária figura humana que irradia por detrás do seu sorriso. Mulher guerreira – de uma nova geração de grandes mulheres – ocupa todos os dias o seu merecido e devido espaço e faz cativar pelo caráter, pela força e pela perseverança. Amiga e sócia da qual não posso prescindir, ensina a todos com o seu exemplo, característica inerente à grande líder que é. É, portanto, para mim, uma honra apresentar sua obra, que dela em si não se dissocia.

A inovação da pesquisa realizada já mereceria, por si só, aplausos da comunidade jurídica, contudo, ganha ainda mais relevância quando o tema aborda a utilização da tecnologia *blockchain* pela Administração Pública com uma proposta de discussão sobre a utilização dessa tecnologia nos processos de contratação pública, como mecanismo de transparência e combate à corrupção.

É aqui que o texto ressalta não apenas sua relevância, mas o caráter de complementariedade da pesquisa, a preencher uma lacuna que tem por objetivo estudar a utilidade da tecnologia *blockchain* no âmbito das contratações públicas, com uma verificação dos benefícios da sua implementação em um cenário descrito pela autora de corrupção sistêmica. A noção trazida por Mirela é de fazer emergir uma nova cultura de transparência nas contratações públicas em razão da potencial mudança do comportamento humano pela introdução no ambiente público, da nova tecnologia.

Em razão disso, inicia o primeiro capítulo contextualizando a doutrina do desenvolvimento como liberdade de Amartya Sen, analisando – em uma sociedade de informação – os impactos da presença ou ausência das garantias de transparência no comportamento humano.

Em um ambiente público direcionado, dentre outros, pelos princípios da moralidade e da publicidade (em seu viés de transparência) e no qual a tecnologia da informação determina (como em outros setores) a confiabilidade das relações, a autora avalia a presença da transparência como uma garantia lógica de confiança e de legitimação do agir estatal, em oposição à cultura da opacidade, natural de um ambiente de corrupção sistêmica.

No segundo capítulo, verticaliza o estudo sobre o tema da corrupção sistêmica em nosso país, tendo como ponto focal de análise as contratações públicas, ambiente propício para a instalação do *status* da opacidade e de fraudes. Com isso, contempla as formas de alteração pelo poder do *status quo* de absoluta crise de confiança e os custos de transação na relação entre público e privado, o que considera ser a questão central a ser solucionada, uma vez que sem essa confiança legítima não haveria um ambiente propício ao combate à corrupção.

Reconhecendo-se a tecnologia *blockchain* como uma dessas ferramentas capazes de fazer expurgar a corrupção sistêmica, no terceiro capítulo, a autora identifica as premissas e fundamentos dessa tecnologia, principalmente naquilo que importa às contratações públicas.

Como se não bastasse a relevante pesquisa até esse ponto apresentada, Mirela ainda faz uma análise da Lei nº 14.129/21, que dispõe sobre princípios, regras e instrumentos para o Governo Digital e para o aumento da eficiência pública, e da Lei nº 14.133/21, a nova Lei de Licitações e Contratos Administrativos, bem como realiza uma avaliação prática, utilizando-se do aplicativo "Solução Online de Licitação (SOL)", implementado nos estados da Bahia e do Rio Grande do Norte, que já utilizavam referida tecnologia.

Neste sentido, com o pragmatismo que lhe é natural, conclui a autora que a tecnologia *blockchain*, fulcrada em valores como transparência, imutabilidade de informações, dados criptografados e validação por consenso distribuído, é instrumento que pode garantir maior transparência e confiabilidade no processo de contratação pública, capaz de reduzir e, em alguns casos, impedir a corrupção sistêmica; porém, alerta, que deve ser utilizada de forma gradativa e razoável, para evitar gastos desnecessários de recursos públicos.

Enfim, o texto que tenho a honra de apresentar à comunidade jurídica é não apenas mais uma importante obra jurídica, mas um farol a guiar o estudo do tema em nosso país.

Rodrigo Pironti
Pós-doutor em Direito na Universidad Complutense de Madrid – España. Doutor em Direito Econômico na Pontifícia Universidade Católica do Paraná. Mestre em Direito Econômico e Social na Pontifícia Universidade Católica do Paraná. Professor convidado da Universidad de La Plata – Argentina, da Universidade de San Nicolás de Hidalgo e da Universidad Tecnológica de Monterrey – México, da Escola de Gestão Pública Galega, da Universidad Complutense de Madrid – España e do Centro Studi Giuridici Latinoamericani – Itália. Autor de vários artigos em periódicos legais e conferencista em âmbito nacional e internacional. Sócio-fundador da banca Pironti Advogados.

CONSIDERAÇÕES INICIAIS: A INEVITÁVEL ADOÇÃO DE FERRAMENTAS TECNOLÓGICAS NO COMBATE À CORRUPÇÃO

A instituição de um Estado Democrático de Direito alicerçado nos direitos e garantias fundamentais no Brasil e a evolução crescentemente complexa e dinâmica da sociedade brasileira, especialmente na busca por maior segurança jurídica e transparência no combate à corrupção, exigem que sejam repensadas algumas formas de atuação estatal.

A corrupção não é um fenômeno recente, tampouco o são as propostas de seu combate, mas a falta de confiança, de integridade e de transparência no âmbito das contratações públicas, certamente, é o maior obstáculo à garantia de aquisições mais eficientes e sem a ocorrência de tantas irregularidades.

Diante desse cenário, e considerando que impactos reputacionais e econômicos decorrentes dos escândalos bilionários de corrupção implicam severos prejuízos ao Poder Público, mobilizou-se uma busca por instrumentos de reforma institucional em prol da prevenção e combate à corrupção. É que a corrupção afeta de forma mais acentuada aqueles economicamente mais frágeis, já que os recursos públicos que deveriam ser alocados de forma a suprir suas carências são desviados mediante condutas ilegais, ilícitas e ilegítimas. Assim, quanto maior o prejuízo ao erário decorrente da corrupção, maior o prejuízo aos serviços e utilidades públicas e, por conseguinte, aos direitos fundamentais dos usuários que poderiam ser tutelados com aqueles recursos.

Não há dúvidas de que a corrupção afeta toda a cadeia de desenvolvimento sustentável de um país, sendo necessário que o combate seja reconhecido como um dever do Estado e da sociedade e um direito dos indivíduos de viver em uma sociedade livre de corrupção. Assim, o combate à corrupção nas contratações públicas, mediante a utilização de instrumentos como a tecnologia *blockchain*, que, em sua essência, é pautada em premissas como a transparência, tem potencial para alterar a cultura da corrupção para uma cultura da ética, integridade e transparência, permitindo melhoria na alocação do dinheiro público e na qualidade da execução dos contratos que celebra, e, por conseguinte, direcionando o Brasil ao desenvolvimento nacional sustentável.

Destaque-se que a tecnologia *blockchain* em seus diversos campos de inserção tem sido reconhecida como uma tecnologia segura e transparente, que permite criar sistemas descentralizados e protocolos seguros e encadeados de modo a dificultar a alteração de seu conteúdo, aumentando a eficiência das transações nela realizadas, reduzindo custos e eliminando fraudes.

No âmbito das contratações públicas, a inclusão do "custo propina" nos valores dos contratos e a inadequação do direcionamento dos recursos públicos, principalmente por ausência de planejamento adequado, são exemplos de que a corrupção é parte integrante das compras públicas. Daí, então, a importância do fortalecimento de instrumentos aptos a monitorar, desincentivar, controlar, reduzir e reprimir essas condutas, que apenas acarretam prejuízos à economia, agravam as desigualdades sociais e impedem o adequado desenvolvimento econômico-social e sustentável.

Conforme ver-se-á no decorrer desse estudo, um comportamento corrupto envolve a violação de regras estabelecidas em prol do autointeresse, para o ganho e o lucro pessoal, o que, no Brasil, comumente ocorre nas três fases da licitação. Isto é, na fase de planejamento da licitação, por exemplo, mediante ausência de transparência, quebra de sigilo de informações para determinados licitantes, especificações editalícias que não permitem a avaliação da performance do contratado, desvio do padrão usual de contratação; previsão de tempo inadequado para a preparação das propostas; especificações editalícias para a diminuição da competitividade. Já na fase de escolha do fornecedor, fatores como decisões tomadas por um único agente, ausência de expertise pelos responsáveis pelo processo, similitude de propostas, atrasos injustificáveis na seleção e desistência do certame por licitantes qualificados, podem ser considerados sinais de alerta para condutas corruptas. Por fim, na fase de execução e fiscalização do contrato, a existência de custos além do contratado sem justificativa, a ausência ou pouca fiscalização da execução contratual e a ausência de registro de avaliações também podem ser considerados sinais de alerta à ocorrência de corrupção.

De um modo geral, portanto, pode-se se afirmar que existe enorme lacuna de informações nos processos licitatórios, sendo a publicidade muitas vezes restrita. A tecnologia *blockchain*, dessa forma, seria importante instrumento para garantir maior transparência às compras públicas, intensificando a participação da sociedade, permitindo um maior controle social desses processos, aumentando a confiança no Poder Público e a eficiência nas aquisições.

Por todo o exposto, justifica-se o presente estudo ante a premente necessidade de melhor aprofundamento da análise da tecnologia *blockchain* como instrumento de garantia do interesse público e eficiência no âmbito das contratações públicas, permitindo maior transparência nestas e, por conseguinte, o desenvolvimento sustentável.

Assim, a temática proposta à presente obra discorre sobre a utilização da tecnologia *blockchain* pela Administração Pública, propondo-se para discussão a análise da viabilidade da sua utilização nos processos de contratação pública como mecanismo de transparência e combate à corrupção.

Nesse sentido, o objetivo do presente estudo é a análise da utilidade da tecnologia *blockchain* no âmbito das contratações públicas, avaliando-se os benefícios da sua implementação em um cenário de corrupção sistêmica, partindo do pressuposto do seu potencial para a mudança do comportamento humano.

Para o alcance desse objetivo, a partir do método hipotético-dedutivo, no primeiro capítulo buscou-se contextualizar a teoria de base da presente obra, Teoria do Desenvolvimento como Liberdade de Amartya Sen, notadamente em relação à liberdade instrumental das garantias de transparência. Dessa forma, analisaram-se os impactos da presença ou ausência das garantias de transparência no comportamento humano, sobretudo em uma sociedade de informação, cujo paradigma é a tecnologia da informação, considerando a presença da transparência uma garantia da confiança e legitimação do agir estatal, em oposição à cultura da corrupção sistêmica.

Na sequência, no decorrer do segundo capítulo, propôs-se a análise da origem da corrupção sistêmica no Brasil, sobretudo no âmbito das contratações públicas, adentrando a análise dos mecanismos à disposição do Poder Público aptos a alterar a realidade da crise aguda pela falta de confiança entre os seres humanos e destes nas instituições, considerando-se esse o problema central a ser solucionado, já que ambientes sem confiança mútua e sem senso de obrigação tácito são propícios para a permanência de uma cultura cotidiana e endêmica da corrupção.

Sendo a tecnologia *blockchain* um desses mecanismos apresentados, no terceiro capítulo buscou-se identificar as premissas e os fundamentos dessa tecnologia, especialmente no tocante à sua aplicação no âmbito das contratações públicas no Brasil, a partir de consequências práticas e jurídicas, como mecanismo de eficiência estatal e aumento da transparência.

Ao final, a partir da análise do aplicativo Solução Online de Licitação (SOL) implementado nos estados da Bahia e do Rio Grande do Norte, que já utiliza referida tecnologia em suas contratações, apresentaram-se as considerações finais, no sentido de que a tecnologia *blockchain*, embasada em valores como transparência, imutabilidade de informações, dados criptografados e validação por consenso distribuído, é instrumento que pode garantir maior transparência e confiabilidade no processo de contratação pública, devendo, entretanto, ser utilizada de forma comedida e apenas quando as suas características centrais forem necessárias. Do contrário, haverá gasto inadequado de recursos públicos.

CAPÍTULO 1

DESENVOLVIMENTO COMO LIBERDADE E AS GARANTIAS DE TRANSPARÊNCIA

Considerando o embasamento teórico proposto à presente obra, destaque-se que este estudo terá como teoria de base a Teoria do Desenvolvimento como Liberdade de Amartya Sen, notadamente em relação à liberdade instrumental das garantias de transparência. Assim, em um primeiro momento buscar-se-á compreender a teoria de desenvolvimento proposta pelo economista, para, na sequência, avaliar a liberdade instrumental da garantia de transparência, sobretudo em relação ao seu aspecto comportamental. Ao final deste capítulo será analisado o impacto dos valores no comportamento humano em uma sociedade cujo paradigma é a tecnologia da informação, considerando a transparência como garantia da legitimação do agir estatal.

1.1 A Teoria do Desenvolvimento como Liberdade de Amartya Sen

Antes de tratar especificamente dos conceitos de liberdade e desenvolvimento propostos por Amartya Sen, faz-se mister realizar alguns contornos temáticos sobre as premissas utilizadas em sua teoria.

1.1.1 Delimitações temáticas da Teoria de Desenvolvimento como Liberdade de Amartya Sen

Precipuamente, importante destacar que não há como discorrer sobre a Teoria de Desenvolvimento de Amartya Sen sem adentrar a análise relacional entre economia, direito e ética, conceitos, que, para o economista, têm sido simplificados de forma equivocada, impactando a própria concepção moderna de desenvolvimento.[1]

Para o autor, portanto, naquilo que diz respeito à economia, uma das grandes dificuldades é o seu embasamento na Teoria da Escolha Racional (*Rational Choice Theory*),[2] que parte da premissa de que os indivíduos tomam suas decisões apenas pensando naquilo que vai lhes favorecer (*self-gain*). Para Amartya Sen, dessa forma, há uma falha na diferença entre os valores e prioridades de uma pessoa, por um lado, e o seu bem-estar e interesses pessoais, por outro.[3] E essa simplificação é o que faz com que a ideia básica de um comportamento autointeressado (*self-interest*) tenha sido elencada como norma básica da disciplina de direito e economia (*law and economics*).[4] Frise-se que, para Amartya Sen, o problema da "*Rational Choice Theory*" não está no fato de o indivíduo se comportar de acordo com a razão, mas, sim, que essa razão deva ser pautada apenas no "*self-interest*", sem que se pense em mais nada. E tal problema, segundo o autor, é o que não permite a demonstração devida da importância das considerações econômicas na avaliação do Direito e suas implicações ao desenvolvimento.[5]

Assim, em contraste à "*Rational Choice Theory*", traz-se a ideia de "*commitment*", que pode ser traduzido como "compromisso", ou seja, demandas de responsabilidade que os indivíduos sentem uns para com os outros. Em outras palavras, significa a situação em que um indivíduo realiza coisas para os outros, mesmo que o seu bem-estar próprio não seja afetado por suas ações.[6] Por isso, Sen destaca que a economia não pode deixar de se interessar por questões como as responsabilidades de um grupo, de modo que o seu comportamento baseado em normas

---

[1]   SEN, Amartya. Economics, Law and Ethics. *In:* GOTOH, Reiko; DUMOUCHEL, Paul (Ed.). *Against injustice:* the new Economics of Amartya Sen. Cambridge: Cambridge University Press, 2009. p. 39.

[2]   Sobre o tema cf. GOTOH, Reiko; DUMOUCHEL, Paul (Ed.). *Against injustice:* the new Economics of Amartya Sen. Cambridge: Cambridge University Press, 2009. p. 39-43.

[3]   SEN, Amartya. Economics, Law and Ethics. *In:* GOTOH, Reiko; DUMOUCHEL, Paul (Ed.). *Against injustice:* the new Economics of Amartya Sen. Cambridge: Cambridge University Press, 2009. p. 40.

[4]   SEN, Amartya. Economics, Law and Ethics. *In:* GOTOH, Reiko; DUMOUCHEL, Paul (Ed.). *Against injustice:* the new Economics of Amartya Sen. Cambridge: Cambridge University Press, 2009. p. 41.

[5]   SEN, Amartya. Economics, Law and Ethics. *In:* GOTOH, Reiko; DUMOUCHEL, Paul (Ed.). *Against injustice:* the new Economics of Amartya Sen. Cambridge: Cambridge University Press, 2009. p. 42.

[6]   SEN, Amartya. Economics, Law and Ethics. *In:* GOTOH, Reiko; DUMOUCHEL, Paul (Ed.). *Against injustice:* the new Economics of Amartya Sen. Cambridge: Cambridge University Press, 2009. p. 43.

pode ser impactante para algumas relações econômicas e para outras não. Isso porque, em alguns casos, a suposição de que o interesse próprio seria o único motivo racional pode ser suficiente, como, por exemplo, quando um indivíduo decide por chá ou café. Em outros casos, por sua vez, podem ou devem existir outras motivações, objetivos diferentes e princípios de comportamento, como em situações ou processos que dependem da cooperação de todos.[7] Por isso, Sen destaca que a economia deve tratar dos indivíduos como seres reais e não ideais, compreendendo-se o contraste entre o caráter conscientemente não ético da economia moderna e o fato de que ela evoluiu historicamente como uma derivação da ética.[8]

Sobre a importância da ética para a economia, Amartya Sen cita Aristóteles,[9] segundo quem a economia se relaciona em última análise ao estudo da ética e da política. Dessa forma, dois são os enfoques que devem ser levados em consideração em um processo de desenvolvimento: 1) o problema da motivação humana relacionado à questão ética geral, devendo-se reconhecer que as deliberações éticas não podem ser de todo inconsequentes no comportamento humano – visão da motivação relacionada à ética (*the ethics-related view of motivation*); 2) a questão do que é desejável socialmente quando das decisões dos indivíduos – visão do bem social relacionada à ética (*the ethics-related view of social achievement*).[10]

A importância desses enfoques, entretanto, restou enfraquecida no reconhecimento do processo de desenvolvimento da economia moderna, o que faz com que a análise do próprio desenvolvimento seja superficial. Por isso, Amartya Sem propõe que seja realizado um estudo da ética no comportamento humano, o que será avaliado nos itens seguintes do presente capítulo.

---

[7] SEN, Amartya. Economics, Law and Ethics. *In:* GOTOH, Reiko; DUMOUCHEL, Paul (Ed.). *Against injustice:* the new Economics of Amartya Sen. Cambridge: Cambridge University Press, 2009. p. 44-45.

[8] SEN, Amartya. *On ethics and economics*. Tradução de Regis de Castro Andrade. Oxford: Blackwell, 1987. Cap. 1. Disponível em: https://www.scielo.br/scielo.php?script=sci_arttext&pid=S0102-64451992000100005. Acesso em: 20 dez. 2020.

[9] SEN, Amartya. *On ethics and economics*. Cap. 1. Tradução de Regis de Castro Andrade. Oxford: Blackwell, 1987. p. Disponível em: https://www.scielo.br/scielo.php?script=sci_arttext&pid=S0102-64451992000100005. Acesso em: 20 dez. 2020.

[10] SEN, Amartya. *On ethics and economics*. Cap. 1. Tradução de Regis de Castro Andrade. Oxford: Blackwell, 1987. p. Disponível em: https://www.scielo.br/scielo.php?script=sci_arttext&pid=S0102-64451992000100005. Acesso em: 20 dez. 2020.

1.1.2 Liberdade na concepção de Amartya Sen

Apresentadas as premissas sobre a relação entre Direito, Economia e Ética da Teoria de Desenvolvimento como Liberdade de Amartya Sen, essenciais para a compreensão da concepção de liberdade e do próprio conceito de desenvolvimento tratados pelo autor, passa-se agora à análise do estudo da liberdade para o economista.

Não há como compreender a concepção de liberdade adotada pelo autor sem a análise dos indivíduos sob dois aspectos básicos, definidos pelo economista como "condição de agente" (*agency*) e "bem-estar" (*well-being*). Isso porque, cada um desses dois aspectos leva a um conceito particular de liberdade. Tanto a liberdade de bem-estar quanto a liberdade de condição de agente têm relevância importante, embora díspar, para a avaliação dos estados de coisas e ações.[11]

Nesses termos, a "condição de agente" é aquilo que permite o ser humano ter valores, valorar situações conforme aqueles valores, tomar decisões e implementar essas decisões. Essa é uma esfera profundamente individual, segundo Amartya Sen. Assim, quando se está construindo os aspectos da "condição de agente", essa atuação pode ocorrer em busca do próprio bem-estar ou em busca de qualquer outra coisa. Quando se realizam ações, estas serão realizadas conforme os valores que se tem. Como se pode notar, nem toda a "condição de agente" dar-se-á em nome do bem-estar. Daí dizer que a "*agency*" pode ser traduzida como "condição de agente", eis que é uma condição humana que permite às pessoas serem agentes, isto é, agir de forma deliberada conforme seus valores. O "bem-estar", por sua vez, trata-se da liberdade de conquistar algo em particular.[12] Assim, a conquista do bem-estar está voltada para um objetivo específico e a liberdade do bem-estar é vista em termos da liberdade para atingir esse objetivo por meio da escolha de vetores funcionais. Já a liberdade da agência não pode ser examinada em termos de qualquer objetivo pré-especificado, sendo uma condição genérica.[13]

A liberdade (*freedom*), portanto, está diretamente relacionada à qualidade que uma pessoa possui de experimentar, de fato, a liberdade, sendo que essa condição de agente livre será um motor fundamental ao

---

[11] SEN, Amartya. Well-being, agency and freedom: the Dewey lectures 1984. *The Journal of Philosophy*, v. 82, n. 4, p. 169-221, abr. 1985. p. 203.

[12] SEN, Amartya. Freedom and agency. *In:* Well-being, agency and freedom: the Dewey lectures 1984. *The Journal of Philosophy*, v. 82, n. 4, p. 169-221, abr. 1985. p. 203-204.

[13] SEN, Amartya. Freedom and agency. *In:* Well-being, agency and freedom: the Dewey lectures 1984. *The Journal of Philosophy*, v. 82, n. 4, p. 169-221, abr. 1985. p. 203-204.

desenvolvimento.[14] Não sem razão, Amartya Sen destaca que a visão da liberdade adotada em sua teoria envolve tanto os processos que permitem a liberdade de ações e decisões como as oportunidades reais que as pessoas têm, dadas as suas circunstâncias pessoais e sociais.[15]

Dado esse contexto, a liberdade deve ser distinguida não apenas das conquistas e oportunidades, mas também de recursos e meios obtidos para a liberdade.[16] Por isso, em sua teoria de desenvolvimento, Amartya Sen trata da importância da liberdade de escolha, no sentido de considerar as escolhas que a pessoa realmente tem, sem presumir que os mesmos resultados seriam obtidos observando os recursos que ela comanda,[17] conforme será demonstrado no item a seguir.

1.1.3 Desenvolvimento para Amartya Sen

Logo na introdução do estudo de sua Teoria de Desenvolvimento como Liberdade Amartya Sem destaca que "desenvolvimento" é um processo de expansão de liberdades humanas,[18] o que pode ser expressado como a liberdade de escolher a vida que se quer ter. Segundo o autor, portanto, esta é uma visão que vai de encontro às visões mais restritas de desenvolvimento, como as que identificam o desenvolvimento como crescimento do Produto Nacional Bruto (PNB), aumento de rendas pessoais, industrialização, avanço tecnológico ou modernização social.[19]

Assim, ver o desenvolvimento como expansão de liberdades substantivas dirige a atenção para os fins que o tornam importante, em vez de restringi-la a alguns dos meios que, sim, desempenham um papel relevante no processo de desenvolvimento, mas não são os únicos. O desenvolvimento para o economista, portanto, requer que se removam as principais fontes de privação de liberdade.[20] Nesta abordagem, a expansão de liberdade é considerada (1) *o fim primordial* e (2) *o principal meio* do desenvolvimento ou, respectivamente, o "papel constitutivo" e o "papel instrumental" da liberdade no desenvolvimento. O papel constitutivo, por assim dizer, relaciona-se à importância da liberdade

---

[14] EN, Amartya. Freedom and agency. *In:* Well-being, agency and freedom: the Dewey lectures 1984. *The Journal of Philosophy*, v. 82, n. 4, p. 169-221, abr. 1985. p. 204.

[15] SEN, Amartya. *Development as freedom*. New York: Knoph, 2000. p. 54.

[16] SEN, Amartya. *Inequality reexamined*. Oxford: Oxford University Press, 1992. p. 37.

[17] SEN, Amartya. *Inequality reexamined*. Oxford: Oxford University Press, 1992. p. 38.

[18] SEN, Amartya. *Development as freedom*. New York: Knoph, 2000. p. 16.

[19] SEN, Amartya. *Development as freedom*. New York: Knoph, 2000. p. 16.

[20] SEN, Amartya. *Development as freedom*. New York: Knoph, 2000. p. 16.

substantiva no enriquecimento da vida humana, eis que inclui as capacidades elementares dos seres humanos.[21] O papel instrumental, por sua vez, é responsável por incluir a eliminação da privação dessa pessoa, sendo considerada, por isso, um meio para o desenvolvimento.[22] Assim, Amartya Sen enfatiza que a eficácia da liberdade como instrumento reside no fato de que diferentes tipos de liberdade apresentam inter--relação, e um tipo de liberdade pode contribuir imensamente para promover liberdades de outros tipos.[23]

Amartya Sen elenca cinco tipos de liberdades instrumentais, as quais tendem a contribuir para a capacidade geral de um indivíduo viver mais livremente, e que também têm o efeito de complementar umas às outras, sendo elas, (1) *liberdades políticas*, (2) *facilidades econômicas*, (3) *oportunidades sociais*, (4) *garantias de transparência* e (5) *segurança protetora*.[24] A primeira delas, *liberdades políticas*, refere-se às oportunidades que os indivíduos possuem para determinar quem deve governar e com base em que princípios, além de incluir a possibilidade de fiscalizar e criticar as autoridades, de exercer sua liberdade de expressão política e de imprensa sem censura, bem como de exercer a liberdade de escolher entre diferentes partidos políticos. Já as *facilidades econômicas* são as oportunidades que os indivíduos têm para utilizar recursos econômicos com propósitos de consumo, produção ou troca. As *oportunidades sociais*, por sua vez, são as disposições que a sociedade estabelece nas áreas afetas a direitos sociais, as quais influenciam a liberdade substantiva de o indivíduo viver melhor. Ainda, as *garantias de transparência* referem-se às necessidades de sinceridade que as pessoas podem esperar: a liberdade de lidar uns com os outros sob garantias e clareza. Por fim, a *segurança protetora* é necessária para proporcionar uma rede de segurança social, impedindo que a população afetada seja reduzida à miséria abjeta e, em alguns casos, até mesmo à fome e à morte.[25]

Como se pode notar, o desenvolvimento como liberdade é esse processo contínuo em que as liberdades instrumentais permitem a remoção contínua de eventuais obstáculos, com o objetivo de assegurar o papel constitutivo (fim primordial) da liberdade, qual seja, permitir que os indivíduos levem a vida que escolham livremente viver, eis que

---

[21] SEN, Amartya. *Development as freedom*. New York: Knoph, 2000. p. 55.

[22] SEN, Amartya. *Development as freedom*. New York: Knoph, 2000. p. 56.

[23] SEN, Amartya. *Development as freedom*. New York: Knoph, 2000. p. 57.

[24] SEN, Amartya. *Development as freedom*. New York: Knoph, 2000. p. 58.

[25] SEN, Amartya. *Development as freedom*. New York: Knoph, 2000. p. 58-59.

para Amartya Sen "ter mais liberdade melhora o potencial das pessoas para cuidar de si mesmas e para influenciar o mundo".[26]

1.2 As garantias de transparência e o comportamento humano

Conforme analisado anteriormente, umas das cinco liberdades instrumentais proposta por Amartya Sen são as garantias de transparência, que serão analisadas de forma mais acurada na sequência, especialmente naquilo que diz respeito aos seus impactos ao comportamento humano.

1.2.1 Garantias de transparência

A liberdade de lidar uns com os outros sob garantias de transparência e clareza se relaciona diretamente com a confiança mútua depositada entre indivíduos. É dizer, as garantias de transparência se referem às necessidades de sinceridade que as pessoas podem esperar, garantindo nitidez e lealdade das relações econômicas, políticas e sociais.[27] Em outras palavras, pode-se afirmar que as garantias de transparência se referem à confiança mútua estabelecida nas interações sociais entre os indivíduos, sendo esta confiança fundamental para o sucesso dessas interações.[28]

Nesse contexto, portanto, a liberdade instrumental das garantias de transparência será assegurada quando não ocorrer a utilização de segredos e prevalecer a clareza.[29] Isso porque, em se tratando de interações sociais, usualmente, os indivíduos lidam uns com os outros, com alguma presunção básica de confiança. Assim, quando a confiança até então depositada é violada, a vida de diversos atores, sejam eles vinculados diretamente ou não com a situação de inobservância do *status*

---

[26] SEN, Amartya. *Development as freedom*. New York: Knoph, 2000. p. 33.

[27] SEN, Amartya. *Development as freedom*. New York: Knoph, 2000. p. 55.

[28] PINHEIRO, Maurício Mota Saboya Pinheiro. As liberdades humanas como bases do desenvolvimento: uma análise conceitual da abordagem das capacidades humanas de Amartya Sen. *Instituto de Pesquisa Econômica Aplicada*, Brasília: Ipea, 2012. p. 16. Disponível em: http://repositorio.ipea.gov.br/bitstream/11058/989/1/TD_1794.pdf. Acesso em: 30 jul. 2020.

[29] SANTOS, Anderlany Aragão dos; SILVA, Amanda Stefanie Sérgio da; ROZENDO, Cimone. Libertar para desenvolver: os grandes empreendimentos e o "desenvolvimento" na comunidade tradicional do Cumbe, Ceará, Brasil. *Revista Desenvolvimento e Meio Ambiente – DEMA*, Curitiba, v. 45, p. 22-41, abril 2018, p. 36.

quo de confiança, poderá ser afetada de modo negativo, especialmente naquilo que diz respeito ao seu comportamento.[30]

Daí dizer que as garantias de transparência possuem um importante papel instrumental na modulação comportamental dos indivíduos e, por conseguinte, no desenvolvimento, sobretudo no que tange à inibição de práticas como a corrupção e fraudes das mais variadas, conforme ver-se-á no decorrer desse estudo.

1.2.2 Comportamento humano para Amartya Sen

Ao discorrer sobre o comportamento econômico e racionalidade em sua obra *"On ethics and economics"*, Amartya Sen critica a premissa exclusiva da teoria padrão sobre o comportamento racional (*rational behaviour*), eis que não se faz uma diferenciação em relação ao comportamento racional e o comportamento real dos indivíduos.[31]

Para o autor, todo e qualquer indivíduo comete erros, de modo que é humanamente impossível que, em todos os casos, o comportamento seja friamente racional. Nesse mesmo sentido, sobre o comportamento de agentes públicos, Luiz Alberto Blanchet alerta que, na origem da má atuação dos agentes públicos, disputam espaço diversos deslustres de comportamento, alguns conscientes e propositais, outros derivados da incúria, irreflexão ou desdém pelo interesse público.[32]

Assim, Amartya Sen exerce duas críticas em relação à teoria padrão do comportamento racional.[33] A primeira delas diz respeito à situação em que é possível que certa visão da racionalidade possa admitir padrões alternativos de comportamento, de modo que não seria possível equivaler o comportamento racional ao comportamento real. A segunda seria em relação à identificação do comportamento real ao

---

[30] CRESPO, Antônio Pedro Albernaz; GUROVITZ, Elaine. A pobreza como um fenômeno multidimensional. *RAE eléctron*, São Paulo, v. 1, n. 2, p. 1-12, dez. 2002. p. 8. Disponível em http://www.scielo.br/scielo.php?script=sci_arttext&pid=S1676-56482002000200003&lng=p t&nrm=iso. Acesso em: 30 jul. 2020.

[31] SEN, Amartya. *On ethics and economics*. Tradução de Regis de Castro Andrade. Oxford: Blackwell, 1987. p. Disponível em: https://www.scielo.br/scielo.php?script=sci_ arttext&pid=S0102-64451992000100005. Acesso em: 20 dez. 2020.

[32] BLANCHET, Luiz Alberto. Ineficiência, corrupção e seus efeitos sobre o empreendedorismo e sobre o desenvolvimento. *In*: BLANCHET, Luiz Alberto; HACHEM, Daniel Wunder; SANTANO, Ana Claudia (Coord.). *Eficiência e Ética na Administração Pública*: Anais do Seminário Internacional realizado no Programa de Pós-Graduação em Direito da Pontifícia Universidade Católica do Paraná. Curitiba: Íthala, 2015. p. 155-156.

[33] SEN, Amartya. *On ethics and economics*. Cap. 1. Tradução de Regis de Castro Andrade. Oxford: Blackwell, 1987. p. Disponível em: https://www.scielo.br/scielo.php?script=sci_ arttext&pid=S0102-64451992000100005. Acesso em: 20 dez. 2020.

comportamento racional, no sentido de que deve ser diferenciada do conteúdo do comportamento racional como tal.

Ambas as críticas são relevantes para a compreensão do pensamento de Amartya Sen, sobretudo porque o economista compreende que, em uma realidade real, o comportamento pode ser inconsistente e racional; pode ser racional, sem ser autointeressado; bem como pode ser consistente e autointeressado, mas irracional.[34] Por isso que, para o autor, a escolha racional deve responder a alguma exigência, pelo menos no que diz respeito à correspondência entre o que se quer e o que se faz para ter. Mas a coerência em si não pode ser adequada para caracterizar o comportamento racional. O que se considera coerente nas escolhas depende da interpretação das escolhas e de características externas.[35]

Ainda, em relação ao comportamento autointeressado, Sen não nega que há necessidade de haver interesse próprio em algumas situações. A questão é saber se há ou não uma pluralidade de motivos, isto é, se é apenas o egoísmo que motiva os seres humanos ou se existem outras motivações. Isso porque, segundo o economista, o que se tem analisado é que o afastamento do comportamento egoísta em direção ao dever, à lealdade e à boa vontade tem desempenhado papel importante no sucesso do desenvolvimento como liberdade.[36]

Para o autor, portanto, o egoísmo não é a única motivação dos indivíduos. Daí dizer que, segundo Amartya Sen, o autointeresse não deixa de ser uma motivação extremamente importante;[37] mas a emergência de normas sociais pode ser facilitada pelo raciocínio comunicativo e pela seleção evolutiva de modos de comportamento, de modo que o uso do raciocínio socialmente responsável e de ideias de justiça se relaciona estreitamente à centralidade da liberdade individual.[38] Em outras palavras, poderá haver o comportamento autointeressado, mas também poderá haver preocupação com valores sociais.

Assim, segundo Amartya Sen, os valores sociais desempenham um papel importante no êxito de várias formas de organização social,

---

[34] SEN, Amartya. *On ethics and economics*. Cap. 1. Tradução de Regis de Castro Andrade. Oxford: Blackwell, 1987. p. Disponível em: https://www.scielo.br/scielo.php?script=sci_arttext&pid=S0102-64451992000100005. Acesso em: 20 dez. 2020.

[35] SEN, Amartya. *On ethics and economics*. Cap. 1. Tradução de Regis de Castro Andrade. Oxford: Blackwell, 1987. p. Disponível em: https://www.scielo.br/scielo.php?script=sci_arttext&pid=S0102-64451992000100005. Acesso em: 20 dez. 2020.

[36] SEN, Amartya. *On ethics and economics*. Cap. 1. Tradução de Regis de Castro Andrade. Oxford: Blackwell, 1987. p. Disponível em: https://www.scielo.br/scielo.php?script=sci_arttext&pid=S0102-64451992000100005. Acesso em: 20 dez. 2020.

[37] SEN, Amartya. *Development as freedom*. New York: Knoph, 2000. p. 332.

[38] SEN, Amartya. *Development as freedom*. New York: Knoph, 2000. p. 333.

incluindo o mecanismo de mercado, a política democrática, os direitos civis e políticos elementares, a provisão de bens públicos básicos e instituições para a ação e o protesto públicos. Daí se afirmar, mais uma vez que, sim, os seres sociais se preocupam com seus próprios interesses, mas, da mesma forma, possuem capacidade de agir considerando os interesses de seus familiares, vizinhos e outras pessoas do mundo.[39] Por isso, Sen traz a ideia da prudência de Adam Smith, no sentido de que a prudência como um valor dos seres sociais é a união da razão e do entendimento, somado ao autocontrole, sendo a prudência a virtude mais favorável de um indivíduo.[40]

Não sem razão, para o funcionamento de uma economia capitalista eficiente, de extrema necessidade a existência de sistemas de valores, de modo que "conceber o capitalismo como nada mais do que um sistema baseado em um conglomerado de comportamento ganancioso é subestimar imensamente a ética do capitalismo, que contribuiu enormemente para suas formidáveis realizações".[41] Por isso se afirma que o funcionamento de mercados bem-sucedidos deve-se ao sólido alicerce de instituições e da ética de comportamento, o que viabiliza a confiança nos contratos negociados, sem que sejam necessários litígios para o cumprimento do que foi contratado.[42] É dizer, para funcionar de modo eficiente, é necessário que o sistema de mercado impeça que uma parte lese as outras, o que pode ocorrer mediante a criação de leis ou com fundamento na confiança mútua e em um senso de obrigação tácito,[43] o que pode ser potencializado pelas garantias de transparência, conforme se passa a demonstrar.

1.2.3 Impactos das garantias de transparência no comportamento humano e no próprio desenvolvimento

Conforme visto, as garantias de transparência se destacam nas interações sociais, eis que os indivíduos interagem uns com os outros com um nível de presunção básico de confiança em relação ao que lhes é

---

[39] SEN, Amartya. *Development as freedom*. New York: Knoph, 2000. p. 333.

[40] SEN, Amartya. *On ethics and economics*. Cap. 1. Tradução de Regis de Castro Andrade. Oxford: Blackwell, 1987. Disponível em: https://www.scielo.br/scielo.php?script=sci_arttext&pid=S0102-64451992000100005. Acesso em: 20 dez. 2020.

[41] SEN, Amartya. *Development as freedom*. New York: Knoph, 2000. p. 334.

[42] SEN, Amartya. *Development as freedom*. New York: Knoph, 2000. p. 340.

[43] SEN, Amartya. *Development as freedom*. New York: Knoph, 2000. p. 341.

CAPÍTULO 1 | 37

oferecido e o que podem obter. É o que Amartya Sen chama de "liberdade de lidar uns com os outros sob garantias de dessegredo e clareza".[44] Quando essa confiança é abalada, portanto, o nível de presunção é afetado, o que facilita a prática de condutas ilícitas e fraudulentas, aumentando a assimetria de informação. É dizer, quando as instituições não são capazes de demonstrar o universalismo, a imparcialidade, a justeza e a probidade de seus procedimentos, não há apoio, solidariedade e confiança dos cidadãos, abrindo-se ala para práticas subversivas, e, por conseguinte, há prejuízos às instituições, notadamente em relação à sua credibilidade, à confiança social e à própria democracia.[45]

É por isso que, para Amartya Sen, as garantias de transparência possuem um papel instrumental importante para inibir a corrupção, irresponsabilidade financeira e negociações escusas;[46] especialmente importante em sistemas capitalistas, já que os valores possuem um papel de extrema relevância nestes. Daí se afirmar que o funcionamento do mercado, embora muitas vezes visto como mecanismo pautado apenas na ganância dos indivíduos, a bem da verdade, para ser bem-sucedido, necessita de instituições sólidas que assegurem as relações, bem como de ética[47] no comportamento daqueles que se relacionam, utilizando-se a confiança na palavra e a promessa das partes envolvidas como pilares fundamentais da estrutura.[48] Nesse sentido, portanto, é que Amartya Sen destaca que "as instituições baseadas em ajustes entre indivíduos operam com base em padrões de comportamento comuns, confiança mútua e segurança em relação à ética da outra parte".[49]

---

[44] Tradução literal de: *"Transparency guarantees deal with the need for openness that people can expect: the freedom to deal with one another under guarantees of disclosure and lucidity"*. SEN, Amartya Kumar. *Development as Freedom*. New York: Knoph, 2000. p. 39.

[45] FOCKINK, Caroline. Os efeitos negativos da corrupção nas instituições públicas e no regime democrático. *Revista de Direitos Fundamentais &. Democracia*, Curitiba, v. 24, n. 3, p. 181-210, set./dez. 2019. p. 191.

[46] Tradução literal de: *"These guarantees have a clear instrumental role in preventing corruption, financial irresponsibility and underhand dealings"*. SEN, Amartya Kumar. *Development as Freedom*. New York: Knoph, 2000. p. 40.

[47] Não se olvida o posicionamento de Amartya Sen quando afirma que a ética capitalista é limitada em aspectos como desigualdade econômica e proteção ambiental, de modo que o presente estudo busca alertar sobre a necessidade da presença de valores éticos nas relações entre as partes para que exista um mercado bem-sucedido.

[48] SEN, Amartya Kumar. *Development as Freedom*. New York: Knoph, 2000. p. 262.

[49] Tradução literal de: *"since institutions based on interpersonal arrangements and shared understandings operate on the basis of common behavior patterns, mutual trust and confidence in the other party's ethics"*. SEN, Amartya Kumar. *Development as Freedom*. New York: Knoph, 2000. p. 268.

Assim, para além das virtudes de um comportamento prudente, deve-se atentar à formação e manutenção da confiança para que se possa resistir às tentações da corrupção disseminada. Isso porque um dos problemas mais destacados relacionados aos códigos de comportamento segundo o economista é a corrupção econômica e a sua relação com o crime organizado,[50] onde falta, justamente, a confiança e a honra para o cumprimento do que foi combinado. É dizer, há um ambiente sem confiança mútua e sem senso de obrigação tácito. E, sem confiança, não há credibilidade nas instituições, e, por conseguinte, a legitimidade do Estado resta afetada.[51]

No Brasil, são crescentes os casos desvelados de corrupção em razão da desconfiança generalizada, especialmente no âmbito das contratações públicas. Entretanto, ainda não houve na população a mobilização ou a mudança de comportamento necessárias para a transformação desse cenário, dado que o grande desafio consiste, justamente, em buscar mecanismos capazes de mudar a cultura cotidiana e endêmica da corrupção que hoje é pautada, especialmente, pela falta de confiança e transparência.[52] E, segundo já destacado, a confiança nas instituições deve ser considerada elemento fundamental de uma sociedade, o que depende, senão, da coerência e compatibilidade do funcionamento daquelas com os motivos que justificam a sua existência,[53] bem como com os valores por elas externados, conforme será analisado no item a seguir.

O agir humano decorre de valores, que são os critérios utilizados nas escolhas que representam as preferências de cada indivíduo.[54] Em outras palavras, são dispositivos de análise de percepções que influenciam o que se vê no ambiente, bem como as decisões comportamentais tomadas.[55] Os valores, por assim dizer, guiam as ações humanas,

---

[50] SEN, Amartya Kumar. *Development as Freedom*. New York: Knoph, 2000. p. 266-268.

[51] FOCKINK, Caroline. Os efeitos negativos da corrupção nas instituições públicas e no regime democrático. *Revista de Direitos Fundamentais & Democracia*, Curitiba, v. 24, n. 3, p. 181-210, set./dez. 2019. p. 191.

[52] COSTA, Helena Regina Lobo da. Corrupção na História do Brasil: reflexões sobre sua origem no período colonial. *In:* DEBBIO, Alessandra Del; MAEDA, Bruno Carneiro; AYRES, Carlos Henrique (Coord.). *Temas de Anticorrupção e Compliance*. Rio de Janeiro: Elsevier, 2013. p. 18.

[53] FOCKINK, Caroline. Os efeitos negativos da corrupção nas instituições públicas e no regime democrático. *Revista de Direitos Fundamentais & Democracia*, Curitiba, v. 24, n. 3, p. 181-210, set./dez. 2019. p. 184 e 186.

[54] ZENKNER, Marcelo. *Integridade governamental e empresarial:* um espectro da repressão e da prevenção à corrupção no Brasil e em Portugal. Belo Horizonte: Fórum, 2019. p. 31.

[55] RAVLIN, Elizabeth. Valores. *In:* COOPER, Cary L.; ARGYRIS, Chris (Org.). *Dicionário enciclopédico de administração*. São Paulo: Atlas, 2003. p. 1.402.

transmitindo padrões gerais de orientação aos indivíduos, o que, no âmbito das instituições, não é diferente, eis que os valores institucionais são aqueles que demonstram "as crenças básicas de uma organização e exibem a essência de sua filosofia para o alcance do sucesso, uma vez que fornecem uma direção comum e orientam o comportamento cotidiano".[56]

Para Amartya Sen, os valores que influenciam os indivíduos podem emergir de diferentes situações.[57] Primeiro, podem decorrer de uma reflexão e análise sobre preocupações, responsabilidades ou apenas como efeitos do bom comportamento (escolha reflexiva). Segundo, os valores podem provir da observação das convenções e costumes estabelecidos (comportamento concordante). Terceiro, os valores podem advir de discussões públicas. Por fim, os valores podem ser determinados pela seleção evolutiva. Por tal razão é que os valores são tão importantes para a compreensão do comportamento humano, integrando, de fato, os códigos de comportamento.

Valores como a ética, por exemplo, envolvem regras de comportamento em torno daquilo que é certo e errado, bem como estabelecem um código de conduta visando o bem comum.[58] A ética, por assim dizer, é a filosofia da moral – reflexão crítica dos fundamentos da moral; sendo a moral, por conseguinte, um "conjunto de princípios e valores, que serve para orientar o comportamento humano".[59] Daí por que se falar que a confiança é o que levará a um bom convívio social, sendo o respeito e a confiança no outro o alicerce da cooperação entre os indivíduos em prol do bem de todos. Assim, uma vez mais se destaca que a confiança nas instituições depende da sua compatibilidade com a probidade, eficiência e honestidade para com o objetivo pelo qual elas foram legalmente criadas.[60] Do contrário, como assevera Marcelo

---

[56] CUNHA, Daniele Estivalete; MOURA, Gilnei Luiz de 2; RIZZETTI, Daniele Medianeira; TEIXEIRA, Emidio Gressler. A influência dos valores organizacionais no comportamento estratégico: Um estudo das empresas do setor hoteleiro da região turística das Hortênsias/RS. *Espacios*, vol. 37, n. 28, p. 19, 2016. Disponível em: https://www.revistaespacios.com/a16v37n28/16372819.html. Acesso em: 12 dez. 2019.

[57] SEN, Amartya Kumar. *Development as Freedom*. New York: Knoph, 2000. p. 348-349.

[58] ZENKNER, Marcelo. *Integridade governamental e empresarial*: um espectro da repressão e da prevenção à corrupção no Brasil e em Portugal. Belo Horizonte: Fórum, 2019. p. 32.

[59] FERREIRA, Sérgio de Andrea. Moralidade e probidade administrativas. *In*: PONTES FILHO, Valmir; MOTTA, Fabrício; GABARDO, Emerson (Coord.). *Administração Pública*: desafios para transparência, probidade e desenvolvimento. XXIX Congresso Brasileiro de Direito Administrativo. Belo Horizonte: Fórum, 2017. p. 337.

[60] FOCKINK, Caroline. Os efeitos negativos da corrupção nas instituições públicas e no regime democrático. *Revista de Direitos Fundamentais & Democracia*, Curitiba, v. 24, n. 3, p. 181-210, set./dez. 2019. p. 186.

Zenkner, "a percepção de que os outros são desonestos e de que a lei é leniente acaba gerando uma desconfiança generalizada que facilita o descumprimento de normas estabelecidas, já que as pessoas são induzidas a comportamentos semelhantes àqueles que estão ao seu redor".[61] Trata-se do efeito manada: havendo uma percepção objetiva de um indivíduo acerca da prevalência ou não da corrupção em uma determinada sociedade, os indivíduos "tendem a alinhar seu comportamento com aquele grupo que o cerca".[62]

A abordagem das liberdades como instrumentos ao desenvolvimento, portanto, permite reconhecer o papel de influência dos valores sociais e costumes nas liberdades que os indivíduos desfrutam e prezam. Segundo Amartya Sen, normas comuns podem influenciar diversas características sociais como a igualdade entre os sexos, o padrão das famílias e o cuidado com o meio ambiente. Por essa razão, por exemplo, é que os valores e costumes sociais prevalecentes podem indicar a presença ou não de corrupção em determinadas sociedades.[63] É que, para o economista, o exercício da liberdade é mediado por valores, que, por sua vez, são influenciados por discussões públicas e interações sociais, as quais são propriamente influenciadas pelas liberdades de participação.[64] E a corrupção é, senão, um exemplo de inversão de valores para ampliação de liberdade, já que rompe com pressupostos fundamentais do regime democrático, reduz a influência da população nas decisões políticas e minimiza a transparência das ações governamentais.[65] Daí se dizer que a corrupção, a bem da verdade, "dissemina o descrédito nas instituições públicas e privadas, subverte acordos de lealdade, fragiliza regras de confiança social e vilipendia o mérito".[66]

---

[61] ZENKNER, Marcelo. *Integridade governamental e empresarial:* um espectro da repressão e da prevenção à corrupção no Brasil e em Portugal. Belo Horizonte: Fórum, 2019. p. 37-38.

[62] CANETTI, Rafaela; MENDONÇA, José. Corrupção para além da punição: aportes da economia comportamental. *Revista de Direito Econômico e Socioambiental*, Curitiba, v. 10, n. 1, p. 104-125, jan./abr. 2019. DOI: 10.7213/rev.dir.econ.soc.v10i1.19003. p. 115.

[63] SEN, Amartya Kumar. *Development as Freedom*. New York: Knoph, 2000. p. 9.

[64] ZENKNER, Marcelo. *Integridade governamental e empresarial:* um espectro da repressão e da prevenção à corrupção no Brasil e em Portugal. Belo Horizonte: Fórum, 2019. p. 23 e 24.

[65] ZANON, Patricie Barricelli; GERCWOLF, Susana. Programas de *Compliance* e incentivos no combate à corrupção no Brasil. *In:* NOHARA, Irene Patrícia; PEREIRA, Fábio Bastos. (Coord.). *Governança, Compliance e Cidadania.* 2. ed. rev., atual. e ampl. São Paulo: Thomson Reuters Brasil, 2019. p. 50.

[66] ZENKNER, Marcelo. *Integridade governamental e empresarial:* um espectro da repressão e da prevenção à corrupção no Brasil e em Portugal. Belo Horizonte: Fórum, 2019. p. 27.

O comportamento social, portanto, sempre será determinado por valores, princípios, normas de conduta e padrões de comportamento existentes.[67] Assim, a mudança de determinado padrão de comportamento de uma organização será um importante instrumento de autoconhecimento e aculturamento para uma realidade da integridade, conformidade, ética e transparência, já que, conforme destacado, o modo como os indivíduos se comportam é reflexo do que eles veem ou percebem de outros indivíduos.[68] Dessa forma, se o que move a sociedade são os valores nela inseridos, se a incorreção em determinada comunidade for aceitável, aqueles que a integram serão mais propensos à desonestidade.[69] Da mesma forma, indivíduos que atuam com integridade nem sempre, necessariamente, sentirão a decência da probidade de sua conduta, eis que podem agir, meramente, em razão de condutas de comportamento estabelecidas pelo comportamento de outros indivíduos.[70] Assim, no mesmo sentido que a presença de comportamento corrupto encoraja outros comportamentos corruptos, a diminuição do predomínio da corrupção pode enfraquecê-la ainda mais, de modo que a inversão de direção desse círculo vicioso implicaria a existência de um círculo virtuoso.[71]

E a integridade, que pode ser considerada o oposto da corrupção, permite maior confiança entre os indivíduos, eis que traz consigo o valor da lealdade[72] e, por conseguinte, amplia as liberdades, ao se considerar, especialmente, as garantias de transparência.

Um exemplo bastante conhecido e que retrata a discussão da ausência de confiança e transparência em sociedades é o "jeitinho

---

[67] ZENKNER, Marcelo. *Integridade governamental e empresarial:* um espectro da repressão e da prevenção à corrupção no Brasil e em Portugal. Belo Horizonte: Fórum, 2019. p. 41.

[68] Tradução literal de *"How people behave often depends on how they see-and perceive others as be having. Much depends, therefore, on the reading of prevailing behavioral norms"*. SEN, Amartya Kumar. *Development as Freedom*. New York: Knoph, 2000. p. 277.

[69] RESENDE, André Lara. Corrupção e capital cívico. *Valor Econômico,* São Paulo, 31 jul. 2015.

[70] Tradução literal de: *"Many men behave very decently, and through the whole of their lives avoid any considerable degree of blame, who yet, perhaps, never felt the sentiment upon the propriety of which we found our approbation of their conduct, but acted merely from a regard to what they saw were the established rules of behavior"*. SMITH, Adam. *The theory of moral sentiments.* Cambridge: Cambridge University Press, 1970, p. 143. Disponível em: http://assets.cambridge.org/97805215/91508/sample/9780521591508ws.pdf. Acesso em: 20 dez. 2020.

[71] Tradução literal de *"Just as the presence of corrupt behavior encourages other corrupt behavior, the diminution of the hold of corruption can weaken it further. In trying to alter a climate of conduct, it is encouraging to bear in mind the fact that each vicious circle entails a virtuous circle if the direction is reversed"*. SEN, Amartya Kumar. *Development as Freedom.* New York: Knoph, 2000. p. 278.

[72] ZENKNER, Marcelo. *Integridade governamental e empresarial:* um espectro da repressão e da prevenção à corrupção no Brasil e em Portugal. Belo Horizonte: Fórum, 2019. p. 49.

brasileiro". Trata-se de um valor da sociedade brasileira que significa uma forma de expressar condutas realizadas para contornar de forma ilícita, ilegal ou ilegítima uma situação.[73] Ocorre que essa prática gera e é resultado de uma desconfiança, retratando o círculo vicioso destacado por Amartya Sen. Trata-se daquela situação típica em que, em uma estrada, dois veículos transitando em sentido contrário se cruzam e um deles dá sinais de luz constantemente; tal ação busca demonstrar que existem policiais na pista, alertando-se o outro motorista para que não seja multado. A ideia aqui retratada, portanto, é de que "um motorista adverte o outro sobre a polícia e frauda a fiscalização porque ele não confia nos policiais, ou seja, comete uma pequena corrupção para evitar ser vítima de outra".[74]

Diante desse cenário, possível perceber que a ausência de confiança abre espaço à corrupção, minimizando a transparência das ações governamentais – seja em razão das fraudes nos processos eleitorais, seja em razão da desconfiança ou suspeita gerada entre os próprios cidadãos em relação ao governo –[75] afetando, sobremaneira, a garantia da transparência e, por conseguinte, reduzindo as liberdades para a ampliação das capacidades. Um nível elevado de corrupção em um determinado país, portanto, pode tornar ineficazes as políticas públicas propostas, bem como afastar o investimento nas atividades econômicas de setores produtivos.[76]

Assim, ao se chegar a um consenso de que um comportamento corrupto envolve a violação de regras estabelecidas em prol do autointeresse e para o ganho e o lucro pessoal,[77] isto é, envolve o abuso de poder para a obtenção de ganhos privados[78] em prejuízo do desenvolvimento

---

[73] ALMEIDA, Alberto Carlos. *A cabeça do brasileiro*. São Paulo: Record, 2007. p. 17.

[74] ZENKNER, Marcelo. *Integridade governamental e empresarial:* um espectro da repressão e da prevenção à corrupção no Brasil e em Portugal. Belo Horizonte: Fórum, 2019. p. 68.

[75] ZANON, Patricie Barricelli; GERCWOLF, Susana. Programas de *Compliance* e incentivos no combate à corrupção no Brasil. *In:* NOHARA, Irene Patrícia; PEREIRA, Fábio Bastos. (Coord.). *Governança, Compliance e Cidadania*. 2. ed. rev., atual. e ampl. São Paulo: Thomson Reuters Brasil, 2019. p. 51.

[76] Tradução literal de: "A high level of corruption can make public policies ineffective and can also draw investment and economic activities away from productive pursuits toward the towering rewards of underhanded activities." SEN, Amartya Kumar. *Development as Freedom*. New York: Knoph, 2000. p. 275.

[77] Tradução literal de: "What, then, is "corrupt" behavior? Corruption involves the violation of established rules for personal gain and profit." SEN, Amartya Kumar. *Development as Freedom*. New York: Knoph, 2000. p. 275.

[78] Tradução literal do conceito de corrupção elaborado pela Transparência internacional: *"corruption is the abuse of an entrusted power for private gain"*. Disponível em: https://www.transparency.org/what-is-corruption#define. Acesso em: 12 dez. 2019.

sustentável, casos de corrupção devem ser desincentivados, reduzidos e reprimidos, o que, no âmbito das contratações públicas, pode ser proporcionado pela utilização de novos instrumentos como o *compliance*, bem como novas tecnologias, dentre elas, a *blockchain*, que já vem sendo experimentada em estados brasileiros, como Bahia e Rio Grande do Norte, ampliando-se a transparência e, por conseguinte, a confiança.

1.3 Transparência como ferramenta de legitimação do Estado

Dado o que foi discutido no item anterior, a Administração Pública deve demonstrar claramente o seu comprometimento com valores íntegros, do contrário, será muito difícil inverter a lógica da crise de confiança instaurada.[79] Problema este cuja resolução demanda imperativamente a cooperação entre o Estado e a sociedade.[80] Dessa forma, sem comprometimento com a integridade, dificilmente haverá confiança nos agentes públicos ou presunção de boa-fé em seu agir, ainda que não estejam agindo de forma fraudulenta.[81]

Quando se fala em demonstração clara dos seus interesses, traz-se à baila a ideia de transparência, que decorre, senão, de uma estrutura institucional organizada e eficiente, capaz de assegurar um ambiente de diálogo entre cidadãos e Administração Pública, restando comprovado que "a articulação entre as instituições e o cruzamento e partilha de informações decorrentes de um relacionamento aberto e permanente entre elas é que permitirá a concretização de uma verdadeira política de prevenção da corrupção".[82] Não sem razão, Susan Rose-Ackerman e Bonnie J. Palifka destacam que a corrupção é uma névoa para os

---

[79] Conforme destacado por Yuval Harari, a humanidade enfrenta uma crise aguda pela falta de confiança entre os seres humanos e destes nas instituições. HARARI, Yuval Noah. *Na batalha contra o coronavírus, faltam líderes à humanidade*. Trad. Odorico Leal. São Paulo: Companhia das Letras, 2020.

[80] PALMA, Luis María. Administração e Gestão Judiciária em um Mundo Globalizado. *In*: BLANCHET, Luis Alberto; HACHEM, Daniel Wunder; SANTANO, Ana Claudia (Org.). *Estado, Direito & Políticas Públicas*: Homenagem ao Professor Romeu Felipe Bacellar Filho. Curitiba: Editora Íthala, 2014. p. 40.

[81] ZENKNER, Marcelo. Sistemas públicos de integridade: evolução e modernização da Administração Pública brasileira. *In*: ZENKNER, Marcelo; CASTRO, Rodrigo Pironti Aguirre de (Coord.). *Compliance no setor público*. Belo Horizonte: Fórum, 2020. p. 187.

[82] ZENKNER, Marcelo. Sistemas públicos de integridade: evolução e modernização da Administração Pública brasileira. *In*: ZENKNER, Marcelo; CASTRO, Rodrigo Pironti Aguirre de (Coord.). *Compliance no setor público*. Belo Horizonte: Fórum, 2020. p. 188.

governos que buscam legitimidade popular,[83] já que o descrédito traz desconfiança, que é potencializada por ambientes sem transparência, afetando as atividades administrativas, diminuindo-se, inclusive, a qualidade de vida dos cidadãos.

Assim, de acordo com o Guia de Política de Governança da Casa Civil,[84] para um governo ser bem-sucedido, necessário é que possua legitimidade, a qual decorre do aceite dos arranjos institucionais pelos cidadãos, no sentido de que são apropriados e corretos. Dessa forma, quanto mais legitimidade possuir um governo, maior será seu espectro de ação. Segundo o guia, a legitimidade pode decorrer de meios coercitivos (o que a longo prazo não apresenta bons resultados), procedimentais (como o processo eleitoral ou o processo legislativo), não se podendo esquecer dos meios substantivos da legitimidade (exatamente aqueles pertinentes ao objeto do presente estudo). É que a legitimidade substantiva decorre do desempenho do Poder Público na prestação de utilidades e serviços à população. Daí afirmar que é mediante os valores consensuais da cultura social que o Estado representa que ele busca a sua legitimidade, que, vem, senão, "com o suporte de um sistema de poder que tenha condições de gerar sua própria estabilidade com um mínimo possível de emprego da força".[85] É dizer, a confiança depositada pelos cidadãos naquilo que a Administração Pública faz, para além dos meios procedimentais, é crucial para a medição do nível de legitimidade de determinado governo.[86] Por isso se falar em instrumentos que aumentem a transparência, ferramenta diretamente relacionada à confiança e necessária ao combate da ineficiência[87] e de condutas corruptas no âmbito da Administração Pública.

---

[83] ROSE-ACKERMAN, Susan; PALIFKA, Bonnie J. *Corruption and government*: causes, consequences and reform. 2. Ed. New York: Cambridge University Press, 2016. p. 92.

[84] BRASIL. *Guia da Política de Governança Pública*. Brasília: Casa Civil da Presidência da República, 2018. p. 22. Disponível em: https://www.gov.br/casacivil/pt-br/centrais-de-conteudo/downloads/guia-da-politica-de-governanca-publica. Acesso em: 2 jun. 2020.

[85] LIMBERGER, Têmis; KOSSMANN, Edson Luís. O princípio constitucional da eficiência ante o Estado (in)suficiente. *Revista de direito administrativo – RDA*, Rio de Janeiro, v. 273, p. 287-311, set./dez. 2016. p. 302.

[86] Não sem razão, em sua obra sobre eficiência e legitimidade do Estado, Emerson Gabardo reforça que o problema administrativo está na precariedade de instrumentos legitimadores, destacando que "são os próprios ideais de justiça e moralidade que exigem a atuação procedimental da Administração, com um pilar da segurança jurídica ínsita ao Estado de Direito". GABARDO, Emerson. *Eficiência e legitimidade do Estado*: uma análise das estruturas simbólicas do direito político. Barueri: Manole, 2003. p. 36-39.

[87] E a ineficiência que deve ser combatida é a ineficiência ética, que, justamente, vai de encontro a uma "eficiência que seja realmente proveitosa para a universalidade dos cidadãos, principalmente aqueles que precisam da atuação prestativa e ciente do Estado". Assim, segundo Têmis Limberger e Edson Luís Kossmann, "a eficiência ética proporcionaria que

Diante desse cenário, defende-se a introdução da "cultura da transparência radical" como instrumento capaz de recondicionar o círculo virtuoso proposto por Amartya Sen, atuando a transparência como "o fio condutor, o catalisador, o gatilho que assegura a ampla divulgação das atividades estatais de modo a coibir o desperdício de recursos públicos – seja pela ineficiência, seja pela adoção de posturas antiéticas".[88] Em outras palavras, a transparência, reconhecida como um dos pilares da boa administração pública,[89] permitirá que o interesse público, de fato, reflita as necessidades dos cidadãos, mediante soluções adequadas e resultados que impactem positivamente a sociedade.[90] Não sem razão, destaca José Molina Molina que "quanto mais transparência, mais democracia".[91]

Esse cenário, senão, representa a ordem instaurada no país com o advento da Constituição da República Federativa do Brasil em 1988: o Estado Democrático de Direito, que, possuindo como um de seus principais alicerces o respeito aos direitos e garantias fundamentais, passou a dar diferente significado à atuação estatal, que para além da subordinação dos poderes públicos às leis, passou a exigir atenção aos

---

a sociedade se desenvolvesse institucionalmente de forma diferente. As regras de conduta humana teriam como orientadoras também as regras formais positivadas pelo Estado, mas, principalmente, as regras informais produzidas no interior da sociedade, como princípios éticos que, entre outras coisas, produzissem uma preocupação e um interesse na produção e promoção de benefício à comunidade, universalmente considerada, e não exclusivamente ao indivíduo, numa ótica individual. Uma sociedade institucionalmente desenvolvida, que tivesse uma preocupação com a eficiência ética, certamente teria melhores condições de identificar a cisão do que é público e do que é privado, e fazer com que o Estado fosse um Estado verdadeiramente democrático e de direito, com preocupação efetiva de concretização dos preceitos constitucionais". LIMBERGER, Têmis; KOSSMANN, Edson Luís. O princípio constitucional da eficiência ante o Estado (in)suficiente. *Revista de Direito Administrativo – RDA*, Rio de Janeiro, v. 273, p. 287-311, set./dez. 2016. p. 308.

[88] FERRAZ, Leonardo de Araújo. A transparência como ferramenta de legitimação do agir estatal por meio do impulsionamento da eficiência e integridade governamentais. *In:* ZENKNER, Marcelo; CASTRO, Rodrigo Pironti Aguirre de (Coord.). *Compliance no setor público.* Belo Horizonte: Fórum, 2020. p. 109.

[89] Juarez Freitas reconhece o direito fundamental à boa administração pública como "o direito à administração pública eficiente e eficaz, proporcional cumpridora de seus deveres, com transparência, motivação, imparcialidade e respeito à moralidade, à participação social e à plena responsabilidade por suas condutas omissivas e comissivas". FREITAS, Juarez. *Discricionariedade administrativa e o direito fundamental à boa administração pública.* São Paulo: Malheiros Editores, 2007. p. 20.

[90] BRASIL. *Guia da política de governança pública.* Brasília: Casa Civil da Presidência da República, 2018. p. 18. Disponível em: https://www.gov.br/casacivil/pt-br/centrais-de-conteudo/downloads/guia-da-politica-de-governanca-publica. Acesso em: 2 jun. 2020.

[91] MOLINA, José Molina. *Por qué la transparencia.* Pamplona: Thomson Reuters, 2015. p. 105.

princípios constitucionalmente reconhecidos e, de modo tal, invioláveis.[92] É dizer, o Estado Democrático de Direito possui como fundamento essencial o equilíbrio entre o uso da autoridade do Estado e a liberdade do indivíduo.[93]

Nessa lógica, em um Estado intitulado Democrático de Direito não há espaço para o livre-arbítrio, tampouco para a cultura do sigilo, sendo indispensável uma atuação do Poder Público subordinada à integridade dos preceitos constitucionais.[94] É dizer, a compreensão da necessária submissão do Estado ao Direito deve se dar a partir da desconstrução da percepção de um Poder Público pautado no império da lei, de modo que todos os mecanismos constitucionais que obstaculizam o exercício arbitrário e ilegítimo do poder ou impedem o abuso ilegal deste integram esse novo regime.[95]

Nesse diapasão, uma das formas pela qual vem se buscando controlar a atuação estatal tem sido através da ampliação da transparência, já que o sigilo é hipótese de exceção,[96] e, como visto, o aumento da transparência permite a recondução da confiança dos cidadãos e, por conseguinte, aumenta a segurança jurídica. Não sem razão, pode-se considerar que o objetivo da Lei de Acesso à Informação, por exemplo, é permitir, de forma ampla e fácil, o controle social da utilização dos recursos públicos, de modo que os indivíduos possam, mediante o acesso a documentos, verificar e avaliar se o dinheiro público está sendo aplicado adequadamente, para fins de realização do interesse público

---

[92] Nesse sentido, Norberto Bobbio aduz que há uma diferenciação entre Estado de Direito em sentido forte, fraco e fraquíssimo. O que estamos a nos referir é o Estado de direito em sentido forte, diferente daquele "em sentido fraco, que é o Estado não despótico, isto é, dirigido não pelos homens, mas pelas leis", e daquele em sentido fraquíssimo, "tal como o Estado kelseniano segundo o qual, uma vez resolvido o Estado no seu ordenamento jurídico, todo o Estado é Estado de direito (e a própria noção de Estado de direito perde toda força qualificadora)". *In:* BOBBIO, Norberto. *Liberalismo e Democracia*. 4ª reimp. 6. ed. Tradução Marco Aurélio Nogueira. São Paulo: Brasiliense, 2000. p. 19.

[93] NOHARA, Irene Patrícia. *Fundamentos de Direito Público*. São Paulo: Atlas, 2016. p. 34.

[94] MOREIRA, Egon Bockmann. *Processo Administrativo: Princípios Constitucionais e a Lei 9.784/1999*. 4. ed. São Paulo: Editora Malheiros, 2010, p. 75.

[95] BOBBIO, Norberto. *Liberalismo e Democracia*. 4ª reimpressão. 6. ed. Tradução Marco Aurélio Nogueira. São Paulo: Brasiliense, 2000. p. 19.

[96] Registre-se que a constatação do sigilo como hipótese de exceção advém de mandamento constitucional, seja em razão do princípio da publicidade, disciplinado no *caput* do artigo 37 e §3º, seja em detrimento do estabelecimento do direito à informação como direito fundamental, no artigo 5º, inciso XXX, todos regulamentados pela Lei nº 12.527/2011, popularmente conhecida como Lei de Acesso à Informação.

CAPÍTULO 1
DESENVOLVIMENTO COMO LIBERDADE E AS GARANTIAS DE TRANSPARÊNCIA | 47

e na promoção dos direitos fundamentais, conferindo, inclusive, maior segurança jurídica.[97]

O princípio constitucional da segurança jurídica, em sua vertente subjetiva, qual seja, o princípio da proteção à confiança legítima,[98] merece especial atenção, eis que, de acordo com o jurista Ingo Wolfgang Sarlet, trata-se de subprincípio concretizador do princípio fundamental e estruturante do Estado de Direito, isto é, define a segurança jurídica como elemento nuclear da noção de Estado de Direito, plasmada na Constituição de 1988, sendo desta indissociável.[99] No mesmo sentido, Celso Antônio Bandeira de Mello destaca a relevante importância deste princípio nas relações Estado-Indivíduo, ao passo que coincide com uma das aspirações mais profundas do homem, cuja busca é permanente: a segurança em si mesma, a certeza em relação àquilo que o cerca. Assim, afirma que a aspiração à segurança decorre da:

> Insopitável necessidade de poder assentar-se sobre algo reconhecido como estável, ou relativamente estável, o que permite vislumbrar com alguma previsibilidade o futuro. (...) Dita previsibilidade é, portanto, o que condiciona a ação humana.[100]

Note-se, o dever de proteção à confiança legítima surge da necessidade de se assegurar previsibilidade às relações jurídicas em que o Poder Público figura como parte, o que pode ser realizado mediante a ampliação da transparência em suas atividades, de modo tal a evitar a incidência de incertezas nessas relações. Desse modo, para Karl Larenz, o surgimento do dever de proteção à confiança dos cidadãos é inspirado

---

[97] SALGADO, Eneida Desiree; VIOLIN, Tarso Cabral. Transparência e acesso à informação: o caminho para a garantia da ética na administração pública. *In:* BLANCHET, Luiz Alberto; HACHEM, Daniel Wunder; SANTANO, Ana Claudia (Coord.). *Eficiência e Ética na Administração Pública*: Anais do Seminário Internacional realizado no Programa de Pós-Graduação em Direito da Pontifícia Universidade Católica do Paraná. Curitiba: Íthala, 2015. p. 279.

[98] Sobre as vertentes da segurança jurídica cf. COUTO E SILVA, Almiro do. O Princípio da Segurança Jurídica (Proteção à Confiança) no Direito Público Brasileiro e o Direito da Administração Pública de Anular seus Próprios Atos Administrativos: o prazo decadencial do art. 54 da lei do processo administrativo da União (Lei nº 9.784/99). *Revista Eletrônica de Direito do Estado*, Salvador, Instituto de Direito Público da Bahia, n. 2, p. 3-4, abr./maio/ jun. 2005. Disponível em: http://www.direitodoestado.com.br. Acesso em: 15 maio 2020.

[99] SARLET, Ingo Wolfgang. A Eficácia do Direito Fundamental à Segurança Jurídica: dignidade da pessoa humana, direitos fundamentais e proibição de retrocesso social no Direito Constitucional Brasileiro. *Revista Brasileira de Direito Público – RBDP*, Belo Horizonte, ano 3, n. 11, p. 111-156, out./dez. 2005. p. 5-6.

[100] MELLO, Celso Antônio Bandeira de. *Curso de Direito Administrativo*. 31. ed. rev. e atual. São Paulo: Malheiros Editores, 2009, p. 179.

e resguardado pelo próprio ordenamento jurídico, na medida em que protege a confiança suscitada em detrimento do comportamento do outro, sendo a confiança condição fundamental para uma convivência coletiva pacífica, e, por conseguinte, de paz jurídica.[101] Em outras palavras: para legitimidade da Administração Pública.

O ambiente de confiança externado na Constituição da República Federativa de 1988, portanto, é incompatível com a atuação fora do alcance da luz pelo Poder Público, é dizer, nas palavras de Fabrício Motta, "é incompatível com a opacidade do exercício de qualquer manifestação do Poder Estatal", sendo a política do segredo "incompatível com a consagração da vontade geral [nos termos do contratualismo de Rousseau] por meio da lei", devendo a luta da consagração do Estado Democrático de Direito se dar mediante um poder visível e previsível.[102]

Nesse sentido, estando diretamente relacionada à própria afirmação do Estado Democrático de Direito, a transparência é reconhecida pelo Guia da Política de Governança Pública como um "compromisso da administração pública com a difusão de suas atividades, prestando informações confiáveis, relevantes e tempestivas à sociedade".[103]

Por certo que o aumento da transparência potencializa o agir de acordo com a ética e constitui a própria essência da confiança, sendo sua vigência inafastável em um Estado Democrático de Direito, tornando-se extremamente necessária em uma sociedade democrática jovem como a brasileira, que, ultimamente, parece imersa em um ambiente de insegurança. Não por menos, há mais de vinte anos, Cármen Lúcia Antunes Rocha já alertava que, "sem confiança nas instituições jurídicas, não há base para garantia das instituições políticas".[104] O que se tem demonstrado, e muito, na praxe brasileira no decorrer dos anos.

---

[101] Livre tradução do original apresentado e traduzido por Luiz Diez-Picazo: *"El ordenamiento jurídico protege la confianza suscitada por el comportamiento de otro y no tiene más remedio que protegerla, porque confiar poder confiar, como hemos visto, es condición fundamental para una pacífica vida colectiva y una conducta de cooperación entre los hombres y, por tanto, de la paz jurídica".* LARENZ, Karl. *Derecho justo:* fundamentos de ética jurídica. Tradução e Apresentação de Luiz Diez-Picazo. Madri: Civitas. 2001, p. 91.

[102] MOTTA, Fabrício. Publicidade e transparência são conceitos complementares. *Conjur*, 2018. Disponível em: https://www.conjur.com.br/2018-fev-01/interesse-publico-publicidade-transparencia-sao-conceitos-complementares. Acesso em: 2 jun. 2020.

[103] BRASIL. *Guia da política de governança pública.* Brasília: Casa Civil da Presidência da República, 2018. p. 52. Disponível em: https://www.gov.br/casacivil/pt-br/centrais-de-conteudo/downloads/guia-da-politica-de-governanca-publica. Acesso em: 2 jun. 2020.

[104] ANTUNES ROCHA, Cármen Lúcia. Princípios constitucionais do processo administrativo no direito brasileiro. *Revista de informação legislativa*, v. 34, n. 136, p. 5-28, out./dez. 1997. p. 6 Disponível em: http://www2.senado.leg.br/bdsf/handle/id/287. Acesso: 31 maio 2017.

DESENVOLVIMENTO COMO LIBERDADE E AS GARANTIAS DE TRANSPARÊNCIA

É que uma das consequências da ausência de confiança é, justamente, o afastamento e o interesse daqueles comprometidos com a integridade na Administração Pública, permanecendo nas repartições públicas outros tantos que veem nos cargos públicos apenas uma forma para se locupletar, retroalimentando o sistema governamental corrupto.[105]

Daí dizer que necessário se faz proporcionar aos cidadãos a sua participação efetiva na sociedade democrática, mediante a transparência administrativa, eis que a garantia do acesso às informações da atuação estatal permite o controle dos atos da Administração Pública.[106] A democracia, por assim dizer, como destaca José Sérgio da Silva Cristóvam, "é o alimento espiritual para a alma política da comunidade, exigindo liberdade e igualdade", valores inatingíveis sem educação e formação cidadã e liberdade de informação. Assim, para o jurista, não haverá diálogo democrático se não forem fornecidas condições para a participação livre e instruída.[107] Em outras palavras, não haverá efetiva participação democrática se a liberdade instrumental das garantias de transparência de Amartya Sen não for assegurada. E, por conseguinte, tem-se a realidade da ausência de legitimidade substantiva da Administração Pública.

Daí por que se afirmar que o princípio da máxima transparência retratado por Juarez Freitas deve ser interpretado no sentido de que a atuação administrativa não deve nada ocultar, salvo raras exceções constitucionais, de modo que "o exercício do poder administrativo somente se legitima se se justificar em face de seus titulares sociais, mais do que destinatários, com translucidez e aversão à opacidade".[108] Nesse sentido, Celso Lafer assevera que o direito à informação é, portanto, uma liberdade democrática que permite "uma adequada, autônoma e igualitária participação dos indivíduos na esfera pública". Não sem

---

[105] ZENKNER, Marcelo. Sistemas públicos de integridade: evolução e modernização da Administração Pública brasileira. *In:* ZENKNER, Marcelo; CASTRO, Rodrigo Pironti Aguirre de (Coord.). *Compliance no setor público*. Belo Horizonte: Fórum, 2020. p. 187.

[106] PARISE, Elaine Martins. Direito fundamental ao governo probo: a transparência dos atos administrativos e a efetiva participação popular na Administração Pública. *In:* ALMEIDA, Gregório Assagra de (Coord.). *Coleção Direitos Fundamentais e acesso à justiça no estado constitucional de direito em crise*. Belo Horizonte: Editora D'Plácido, 2018. p. 151.

[107] CRISTÓVAM, José Sérgio da Silva. O Estado Democrático de Direito como princípio estruturante do regime jurídico-administrativo. *In:* MOTTA, Fabrício; GABARDO, Emerson (Coord.). *Limites do controle da administração pública no Estado de Direito*. Curitiba: Íthala, 2019. p. 199.

[108] FREITAS, Juarez. *O controle dos atos administrativos e os princípios fundamentais*. 5. ed. rev. e ampl. São Paulo: Malheiros Editores, 2013. p. 77.

razão, o filósofo destaca que os princípios da publicidade e da transparência são notas constitutivas da democracia. Daí, inclusive, traz-se a percepção de Hannah Arendt da importância do direito à informação no combate a governos totalitários, eis que nestes a característica é oposta, ou seja, nega-se a transparência e a publicidade na esfera pública.[109] Da mesma forma, bem destacam Fernando Borges Mânica e Fernando Menegat que a riqueza normativa de deveres de transparência não é dispensável ou excessiva, já que a previsão abstrata do princípio da publicidade na Constituição da República "não se mostrou suficiente para o efetivo respeito ao dever de transparência na Administração Pública e nas parcerias por ela celebradas".[110]

Evidente, portanto, que se deve dar maior atenção aos instrumentos de controle social, em sua grande parte disciplinados no texto constitucional, para a construção de um modelo de Administração Pública democrática. E aqui deve-se registrar que esse modelo não se resume mais à possibilidade, apenas, de manifestação periódica em eleições. Como bem destaca Clèmerson Merlin Clève, vive-se um momento em que as técnicas necessárias da democracia representativa devem-se somar às vantagens oferecidas pela democracia direta, de modo que o cidadão possa atuar de modo direto e indireto, exercendo controle.[111] Da mesma forma, Rogério Gesta Leal destaca que a "deliberação pública realizada fora do âmbito estatal constitui base de legitimação para ações políticas de gestão de interesse público," devendo-se permitir a opinião e a interação de todos os potencialmente envolvidos na questão antes da tomada de decisão.[112]

Nesse sentido, portanto, Gustavo Justino de Oliveira conceitua a "participação administrativa como a intervenção individual ou coletiva dos cidadãos na gestão dos órgãos e entidades que integram a administração pública, com reflexos no conteúdo das decisões deles

---

[109] LAFER, Celso. *A reconstrução dos direitos humanos:* um diálogo com o pensamento de Hannah Arendt. 7. reimp. São Paulo: Companhia das Letras, 2009. P. 241-242.

[110] MÂNICA, Fernando; MENEGAT, Fernando. Transparência nas parcerias com o terceiro setor: inovações da Lei n. 13.019/14 e deveres decorrentes da Lei n. 13.460/17. *In:* LIBÓRIO, Daniela; GUIMARÃES, Edgar; GABARDO, Emerson (Org.) *Eficiência e Ética no Direito Administrativo.* Curitiba: Íthala, 2017. p. 63.

[111] CLÈVE, Clèmerson Merlin. O cidadão, a administração pública e a nova constituição. *Revista de Informação Legislativa*, Brasília, ano 27, n. 106, p. 82-83, abr./jun. 1990.

[112] LEAL, Rogério Gesta. Controle social e deliberação pública no combate à corrupção: alguns fundamentos políticos e filosóficos. *In:* PONTES FILHO, Valmir; MOTTA, Fabrício; GABARDO, Emerson (Coord.). *Administração Pública*: desafios para transparência, probidade e desenvolvimento. XXIX Congresso Brasileiro de Direito Administrativo. Belo Horizonte: Fórum, 2017. p. 293.

emanadas".[113] Dessa forma, o jurista assevera que tal participação implica três efeitos extremamente positivos: (1) instrumentos participativos ensejam maior publicidade e transparência na condução dos interesses da coletividade, concretizando o princípio da publicidade, previsto no *caput* do artigo 37, CRFB/1988; (2) cidadãos são munidos com maior e melhor informação e conhecimento, exercendo um duplo papel informativo, isto é, "de um lado, propiciam a obtenção de dados por parte dos cidadãos; de outro, habilitam o órgão administrativo decididor, tornando-o apto a emitir um provimento mais acertado e mais justo, pois estabelece maior conhecimento acerca da situação subjacente à decisão administrativa"; e (3) a criação de espaços de efetivo diálogo, isto é, quando as decisões administrativas deixam de ser tomadas apenas a partir da perspectiva da ponderação ou da harmonização dos interesses envolvidos, passando também a levar em considerando a reciprocidade de concessões.[114]

Por isso afirmar que a participação dos cidadãos nos processos de decisão, para além de diminuir as disfunções organizativas e burocráticas, institui uma nova legitimidade à Administração Pública.[115] E, como bem assevera Ana Claudia Santano, em uma sociedade em que paira a desconfiança, a mudança desse cenário e o combate à corrupção pressupõem uma obrigatória reaproximação da Administração Pública e da sociedade, de modo que esta "tenha ciência do que ocorre no seio do Estado, de como as decisões são tomadas, assim como os recursos públicos são geridos," mediante necessária publicidade e transparência, permitindo, por conseguinte, a *accountability*.[116]

Como se pode notar, o aumento da transparência potencializa a participação popular e vice-versa, permitindo-se, senão, um ambiente de exercício das finalidades públicas mais estável e, por conseguinte,

---

[113] Cf. OLIVEIRA, Gustavo Justino de. Participação administrativa. *Revista de Direito Administrativo e Constitucional – A&C*, Belo Horizonte, ano 5, n. 20, p. 167-194, abr./jun. 2005.

[114] OLIVEIRA, Gustavo Justino de. Administração pública democrática e efetivação dos direitos fundamentais. *Revista Prismas*: Dir., Pol. Publ. e Mundial., Brasília, v. 5, n. 1, p. 83-105, jan./jun. 2008 p. 92-93. Disponível em: https://publicacoes.uniceub.br/prisma/article/viewFile/569/494. Acesso em: 20 jun. 2020.

[115] FERNÁNDEZ, Tomás-Ramón; GARCÍA DE ENTERRÍA, Eduardo. *Curso de derecho administrativo*. 6. ed. Madrid: Civitas, 1999. v. 2. p. 84.

[116] SANTANO, Ana Claudia. A publicidade, a transparência e a *accountability* no desenvolvimento de políticas públicas e no combate à corrupção: uma aproximação conceitual. *In*: BLANCHET, Luiz Alberto; HACHEM, Daniel Wunder; SANTANO, Ana Claudia (Coord.). *Eficiência e Ética na Administração Pública*: Anais do Seminário Internacional realizado no Programa de Pós-Graduação em Direito da Pontifícia Universidade Católica do Paraná. Curitiba: Íthala, 2015. p. 295.

menos duvidoso. Isso porque a instabilidade, nas palavras de Juarez Freitas, é má conselheira e gera relações perigosas entre os agentes públicos e os particulares. A segurança ao contrato, segundo o jurista, permite um ambiente mais dialógico, assegurando maior confiança e probidade nas relações administrativas.[117]

Dessa maneira, portanto, a transparência e o controle social (participação popular na formação das decisões administrativas) acabam por também fomentar a relevância normativa do princípio da eficiência. Segundo Luiz Alberto Blanchet, a eficiência pressupõe uma mente empreendedora, de modo que não haverá eficiência sem que os agentes públicos criem soluções novas e adequadas às peculiaridades de cada situação. Por isso, para o autor, "o despreparo, a precipitação, a vaidade pessoal, o apego ao poder, a indolência, a incúria, a avidez, a ganância, e a corrupção, espessam o rol dos fatores que comprometem, quando não impedem totalmente, a eficiência no âmbito da administração pública".[118]

Assim, pode-se afirmar que a eficiência se trata de atuação idônea (eficaz), econômica (otimizada) e satisfatória (dotada de qualidade) na realização das finalidades públicas.[119] Nas palavras de Irene Nohara, a eficiência estaria relacionada a "fazer as coisas direito" de acordo com "a medida de utilização dos recursos, ou seja, a relação que trata do desempenho ou da produtividade em função dos recursos disponíveis".[120] Percebe-se, então, que o dever instrumental da eficiência deve ser reconhecido tanto em sua perspectiva da racionalidade e otimização no uso dos recursos disponíveis bem como da melhor satisfação dos resultados exigidos e esperados de interesse da coletividade.[121]

---

[117] FREITAS, Juarez. *O controle dos atos administrativos e os princípios fundamentais*. 5. ed. rev. e ampl. São Paulo: Malheiros Editores, 2013. p. 85.

[118] BLANCHET, Luiz Alberto. Ineficiência, corrupção e seus efeitos sobre o empreendedorismo e sobre o desenvolvimento. *In*: BLANCHET, Luiz Alberto; HACHEM, Daniel Wunder; SANTANO, Ana Claudia (Coord.). *Eficiência e Ética na Administração Pública*: Anais do Seminário Internacional realizado no Programa de Pós-Graduação em Direito da Pontifícia Universidade Católica do Paraná. Curitiba: Íthala, 2015. p. 154 e 157.

[119] MODESTO, Paulo. Notas para um debate sobre o princípio da eficiência. *Jus Navegandi*, Teresina, ano 5, n. 48, dez. 2000. Disponível em:

[120] Sobre o tema, cumpre registrar ainda que, segundo a autora, enquanto a eficiência está relacionada a fazer as coisas direito, a eficácia é a capacidade de fazer as coisas certas, cujo foco é mais direcionado para os resultados. NOHARA, Irene Patrícia. *Reforma administrativa e burocracia:* impacto da eficiência na configuração do direito administrativo brasileiro. São Paulo: Atlas, 2012. p. 191-192.

[121] CRISTÓVAM, José Sérgio da Silva. O Estado Democrático de Direito como princípio estruturante do regime jurídico-administrativo. *In*: MOTTA, Fabrício; GABARDO, Emerson (Coord.). *Limites do controle da administração pública no Estado de Direito*. Curitiba: Íthala, 2019. p. 206.

Daí dizer que a eficiência administrativa, ao lado da transparência, integra o primado fundamental da boa Administração Pública, compreendida como "direito fundamental à administração pública eficiente e eficaz, proporcional cumpridora de seus deveres, com transparência, motivação, imparcialidade e respeito à moralidade, à participação social e à plena responsabilidade por suas condutas omissivas e comissivas".[122] Para fins do objeto do presente estudo, especialmente em razão da busca da transparência como legitimidade da atuação do poder público, cumpre destacar três direitos elencados por Juarez Freitas que integram o conceito da boa administração pública destacado: (i) direito fundamental à administração pública transparente; (ii) direito fundamental à administração pública proba; e (iii) direito fundamental à administração pública eficiente.

Naquilo que diz respeito ao direito fundamental à administração pública transparente, este visa coibir a opacidade, que, conforme visto, é negadora da democracia. Diretamente relacionado a este, está o direito fundamental à administração pública proba, que busca vedar, senão, condutas eticamente não universalizáveis, desonestas e complacentes às arbitrariedades, dentre as quais está a corrupção, que faz vulnerável o próprio Estado e nutre a cultura das fraudes e desmandos, que, debilita as instituições, e, por conseguinte, enfraquece a legitimidade da Administração Pública. Por fim, o direito fundamental à administração pública eficiente, diretamente relacionado ao desenvolvimento sustentável e, por conseguinte, com as garantias de transparência retratadas por Amartya Sen, eis que somente haverá eficiência quando o cumprimento das finalidades administrativas assegurar condições objetivas de bem-estar das gerações presentes, sem impactar o bem-estar das gerações futuras.[123]

Em relação à transparência, cumpre frisar que se refere à divulgação de informações de forma inteligível, acessível e aberta, isto é, "deve ser abrangente, atual, ser divulgada desde a sua fonte original e sem alterações, bem como ser de livre acesso por toda e qualquer pessoa que esteja interessada em alguma delas".[124]

---

[122] FREITAS, Juarez. *O controle dos atos administrativos e os princípios fundamentais*. 5. ed. rev. e ampl. São Paulo: Malheiros Editores, 2013. p. 26.

[123] FREITAS, Juarez. *Sustentabilidade*: direito ao futuro. 2. ed. Belo Horizonte: Fórum, 2012; FREITAS, Juarez. *O controle dos atos administrativos e os princípios fundamentais*. 5. ed. rev. e ampl. São Paulo: Malheiros Editores, 2013. p. 26-27.

[124] SANTANO, Ana Claudia. A publicidade, a transparência e a *accountability* no desenvolvimento de políticas públicas e no combate à corrupção: uma aproximação conceitual. *In*: BLANCHET, Luiz Alberto; HACHEM, Daniel Wunder; SANTANO, Ana Claudia (Coord.). *Eficiência e*

Essa perspectiva da transparência, portanto, permite maior diálogo, além de extrair o melhor dos pilares da eficiência, integridade e boa governança,[125] assegurando-se a legitimidade da Administração Pública, mediante ato de reconhecimento social.[126] Do contrário, é dizer, a ausência de transparência, ou visibilidade, impede as possibilidades de controle social e, por conseguinte, reduz a legitimidade estatal, já que a publicidade deve ser vista como um dos meios de legitimação da Administração, sendo assim um pressuposto necessário à efetivação da participação popular.[127]

E o controle social, bem como a participação popular, pode ser potencializado em um ambiente em que há crescente tratamento de dados e em uma realidade decorrente dos avanços constantes do paradigma da tecnologia da informação em uma da sociedade de informação, que, ao mesmo tempo, tem impulsionado a intervenção estatal para a ampliação de transparência, objetivando, notadamente, maior segurança e confiança dos cidadãos.

Assim, a partir da transparência e da participação popular, inclusive mediante emprego da via digital, estimula-se a prática de cogovernança,[128] de modo que o atual potencial de coleta, processamento e utilização de dados, enquanto oportunidade de geração de novos conhecimentos e serviços, pode atuar de forma a conectar os indivíduos com o Estado, bem como aumentar a própria visibilidade e o controle sobre a atuação deste, permitindo a concretização de uma Administração Pública aberta.

A Administração Pública aberta, de acordo com Ana Claudia Santano, "se fundamenta na importância da participação da sociedade

---

Ética na Administração Pública: Anais do Seminário Internacional realizado no Programa de Pós-Graduação em Direito da Pontifícia Universidade Católica do Paraná. Curitiba: Íthala, 2015. p. 299.

[125] FERRAZ, Leonardo de Araújo. A transparência como ferramenta de legitimação do agir estatal por meio do impulsionamento da eficiência e integridade governamentais. *In*: ZENKNER, Marcelo; CASTRO, Rodrigo Pironti Aguirre de (Coord.). *Compliance no setor público*. Belo Horizonte: Fórum, 2020. p. 120.

[126] Sobre o tema, Hans-Georg Gadamer registra que a autoridade legítima é baseada em um modelo de conhecimento e reconhecimento. É dizer, a autoridade de uma pessoa nada tem a ver com a obediência cega de um comando, mas em um ato de reconhecimento e de conhecimento. GADAMER, Hans-Georg. *Verdade e método*. 8. ed., v. I. Petrópolis: Vozes, 2007. p. 371

[127] MOTTA, Fabrício. Notas sobre publicidade e transparência na Lei de Responsabilidade Fiscal no Brasil. *Revista de Direito Administrativo & Constitucional – A&C*, Belo Horizonte, ano 7, n. 30, p. 91-108, out./dez. 2007. P. 92. Disponível em: http://www.revistaaec.com/index.php/revistaaec/article/viewFile/638/465. Acesso em: 2 jun. 2020.

[128] FREITAS, Juarez. *O controle dos atos administrativos e os princípios fundamentais*. 5. ed. rev. e ampl. São Paulo: Malheiros Editores, 2013. p. 369.

no processo de elaboração e execução de políticas públicas, bem como no acesso a todas as informações sobre as atividades administrativas que estão sendo realizadas". E tal modelo proporciona, por conseguinte, "um ambiente administrativo mais aberto, transparente, responsável e eficiente". Assim, segundo a autora, o termo *"openness"* se refere à "abertura para o fornecimento livre e universal de informações, para o seu público-alvo, para que o cidadão possa conhecer suas estruturas e decisões".[129]

E isso, no contexto de uma cultura digital, permite a difusão da tecnologia para a ampliação da capacidade de armazenamento de informações,[130] possibilitando, por conseguinte, maior senso crítico de condutas imorais, antiéticas e pautadas na cultura da fraude e da corrupção.

Destaque-se que não se pretende aqui pautar o exercício das finalidades públicas na *"webcracia"* ou na *"computadorcracia"* criticadas por Norberto Bobbio,[131] mas, sim, no emprego inteligente de novas ferramentas digitais, que podem, inclusive, universalizar o acesso a utilidades e comodidades públicas.[132] Diversos, portanto, são os benefícios dessa cultura digital, inclusive para o desenvolvimento social e ético da humanidade.

Conforme visto, as novas tecnologias ampliam o diálogo e o armazenamento de informações, o que permite maior debate e crítica mediante maior publicidade e transparência, necessários à garantia da democracia.[133] Não se pode esquecer que em regimes totalitários, por exemplo, a característica é oposta, ou seja, nega-se a transparência e a publicidade na esfera pública. Nesse sentido, frise-se que existe estreita relação entre o princípio da democracia e o princípio da transparência,

---

[129] SANTANO, Ana Claudia. A publicidade, a transparência e a *accountability* no desenvolvimento de políticas públicas e no combate à corrupção: uma aproximação conceitual. *In:* BLANCHET, Luiz Alberto; HACHEM, Daniel Wunder; SANTANO, Ana Claudia (Coord.). *Eficiência e Ética na Administração Pública*: Anais do Seminário Internacional realizado no programa de pós-graduação em Direito da Pontifícia Universidade Católica do Paraná. Curitiba: Íthala, 2015. p. 300.

[130] KOOPS, Bert-Jaap. Forgetting footprints, shunning shadow. A critical analysis of the "right to be forgotten" in big data practice. *Scripted,* vol. 8, n. 3, p. 229-256, dez. 2011. Disponível em: https://script-ed.org/article/forgetting-footprints-shunning-shadows/. Acesso em: 2 maio 2020.

[131] BOBBIO, Norberto. *O futuro da democracia*. Rio de Janeiro: Paz e Terra, 1986. p. 26.

[132] FREITAS, Juarez. *O controle dos atos administrativos e os princípios fundamentais*. 5. ed. rev. e ampl. São Paulo: Malheiros Editores, 2013. p. 376.

[133] DUARTE JR., Ricardo C. F. *Liberdades políticas e internet:* uma relação essencial para o desenvolvimento a partir d a teoria de Amartya Sen. Disponível em: http://www.publicadireito.com.br/artigos/?cod=79514e888b8f2aca. Acesso em: 30 jul. 2020.

de modo que haverá vício na gestão pública se houver a sonegação de "informação à sociedade sobre os motivos subjacentes ao processo de escolhas administrativas que influenciam, direta ou indiretamente, a vida de todos, às vezes em flagrante descompasso com os objetivos da constituição".[134] Daí por que se afirmar, portanto, que as liberdades instrumentais das garantias de transparência e liberdade política relacionam-se diretamente, já que esta somente será adequadamente exercida em um regime democrático quando houver uma verdadeira transparência republicana.[135] E a tecnologia permite exatamente esse ideal, isto é, permite uma maior participação na gestão da coisa pública.

Naquilo que diz respeito ao objeto do presente estudo, percebe-se ainda mais a importância da tecnologia, eis que a modalidade eletrônica de certames aumenta a concorrência, permitindo a participação de mais interessados, aumenta a transparência e a publicidade, já que o acesso ao certame é maior, e, por conseguinte, garante-se mais eficiência, eis que o aumento de interessados e o aumento do controle permitirão a contratação da proposta mais vantajosa, um dos princípios basilares das contratações públicas e que, muitas vezes, na realidade da cultura da fraude e da corrupção, não é observado. Não sem razão, a Lei nº 14.133/2021, responsável pelo novo regime jurídico de licitações e contratos administrativos, em seu artigo 19, inciso V, expressamente disciplina que o Poder Público deverá, gradativamente, adotar tecnologias e processos integrados que permitam a atualização de modelos digitais,[136] sobretudo para a concretização de um governo digital, que deve, sem exceção, observar os princípios elencados no artigo 5º daquele mesmo diploma, dentre os quais está o princípio da transparência.[137]

---

[134] FREITAS, Juarez. *O controle dos atos administrativos e os princípios fundamentais*. 5. ed. rev. e ampl. São Paulo: Malheiros Editores, 2013. p. 387.

[135] DUARTE JR., Ricardo C. F. *Liberdades políticas e internet:* uma relação essencial para o desenvolvimento a partir d a teoria de Amartya Sen. Disponível em: http://www.publicadireito.com.br/artigos/?cod=79514e888b8f2aca. Acesso em: 30 jul. 2020.

[136] Art. 19. Os órgãos da Administração com competências regulamentares relativas às atividades de administração de materiais, de obras e serviços e de licitações e contratos deverão: (...) V - promover a adoção gradativa de tecnologias e processos integrados que permitam a criação, a utilização e a atualização de modelos digitais de obras e serviços de engenharia.

[137] Art. 5º Na aplicação desta Lei, serão observados os princípios da legalidade, da impessoalidade, da moralidade, da publicidade, da eficiência, do interesse público, da probidade administrativa, da igualdade, do planejamento, da transparência, da eficácia, da segregação de funções, da motivação, da vinculação ao edital, do julgamento objetivo, da segurança jurídica, da razoabilidade, da competitividade, da proporcionalidade, da celeridade, da economicidade e do desenvolvimento nacional sustentável, assim como as disposições do Decreto-Lei nº 4.657, de 4 de setembro de 1942 (Lei de Introdução às Normas do Direito Brasileiro). BRASIL. *Lei de Licitações e Contratos Administrativos*. Lei nº 14.133, de

Além disso, esse novo diploma também enaltece o controle preventivo das contratações públicas, "inclusive mediante adoção de recursos de tecnologia da informação, e, além de estar subordinadas ao controle social (...)," conforme expressamente previsto em seu artigo 169.[138]

De um modo geral, portanto, pode-se se afirmar que existe, de fato, enorme lacuna de informações nos processos licitatórios, sendo a publicidade muitas vezes restrita e a transparência não observada, mas já existem inúmeras iniciativas normativas interessadas em alterar essa realidade, por isso a importância de ampliar a transparência mediante a implementação de novas tecnologias.

Assim, não há como negar que o Estado e os particulares estão cada vez mais conectados e o fluxo transfronteiriço e massificado de dados se tornou inevitável, tendo estes se tornado importantes ferramentas para a evolução da humanidade. Por isso, no âmbito da sociedade de informação, a proteção da confiança se faz ainda mais necessária, eis que tudo o que um indivíduo faz pode ser registrado em um dado, seja de forma passiva ou ativa.[139] É dizer, o amplo desenvolvimento tecnológico, em especial no ambiente virtual, que permite maior, mais rápida e constante troca de inúmeras informações, determina que a necessidade de proteção dos dados nesse ambiente se torne cada vez mais presente.[140]

Destaque-se que a sociedade de informação[141] surge no contexto de uma "sociedade pós-industrial"[142] como forma de transmitir o conteúdo

---

1º de abril de 2021. *DOU* de 1º.4.2021 – Edição extra-F. Disponível em: http://www.planalto. gov.br/ccivil_03/_ato2019-2022/2021/lei/L14133.htm. Acesso em: 4 abr. 2021.

[138] Art. 169. As contratações públicas deverão submeter-se a práticas contínuas e permanentes de gestão de riscos e de controle preventivo, inclusive mediante adoção de recursos de tecnologia da informação, e, além de estar subordinadas ao controle social (...). BRASIL. *Lei de Licitações e Contratos Administrativos*. Lei nº 14.133, de 1º de abril de 2021. *DOU* de 1º.4.2021 – Edição extra-F. Disponível em: http://www.planalto.gov.br/ccivil_03/_ato2019-2022/2021/lei/L14133.htm. Acesso em: 4 abr. 2021.

[139] VAINZOF, Rony. Disposições Preliminares. *In*: MALDONADO, Viviane Nóbrega; BLUM, Renato Opice (Coord.). *LGPD: Lei Geral de Proteção de Dados comentada*. São Paulo: Thomson Reuters Brasil, 2019. p. 26.

[140] EFING, Antônio Carlos; KIAME, Eduarda Alencar M. O direito ao esquecimento no armazenamento de dados: análise comparada entre o direito europeu e o direito brasileiro. *Revista Jurídica Luso-Brasileira*, Lisboa, ano 6, n. 1, p. 1-21, 2020. p. 15.

[141] Clara Coutinho e Eliana Lisbôa definem a sociedade de informação como "uma sociedade inserida num processo de mudança constante, fruto dos avanços na ciência e na tecnologia". COUTINHO, Clara; LISBÔA, Eliana. Sociedade da informação, do conhecimento e da aprendizagem: desafios para educação no século XXI. *Revista de Educação*, Lisboa, vol. XVIII, n. 1, 2011. p. 06. Disponível em: http://revista.educ.ie.ulisboa.pt/arquivo/vol_XVIII_1/artigo1.pdf. Acesso em: 2 maio 2020.

[142] Denomina-se "sociedade pós-industrial", considerando que as três características básicas da sociedade de informação são a polifuncionalidade, a flexibilidade e as redes descentralizadas,

específico da tecnologia da informação como "novo paradigma técnico-econômico".[143] Trata-se da origem, portanto, do informacionalismo, base para uma sociedade de rede construída em torno de fluxos (de capital, de informação e de tecnologia) que dominam os processos da vida econômica, política e social.[144] Nesse sentido, a tecnologia da informação se torna base para a construção do conhecimento por indivíduos, já que a geração, o processamento e a transmissão de informação se tornam matéria-prima, isto é, tornam-se a principal fonte de produtividade e poder.[145] Assim, o importante na sociedade de informação não é a tecnologia em si, mas o que elas proporcionam através de uma cultura digital.[146] Nesse sentido, Manuel Castells assevera que a característica central da revolução tecnológica atual não é o conhecimento e a informação em si, mas a aplicação destes para a geração de conhecimento e processamento de informação, permitindo um círculo de retroalimentação entre a inovação e seus usos. Para o autor, então, a difusão da tecnologia amplifica infinitamente seu poder, de modo que as novas tecnologias da informação são, para além de ferramentas para se aplicar, processos para se desenvolver.[147]

Por isso, importante o destaque de Ana Cristina Viana e Letícia Kreuz no sentido de que "as inovações tecnológicas necessariamente imprimem modificações na sociedade", tendo o século XXI proposto "modificação temporal no vetor da tecnologia".[148] Em outras palavras, a revolução tecnológica tratada por Manoel Castells alterou o modo

---

o que vai de encontro ao modelo industrial anterior, cujas características básicas representantes eram a especialização, a padronização e a reprodução rígida. Sobre o tema cf. LOJKINE, Jean. *A revolução informacional*. São Paulo: Editora Cortez, 2002.

[143] WHERTEIN, Jorge. A sociedade da informação e seus desafios. *Scielo*, Brasília, v. 29, n. 2, p. 71-77, maio/ago. 2000, p. 71. Disponível em: https://www.scielo.br/pdf/ci/v29n2/a09v29n2. pdf. Acesso em: 2 maio 2020.

[144] CASTELLS, Manuel. A era da informação: economia, sociedade e cultura. *In: A Sociedade em rede*. v. 1. 6. ed. São Paulo: Paz e Terra, 2000. p. 501.

[145] CASTELLS, Manuel. A era da informação: economia, sociedade e cultura. *In: A Sociedade em rede*. v. 1. 6. ed. São Paulo: Paz e Terra, 2000. p. 21.

[146] COUTINHO, Clara; LISBÔA, Eliana. Sociedade da informação, do conhecimento e da aprendizagem: desafios para educação no século XXI. *Revista de Educação*, Lisboa, vol. XVIII, n. 1, 2011. p. 8. Disponível em: http://revista.educ.ie.ulisboa.pt/arquivo/vol_XVIII_1/artigo1.pdf. Acesso em: 2 maio 2020.

[147] CASTELLS, Manuel. *A Galáxia da Internet*: Reflexões sobre a Internet, os negócios e a sociedade. Rio de Janeiro: Jorge Zahar Editor, 2003. p. 07.

[148] VIANA, Ana Cristina A.; KREUZ, Letícia Regina C. Administração Pública na aldeia global: enfrentando o "admirável mundo novo" das tecnologias disruptivas. *In: MOTTA, Fabrício; GABARDO, Emerson (Coord.). Limites do controle da administração pública no Estado de Direito*. Curitiba: Íthala, 2019. p. 300.

como a sociedade produz seus bens e, da mesma forma, como o poder público vai responder a essa nova conjuntura.

A inovação,[149] por assim dizer, foi reconhecida internacionalmente na Agenda 2030, da qual o Brasil também é signatário. Com efeito, os países que integram a ONU, ao delimitarem os objetivos que deverão ser efetivados para o alcance do desenvolvimento de todos os países e pessoas do mundo, trouxeram, na referida Agenda, o ODS nº 9, que trata de indústria, inovação e infraestrutura. Assim, prevê-se como diretriz que seja fomentada a inovação,[150] reconhecendo-se que o progresso tecnológico é "uma das chaves para as soluções dos desafios econômicos e ambientais". Destaca-se a meta 9.5: "Fortalecer a pesquisa científica, melhorar as capacidades tecnológicas de setores industriais em todos os países, particularmente nos países em desenvolvimento, inclusive, até 2030, incentivando a inovação e aumentando substancialmente o número de trabalhadores de pesquisa e desenvolvimento por milhão de pessoas e os gastos público e privado em pesquisa e desenvolvimento".[151]

Tais diretivas foram adotadas no Brasil pela Emenda Constitucional nº 85/2015, que estabeleceu novas bases para a ciência, tecnologia e inovação estabelecendo, expressamente no art. 218, da Constituição da República, que o Estado deverá promover e incentivar o desenvolvimento científico, a pesquisa, a capacitação científica e tecnológica e a inovação. Desde então, foram editadas sucessivas leis que constituem atualmente o seu Marco Legal. Destaca-se, em nível federal, a Lei nº 10.973/2004, alterada pela Lei nº 13.243/2016, e o Decreto nº 9.283/2018.[152]

A partir da tratativa da inovação como um dos alicerces para o desenvolvimento sustentável, Juarez Freitas destaca que a atividade

---

[149] Sobre inovação, Joseph Schumpeter a define como uma nova combinação de algo já existente ou a apresentação de um novo produto ou serviço a partir de uma invenção, rompendo-se, assim, o estado de equilíbrio e promovendo alteração de padrões econômicos. SCHUMPETER, Joseph Alois. *A teoria do desenvolvimento econômico*: uma investigação sobre lucro, capital, crédito, juro e o ciclo econômico. Rio de Janeiro: Nova Cultural, 1982. p. 09. Especificamente no âmbito da Administração Pública, Gabriela Pérsio refere que "inovadora é, também, uma solução nunca antes utilizada no âmbito da administração pública que possa resultar em melhorias e em efetivo ganho de qualidade ou desempenho".

[150] PACTO GLOBAL. Rede Brasil. Objetivos de Desenvolvimento Sustentáveis – ODS. Disponível em: https://www.pactoglobal.org.br/ods. Acesso em: 20 jun. 2021.

[151] PLATAFORMA AGENDA 2030. Os 17 Objetivos de Desenvolvimento Sustentável. Disponível em http://www.agenda2030.com.br/ods/9/. Acesso: 20 jun. 2020.

[152] Sobre o tema conferir ANDRADE, Giulia Andrade; SCHIER, Adriana da Costa Ricardo. O papel da Administração Pública no fomento à inovação tecnológica: a Lei de Incentivos à Inovação e à Pesquisa Científica e Tecnológica do Município de Curitiba. *In*: SCHIER, Adriana da Costa Ricardo; GUIMARÃES, Edgar; VALLE, Vivian Lima López (Org.). *Passando a limpo a gestão pública*: arte, coragem e loucura. Curitiba: NCA – Comunicação e Editora, 2020, p. 12-35.

administrativa deve se adaptar à realidade da sociedade de informação, que exige cada vez mais a adoção de soluções inovadoras, inclusive mediante a utilização de tecnologia, redimensionando-se, assim, o Direito Administrativo,[153] para ser um conjunto normativo que permita evitar sofrimento.[154]

Nesse cenário, portanto, ganha força a Administração Pública 4.0, em oposição aos modelos de atuação do século XIX e XX, considerados obsoletos em muitos sentidos. Nesse momento, portanto, buscam-se oportunidades para a adoção de novas práticas na Administração Pública, como as inovações tecnológicas, por exemplo, que sejam capazes de melhorar os serviços, otimizar processos, aumentar a transparência e reduzir custos.

Destaca-se, nesse cenário, dentre tantos instrumentos legislativos, a Lei nº 14.129, de 29 de março de 2021, que, ao dispor sobre princípios, regras e instrumentos para o governo digital e para o aumento da eficiência pública, traz a inovação como ferramenta, desde seu art. 1º. Destaca-se, ademais, a Nova Lei de Licitações e Contratações Públicas (Lei nº 14.133, de 1º de abril de 2021), que também disciplina expressamente a inovação como um dos objetivos das contratações públicas.

Não sem razão, Justo Reyna, Emerson Gabardo e Fábio de Souza Santos destacam que "o momento é favorável para a adoção de novos métodos de funcionamento da burocracia do Estado, uma vez que é reconhecida como desgastante no modelo de administração pública brasileira". Para os autores, a Administração do século XX dificulta a agilidade e qualidade no atendimento das demandas sociais, existindo "espaço para melhorias ao focar em novas tecnologias, como ciência de dados, inteligência artificial, aprendizado profundo, *blockchain*, governo como plataforma, cidades inteligentes e muitas outras inovações".[155]

Aliás, nesse sentido, Juarez Freitas já fazia a ressalva de que é necessária a *abertura mental* do operador do Direito, especialmente em vista "de disrupções tecnológicas como as provocadas pela inteligência

---

[153] FREITAS, Juarez. Direito Administrativo e inteligência artificial. *Interesse Público*, Belo Horizonte, ano 21, n. 114, p. 15-29, mar./abr. 2019. p. 27.

[154] FREITAS, Juarez. *Sustentabilidade*. Direito ao futuro. 4. ed. Belo Horizonte: Fórum. 2019. Posição 6428.

[155] REYNA, Justo; GABARDO, Emerson; SANTOS, Fábio S. Electronic Government, Digital Invisibility and Fundamental Social Rights. *Revista Sequência*, Florianópolis, n. 85, p. 30-50, ago. 2020. p. 34-35. Disponível em: https://www.scielo.br/j/seq/a/YCv8TN5KHbk5ZsntDsygGcr/?format=pdf&lang=en. Acesso em: 24 jun. 2021.

artificial, a 'internet das coisas' e o *blockchain*", repensando, assim, a *governance-by-design*.[156]

Em resumo, imprescindível é "examinar a realidade com olhos contemporâneos", bem como abandonar velhas teorias anacrônicas e binárias, reinventando-se o Direito para que atenda as singularidades das tecnologias disruptivas à disposição da Administração do século XXI.[157]

Dessa forma, as mudanças propostas por soluções inovadoras não se aplicam apenas a novos problemas ou situações, mas devem, também, versar sobre questões antigas e problemas recorrentes, mas em um novo cenário. Por isso, bem destacam Justo Reyna, Emerson Gabardo e Fábio de Souza Santos que "o verdadeiro desafio não está nas novas situações, mas na necessidade de abordar velhos problemas com novos recursos tecnológicos ou nas armadilhas que estão por trás da visão das soluções tecnológicas como um solucionador de todos os problemas".[158]

Por isso, a utilização de ferramentas tecnológicas pautadas em prerrogativas como a transparência deve passar a ser mais valorizadas, como é o caso da tecnologia *blockchain*, que, conforme veremos no capítulo 3, sua essência é pautada na transparência. Neste âmbito fica clara a importância da tecnologia como processo, eis que a *blockchain*, em razão da transparência, poderá ser capaz de alterar a cultura da corrupção – diminuindo-se o desvio de recursos – para uma cultura da ética, integridade e transparência, permitindo a melhoria na alocação do dinheiro público e na qualidade da execução dos contratos que celebra, e, por conseguinte, direcionando o Brasil ao desenvolvimento nacional sustentável.

É que a tecnologia *blockchain* em seus diversos campos de inserção tem sido reconhecida como uma tecnologia segura e transparente, que permite criar sistemas descentralizados e protocolos encriptados e encadeados de modo a dificultar a alteração de seu conteúdo, aumentando a eficiência das transações nela realizadas, reduzindo custos

---

[156] FREITAS, Juarez. *Sustentabilidade*. Direito ao futuro. 4. ed. Belo Horizonte: Fórum, 2019. Posição 6425 – KINDLE.

[157] VIANA, Ana Cristina A.; KREUZ, Letícia Regina C. Administração Pública na aldeia global: enfrentando o "admirável mundo novo" das tecnologias disruptivas. *In:* MOTTA, Fabrício; GABARDO, Emerson (Coord.). *Limites do controle da administração pública no Estado de Direito.* Curitiba: Íthala, 2019. p. 305-306.

[158] REYNA, Justo; GABARDO, Emerson; SANTOS, Fábio S. Electronic Government, Digital Invisibility and Fundamental Social Rights. *Revista Sequência*, Florianópolis, n. 85, p. 30-50, ago. 2020. p. 31. Disponível em: https://www.scielo.br/j/seq/a/YCv8TN5KHbk5ZsntDsygGcr/?format=pdf&lang=en. Acesso em: 24 jun. 2021.

e eliminando fraudes.[159] A tecnologia *blockchain*, dessa forma, seria importante instrumento a garantir maior transparência às compras públicas, intensificando a participação da sociedade, permitindo um maior controle social desses processos, aumentando a confiança no Poder Público e eficiência nas aquisições.

Assim, o presente estudo pautar-se-á na análise da tecnologia *blockchain* como instrumento de garantia do interesse público e eficiência no âmbito das contratações públicas, permitindo maior transparência nestas e, por conseguinte, o desenvolvimento sustentável.

---

[159] Tradução literal de: *"The benefits of blockchain technology for public administration include the greater trust in governments and improved automation, transparency and auditability"*. UNIÃO EUROPEIA. *Blockchain:* now and tomorrow. Disponível em: https://ec.europa.eu/jrc/en/publication/eur-scientific-and-technical-research-reports/ blockchain-now-and-tomorrow. Acesso em: 29 jan. 2020.

CAPÍTULO 2

CORRUPÇÃO SISTÊMICA NAS CONTRATAÇÕES PÚBLICAS NO BRASIL

A humanidade enfrenta uma crise aguda pela falta de confiança entre os seres humanos e destes nas instituições.[160] E esse é, sem dúvida, o cerne do problema da corrupção sistêmica nas contratações públicas, já que ambientes sem confiança mútua e sem senso de obrigação tácita são propícios para a permanência de uma cultura cotidiana e endêmica de corrupção.

Nesse capítulo, portanto, trataremos das origens da corrupção sistêmica no Brasil, sobretudo no âmbito das contratações públicas, adentrando a análise dos mecanismos à disposição do Poder Público aptos a alterar essa realidade.

2.1 Corrupção sistêmica no Brasil como obstáculo e herança cultural

Não há dúvida de que o problema da corrupção no Brasil é um obstáculo cultural. A falta de transparência e confiança e a promiscuidade nas relações entre agentes privados e o Poder Público são fatos históricos.[161]

Sendo um obstáculo cultural e um fato histórico, portanto, não é nenhuma novidade que a corrupção está enraizada no país e foi herdada do modelo proposto pelo colonialismo português, cujo legado resultou

---

[160] HARARI, Yuval Noah. *Na batalha contra o coronavírus, faltam líderes à humanidade*. Trad. Odorico Leal. São Paulo: Companhia das Letras, 2020.

[161] BERTOCCELLI, Rodrigo de Pinho. *Compliance. In*: CARVALHO, André Castro; ALVIM, Tiago Cripa; BERTOCCELLI, Rodrigo de Pinho; VENTURINI, Otávio. *Manual de Compliance*. Rio de Janeiro: Forense, 2019. p. 51.

numa cultura de base patrimonialista. Raymundo Faoro, nesse sentido, destaca que os vícios desse legado se respaldam na contradição entre os regimentos, leis e a conduta jurídica, bem como na distorção e nas evasivas dos textos em favor do apetite e avareza de alguns.[162]

Nesse contexto, Eduardo Bueno destaca que os quinze anos do regime de capitanias hereditárias foram marcados por abuso, corrupção e incompetência. Da mesma forma, quando da instituição do Governo-Geral no Brasil. Um exemplo de corrupção nesse período foi a criação e indicação ao cargo de ouvidor geral, que seria equivalente ao cargo de Ministro da Justiça nos dias atuais, já que o primeiro indicado – Pero Borges – foi condenado por corrupção em Portugal, quando ocupava o cargo de Corregedor de Justiça, em razão de desvios de verbas destinadas à construção de um aqueduto na cidade do Alentejo.[163] Essa forma de atuar, como bem destaca Laima Mesgravis, demonstra que desde essa época não havia um ideal de busca por uma sociedade justa e igualitária, pautada pelos pilares da transparência e da confiança, sendo notório o comportamento de pouco interesse pelo bem comum e qualidade de vida da sociedade.[164]

Essa atuação desinteressada não era diferente no âmbito das contratações públicas, que, segundo Eduardo Bueno, era marcada pelo superfaturamento do valor de obras. De acordo com o autor, as obras mais urgentes eram realizadas pelo regime de empreitada, e o empreiteiro que desse o menor lance na hasta pública arremataria o objeto; ocorre que "os empreiteiros loteavam as obras entre si, combinando os lances entre si, muitas vezes em conluio com o leiloeiro", superfaturando, na mais das vezes, o custo das obras.[165] Tal situação, portanto, aumentava o nível de desconfiança da população na Administração Pública.

E esse panorama, com o passar do tempo, foi se tornando cada vez mais endêmico no país, fortalecendo essa cultura patrimonialista da corrupção. Sobre a cultura da corrupção, como bem destaca Renato Janine Ribeiro, não há corrupção sem uma cultura de corrupção, já que aquela demanda níveis de aceitação social e institucional. Assim, para o autor, "os costumes funcionam como cimento da obediência, como linguagem comum pela qual nos entendemos, pela qual constituímos

---

[162] FAORO, Raymundo. *Os donos do poder*. Rio de Janeiro: Globo, 1987.

[163] BUENO, Eduardo. *A coroa, a cruz e a espada*: lei, ordem e corrupção no Brasil Colônia. Rio de Janeiro: Objetiva, 2006. p. 62.

[164] MESGRAVIS, Laima. *História do Brasil Colônia*. São Paulo: Contexto, 2015. p. 117.

[165] BUENO, Eduardo. *A coroa, a cruz e a espada*: lei, ordem e corrupção no Brasil Colônia. Rio de Janeiro: Objetiva, 2006. p. 125-126.

nossa coisa pública, no caso republicano, ou nossa contrafação da república, quando a corrupção se generaliza".[166]

Seguindo no contexto da análise da cultura endêmica da corrupção no país, de acordo com Marcelo Zenkner, com a chegada da família real portuguesa ao Brasil, e instaurando-se o Brasil Império, houve um aumento da "valorização do prestígio pessoal e o favorecimento de interesses dos nobres no governo e em cargos públicos", o que fez com que houvesse uma interdependência muito forte entre o poder político e poder econômico, não havendo separação daquilo que era público ou privado.[167] Não sem razão, nesse período é que teve origem o famoso ditado popular "quem furta pouco é ladrão, quem furta muito é barão e quem furta mais e esconde passa de barão a visconde". Como se pode notar, há uma vinculação expressa entre os favorecimentos, a corrupção, os desvios e os títulos. Assim, é cirúrgica a observação de Darcy Ribeiro de que sempre houve uma conexão entre as esferas de poder estatal e privado no Brasil, favorecendo a confusão entre as duas searas e, por conseguinte, fomentando a corrupção administrativa.[168] Da mesma forma é o que leciona José Carlos de Assis, afirmando que "os braços operacionais do Estado vergam ao peso dos interesses particulares, do tráfico de influência, do apaniguamento de protegidos".[169]

Assim, segundo Marcelo Zenkner, mesmo após a independência do Brasil, essa realidade não se modificou, tornando-se ainda mais assente com a permanência do tráfico de escravos na época, já que, mesmo com a Lei Feijó, que impunha vedação à importação de escravos, em torno de 750 mil escravos africanos chegaram ao país mediante intenso contrabando. É nesse período, senão, que se cria a expressão "Lei para inglês ver", que remonta à ideia de algo sem efeito prático. Isto é, a lei existe, mas, na prática, não possui qualquer efeito.[170]

Percebe-se que nesse período, portanto, com o grande favorecimento da nobreza, mediante suborno e intimidação, perpetua-se um ambiente propício para a existência de fraudes e ilícitos de corrupção.

---

[166] RIBEIRO, Renato Janine. *A sociedade contra o social:* o alto custo da vida pública no Brasil. São Paulo: Companhia das Letras, 2000. p. 167.

[167] ZENKNER, Marcelo. *Integridade governamental e empresarial:* um espectro da repressão e da prevenção à corrupção no Brasil e em Portugal. Belo Horizonte: Fórum, 2019. p. 59.

[168] LEAL, Rogério Gesta. Os descaminhos da corrupção e seus impactos sociais e institucionais: causas, consequências e tratamentos. *Interesse Público – IP*, Belo Horizonte, ano 14, n. 74, jul./ago. 2012. p. 34. Disponível em: http://www.bidforum.com.br/bid/PDI0006. aspx?pdiCntd=81184. Acesso em: 20 dez. 2020.

[169] ASSIS, José Carlos de. *A dupla face da corrupção.* Rio de Janeiro: Paz e Terra, 1984. p. 15.

[170] ZENKNER, Marcelo. *Integridade governamental e empresarial:* um espectro da repressão e da prevenção à corrupção no Brasil e em Portugal. Belo Horizonte: Fórum, 2019. p. 60.

É o que afirma Leslie Bethell, quando destaca que o esforço para suprimir o tráfico de escravos perdia para essa combinação de suborno e intimidação.[171]

Indo mais adiante, essa realidade também não se modifica com a proclamação da república em 1889, eis que, de acordo com Marcelo Zenkner, a influência do poder político dos coronéis assegurava a perpetuidade da mesma elite agrária no poder, mediante o emprego de violência ou troca de favores para assegurar votos dos eleitores em seus candidatos, fazendo com que a fraude, os favorecimentos recíprocos e, por conseguinte, a corrupção permeassem o processo eleitoral e deturpassem a representação política.[172] É nesse período, portanto, que vigorava o fenômeno do coronelismo, quando, de acordo com Irene Nohara, os governantes disponibilizavam "cargos públicos, parcela do erário e o controle da polícia em benefício de proprietários de terras que tinham influência sobre os trabalhadores rurais".[173]

A velha república considerada corrupta foi sucedida pela Era Vargas em 1930, também marcada por inúmeros escândalos e denúncias de corrupção.[174] O último governo de Vargas foi um "período tempestuoso", em que se efervesceram as paixões políticas, os mais variados conflitos de interesses e de mentalidades, bem como influências estranhas desencadeadas após a Segunda Guerra Mundial.[175] Na sequência do suicídio de Getúlio Vargas, Juscelino Kubitscheck foi eleito presidente,[176] tendo colocado em prática o plano de metas cujo objetivo

---

[171] BETHELL, Leslie. *A abolição do tráfico de escravos no Brasil, 1807-1869*. Rio de Janeiro: Expressão Cultural, 1976. p. 85.

[172] ZENKNER, Marcelo. *Integridade governamental e empresarial:* um espectro da repressão e da prevenção à corrupção no Brasil e em Portugal. Belo Horizonte: Fórum, 2019. p. 61.

[173] NOHARA, Irene Patrícia. *Reforma administrativa e burocracia:* impacto da eficiência na configuração do direito administrativo brasileiro. São Paulo: Atlas, 2012. p.14.

[174] "O movimento de outubro de 1930 interrompera uma rotina onde a fraude constituía o processo eletivo dos supremos governantes, mas faziam parte desta tradição as duas cerimônias de transmissão do poder no início e no término de cada triênio." Na Velha República é que havia a indicação tácita à presidência da República a partir das presidências de São Paulo e Minas Gerais. SILVA, Hélio; CARNEIRO, Maria Cecília Ribas. *História da República Brasileira:* Desenvolvimento e Democracia – 1956-1960. São Paulo: Três Letras, 1998. p. 29 e 32.

[175] Neste período, pelos diversos escândalos, inclusive em relação à morte de Carlos Lacerda, falava-se que "havia um mar de lama nos porões do catete". SILVA, Hélio; CARNEIRO, Maria Cecília Ribas. *História da República Brasileira:* O suicídio de Getúlio Vargas – 1951/1954. São Paulo: Três Letras, 1998. p. 29, 115-125.

[176] Juscelino Kubitschek teve assegurada a imagem de criador da nova capital (Brasília), tornando o desenvolvimento, do qual foi o ativador, o marco de uma nova era de planejamento governamental. Durante o seu governo, estabeleceu o binômio desenvolvimento e democracia, sendo que o primeiro pode ser constatado a partir das realizações administrativas, estradas, usinas, fábricas, etc., já o segundo – democracia – trata-se de fator mais sensível. SILVA,

era o progresso de 50 anos do país em 5 anos de governo.[177] Esse período, entretanto, em que pese marcado pelo progresso almejado, implicou consequências, como conflitos, aumento de gastos públicos e inflação.[178] Esse cenário de endividamento, desequilíbrio na balança comercial e aumento na concessão de empréstimos a setores específicos tornou-se "um eufemismo para qualificar as políticas destinadas a beneficiar segmentos empresariais de interesse do governo".[179]

Jânio Quadros, na sequência, elegeu-se com quase seis milhões de votos, rompendo o controle das cúpulas partidárias, demonstrando popularidade e monstruosa capacidade de motivar multidões, com a criação de símbolos, como a vassoura, que prometia varrer todo o monturo político.[180] O presidente possuía um discurso de combate à corrupção e à imoralidade, mas após sete meses de governo renunciou ao cargo instituindo uma grave crise política no país.[181] Durante o regime parlamentarista, em que João Goulart assumiu a presidência, inúmeros escândalos de corrupção foram desvelados, especialmente no âmbito da realização de obras públicas.[182] E não foi diferente durante a ditadura militar que sucedeu o governo parlamentarista, também marcada por um período de crescimento de corrupção, sendo muito comuns os casos em que as obras públicas eram superfaturadas e que havia desvio de dinheiro público, abuso de poder e tráfico de influência.[183] Nesse sentido, Eneida Desiree Salgado e Tarso Cabral Violin destacam que,

---

Hélio; CARNEIRO, Maria Cecília Ribas. *História da República Brasileira:* Desenvolvimento e Democracia – 1956-1960. São Paulo: Três Letras, 1998. p. 34-37.

[177] O programa de metas elaborado por JK "constituía-se de uma série de programas setoriais e investimentos destinados a orientar a execução de obras e a expandir ou a implantar indústrias e serviços indispensáveis ao equilibrado desenvolvimento do país". SILVA, Hélio; CARNEIRO, Maria Cecília Ribas. *História da República Brasileira:* Desenvolvimento e Democracia – 1956-1960. São Paulo: Três Letras, 1998. p. 43.

[178] Sobre o tema cf. SILVA, Hélio; CARNEIRO, Maria Cecília Ribas. *História da República Brasileira:* Desenvolvimento e Democracia – 1956-1960. São Paulo: Três Letras, 1998. p. 128-138.

[179] GARSCHAGEN, BRUNO. *Pare de acreditar no governo:* Por que os brasileiros não confiam nos políticos e amam o Estado? 8. ed. Rio de Janeiro: Record, 2016. p. 106-107.

[180] SILVA, Hélio; CARNEIRO, Maria Cecília Ribas. *História da República Brasileira:* a renúncia de Jânio – 1961. São Paulo: Três Letras, 1998. p. 32-33.

[181] ZENKNER, Marcelo. *Integridade governamental e empresarial:* um espectro da repressão e da prevenção à corrupção no Brasil e em Portugal. Belo Horizonte: Fórum, 2019. p. 62.

[182] ZENKNER, Marcelo. *Integridade governamental e empresarial:* um espectro da repressão e da prevenção à corrupção no Brasil e em Portugal. Belo Horizonte: Fórum, 2019. p. 62-63.

[183] ZENKNER, Marcelo. *Integridade governamental e empresarial:* um espectro da repressão e da prevenção à corrupção no Brasil e em Portugal. Belo Horizonte: Fórum, 2019. p. 63.

após o golpe de Estado em 1964, houve um período de quase 25 anos de obscuridade no país.[184]

Com o fim da ditadura militar, a reabertura política e a reinstituição da democracia, sobretudo com a promulgação da Constituição da República de 1988, o cenário também não se alterou, isto é, a corrupção permaneceu permeando o Brasil. Agora, entretanto, com o maior acesso à informação, mais casos passaram a ser desvelados. Nesse sentido, destaca Rogério Leal que, após o retorno dos civis ao governo, aumentaram-se muito os casos de corrupção externados, citando os seguintes: caso Capemi, conhecido como o escândalo da Mandioca (1979 e 1981); caso CoroaBrastel (1985), escândalo que envolveu o Ministério das Comunicações, em razão do grande número de concessões de rádios e TVs para políticos em troca de cargos, votos ou apoio; CPI da Corrupção (1988); escândalo do INSS; caso Collor de Melo e PC Farias; escândalo da VASP. O que levou, inclusive, à criação do Centro Federal de Inteligência (CFI) para investigação e combate à corrupção em todas as esferas do governo.[185]

De todo esse panorama histórico, relatado de forma bastante breve e com apresentação dos pontos que se julgam mais importantes e de impacto para a compreensão da realidade da corrupção sistêmica no país e dos efeitos dessa realidade no comportamento dos brasileiros, denota-se, portanto, que a sociedade brasileira atual é herdeira de uma cultura pautada por costumes decorrentes de patrimonialismo, escravidão, coronelismo, conflitos políticos, tráfico de influências, e, por conseguinte, tornou-se uma sociedade com hábitos corruptos. De acordo com Leonardo Boff, para sobreviverem e guardarem sua liberdade, os indivíduos eram levados a corromper, mediante suborno, favores, peculato, nepotismo, etc., o que deu origem ao jeitinho brasileiro, uma forma de navegação dentro de uma sociedade desigual e injusta, cujo objetivo é tirar vantagem pessoal de tudo.[186]

---

[184] SALGADO, Eneida Desiree; VIOLIN, Tarso Cabral. Transparência e acesso à informação: o caminho para a garantia da ética na administração pública. *In:* BLANCHET, Luiz Alberto; HACHEM, Daniel Wunder; SANTANO, Ana Claudia (Coord.). *Eficiência e Ética na Administração Pública:* Anais do Seminário Internacional realizado no Programa de Pós-Graduação em Direito da Pontifícia Universidade Católica do Paraná. Curitiba: Íthala, 2015. p. 274.

[185] LEAL, Rogério Gesta. Os descaminhos da corrupção e seus impactos sociais e institucionais: causas, consequências e tratamentos. *Interesse Público – IP*, Belo Horizonte, ano 14, n. 74, p. 35, jul./ago. 2012. Disponível em: http://www.bidforum.com.br/bid/PDI0006. aspx?pdiCntd=81184. Acesso em: 20 dez. 2020.

[186] BOFF, Leonardo. *Corrupção:* crime contra a sociedade. Disponível em: http://www.ihu. unisinos.br/172-noticias/noticias-2012/508498-corrupcaocrimecontraasociedade. Acesso em: 10 jun. 2020.

De acordo com o ministro do Supremo Tribunal Federal Luís Roberto Barroso, a triste verdade é que o Brasil vive sob "o signo da má definição do público e do privado", sob "a atávica apropriação do Estado e do espaço público pelo interesse privado dos segmentos sociais dominantes", não tendo se libertado da herança patrimonialista desde o seu descobrimento, até o início do terceiro milênio.[187]

Esse comportamento enraizado, portanto, é o que, de fato, fundamenta o famoso "jeitinho brasileiro", que nada mais é do que condutas realizadas para contornar de forma ilícita, ilegal ou ilegítima uma situação. Segundo o antropólogo Roberto DaMatta, o "jeitinho brasileiro" é uma das formas de incorporação cultural da corrupção pela sociedade civil, driblando-se a excessiva quantidade de regulamentação, criando-se um ambiente que facilita o desrespeito aos princípios informadores da atuação administrativa.[188] De acordo com Marcelo Zenkner essa expressão é utilizada para indicar condutas que "se valem de um subterfúgio às exigências formais de uma regra ou de uma lei a fim de contornar um problema derivado da burocracia estatal, das normas sociais, ou, até mesmo, da própria corrupção".[189]

Conforme destacado no primeiro capítulo desse estudo, normalmente esse tipo de comportamento ocorre em razão da ausência de confiança e em ambientes com pouca ou nenhuma transparência. Por isso, há tempos que o combate à corrupção vem ocupando papel de destaque na agenda do Brasil e do mundo. Fenômeno complexo, cujo conceito não é universal e que possui reflexos incalculáveis, é considerado – por muitos – como o oposto da democracia, sendo nefastos os impactos sociais que lhe são decorrentes e alarmantes os impactos econômicos da mesma forma.

---

[187] BARROSO, Luís Roberto. *Curso de direito constitucional contemporâneo*: os conceitos fundamentais e a construção do novo modelo. 2. ed. São Paulo: Saraiva, 2010. p. 68.

[188] LEAL, Rogério Gesta. Os descaminhos da corrupção e seus impactos sociais e institucionais: causas, consequências e tratamentos. *Interesse Público – IP*, Belo Horizonte, ano 14, n. 74, jul./ago. 2012. p. 34. Disponível em: http://www.bidforum.com.br/bid/PDI0006.aspx?pdiCntd=81184. Acesso em: 20 dez. 2020.

[189] ZENKNER, Marcelo. *Integridade governamental e empresarial*: um espectro da repressão e da prevenção à corrupção no Brasil e em Portugal. Belo Horizonte: Fórum, 2019. p. 67.

Em que pese não exista um conceito universal de corrupção,[190] há certo consenso na doutrina[191] de que a corrupção é uma atividade nociva, que atinge todos os países, independentemente de seu grau de desenvolvimento, e que consiste em práticas como obtenção de vantagem indevida, abuso de poder, desvio de recursos e condutas típicas de corrupção disciplinadas como crime, lavagem de dinheiro, pagamentos de propina, direcionamento de licitação, superfaturamento de contratos públicos, nepotismo, entre tantas outras.[192]

Certo é, portanto, que não existe um conceito único sobre o tema, mas há vários conceitos interessantes e de grande importância ao estudo aqui proposto. Assim, a corrupção pode ser considerada uma forma de exercer influência ilícita, ilegal e ilegítima;[193] um "fenômeno social desviante";[194] um comportamento que envolve a violação de regras estabelecidas em prol do autointeresse e para o ganho e o lucro pessoal;[195] e um abuso de poder para a obtenção de ganhos privados.[196]

Ao se considerar que etimologicamente, de acordo com Santo Agostinho, a corrupção pressupõe um coração (*cor*) rompido (*ruptus*) e pervertido, isto é, que representa condutas que violam aquilo que é importante e essencial (como seria o coração), e cujos efeitos são difusos, causando danos a toda a sociedade (como seria o impacto de um coração rompido ao nosso organismo),[197] pode-se traduzir a corrupção mediante conceito de Inge Amundsen, que afirma que a corrupção é uma doença

---

[190] FORTINI, Cristiana; MOTTA, Fabrício. Corrupção nas licitações e contratações públicas: sinais de alerta segundo a Transparência Internacional. *A&C – Revista de Direito Administrativo & Constitucional*, Belo Horizonte, ano 16, n. 64, p. 93-113, abr./jun. 2016. p. 93.

[191] PIOVESAN, Flávia; GONZAGA, Victoriana Leonora Corte. Combate à corrupção e ordem constitucional: desafios e perspectivas para o fortalecimento do Estado democrático de direito. *Revista dos Tribunais*, São Paulo, v. 967, p. 21-38, maio 2016. p. 24.

[192] PIRONTI, Rodrigo; ZILIOTTO, Mirela. *Compliance nas contratações públicas:* exigência e critérios normativos. Belo Horizonte: Fórum, 2019. p. 19.

[193] BOBBIO, Norberto; MATTEUCCI, Nicola; PASQUINO, Gianfranco. *Dicionário de Política*. 5. ed. Brasília: Universidade de Brasília, 2000. p. 292.

[194] PARISI, Nicoletta. The institutionalization of strategies to prevent corruption: the international and European model. *Revista Brasileira de Estudos Políticos*, Belo Horizonte, n. 119, p. 397-447, jul./dez. 2019. p. 404.

[195] SEN, Amartya Kumar. *Development as Freedom*. 4. reimp. Oxford: Oxford University Press, 2000. p. 275.

[196] TRANSPARÊNCIA INTERNACIONAL. *What is corruption*. Disponível em: https://www.transparency.org/what-is-corruption#define. Acesso em: 12/12/2019.

[197] FERRAZ, Leonardo Araújo. A transparência como ferramenta da legitimação do agir estatal por meio do impulsionamento da eficiência e integridade governamentais. *In:* ZENKNER, Marcelo; CASTRO, Rodrigo Pironti Aguirre de (Coord.). *Compliance no setor público*. Belo Horizonte: Fórum, 2020. p. 114.

que corrói o tecido cultural político e econômico da sociedade, destruindo o funcionamento de seus órgãos vitais.[198]

Como se pode notar, todos os conceitos apresentados estão diretamente relacionados ao comportamento e uma espécie de cultura determinada em uma sociedade, de modo que se pode sintetizar que a corrupção é uma característica comportamental do ser humano, que impacta, sobremaneira, nas instituições.

Não sem razão, em recente levantamento realizado pela Organização das Nações Unidas, demonstra-se exatamente que nenhum país está imune à corrupção. E que todos os anos 1 trilhão de dólares é pago em propinas e outros 2,6 trilhões de dólares são desviados por meio deste tipo de crime; este valor equivale a mais de 5% do PIB global.[199]

Ainda, de acordo com a Transparência Internacional, até 25% do valor investido em saúde é desperdiçado em corrupção no mundo, fator que se agravou durante o período de pandemia covid-19.[200] Da mesma forma, o Escritório das Nações Unidas sobre Drogas e Crimes destaca que nos serviços de saúde dos países desenvolvidos estima-se que fraude e abuso custam entre US$ 12 e US$ 23 bilhões por ano a cada governo.[201] Ainda, o Fórum Econômico Mundial estima que o custo da atividade econômica é acrescido em até 10% em média em razão de práticas corruptas.[202]

Trazendo essa realidade para o ambiente das contratações públicas, de acordo com pesquisa realizada pela OCDE em 2015, o custo extra da corrupção em licitações pode chegar a 50% do valor do contrato.[203] Nesse mesmo sentido, estudo realizado pelos economistas Claudio Frischtak e João Mourão aponta que entre 1970 e 2015 as

---

[198] AMUNDSEN, Inge. *Political corruption*: an introduction to the issues. Bergen: Michelsen Institute, 1999. p. 1.

[199] O CUSTO da corrupção: trilhões de dólares são perdidos anualmente, diz Gutiérrez. ORGANIZAÇÃO DAS NAÇÕES UNIDAS. *ONU News*, 9 dez. 2018. Disponível em: https://news.un.org/pt/story/2018/12/1651051. Acesso em: 9 dez. 2018.

[200] TRANSPARENCY INTERNATIONAL. *Procuring for life*. Disponível em: https://www.transparency.org/en/news/procuring-for-life#. Acesso em: 30 jul. 2020.

[201] UNODC. *Corrupção e Desenvolvimento*. Disponível em: https://www.unodc.org/documents/lpo-brazil/Topics_corruption/Campanha-2013/CORRUPCAO_E_DESENVOLVIMENTO.pdf. Acesso em: 23 mar. 2020.

[202] WEFORUM. *Exploring Blockchain Technology for Government Transparency: Blockchain-Based Public Procurement to Reduce Corruption. Disponível em:* https://www.weforum.org/reports/exploring-blockchain-technology-for-government-transparency-to-reduce-corruption. Acesso em: 2 jun. 2020.

[203] OCDE. *Seminário OCDE-CADE sobre Licitação Pública e Colusão*. Disponível em: https://www.oecd.org/brazil/seminario-ocde-cade-sobre-licitacao-publica-e-colusao-discurso-de-abertura.htm. Acesso em: 2 jun. 2020.

obras de infraestrutura tiveram sobrepreço de R$ 100 a R$ 300 bilhões, o que implica um custo médio anual de R$ 6,6 bilhões.[204] Da mesma forma, o Relatório FISCOBRAS de 2019 indica que, das 77 obras analisadas, 59 apresentaram indícios de graves irregularidades, o que representa um percentual de 76%. E essas irregularidades reputadas como graves representam as seguintes situações: (i) sobrepreço, (ii) superfaturamento; (iii) direcionamento de licitação; e (iv) má qualidade da obra contratada.[205]

Nesse compasso, existem diversas campanhas ao redor do globo cujo intuito é incentivar políticas contra a corrupção. Da mesma forma, os anseios por mudanças culturais inspiram a criação e o fortalecimento de mecanismos aptos a monitorar, controlar e reprimir essa atuação imoral e antiética, que carrega consigo prejuízos à economia, agrava as desigualdades sociais e impede o adequado desenvolvimento econômico-social e sustentável, notadamente, de países em desenvolvimento, como é o caso do Brasil.[206]

A inclusão do "custo propina" nos valores dos contratos e a inadequação do direcionamento dos recursos públicos – muitas vezes por ausência de planejamento – são exemplos de que a corrupção é parte integrante das contratações públicas e mais, que afeta a todos, atingindo "de forma ainda mais brutal a camada economicamente mais frágil da população, porque os recursos públicos não serão alocados de forma a suprir suas carências".[207] Isto é, "impossibilitando o investimento em diversas áreas e projetos sociais, como os relativos à segurança pública, ao combate à fome e ao desemprego, à educação, à saúde, etc.".[208]

---

[204] FRISCHTAK, Cláudio; MOURÃO, João. *O estoque de capital de infraestrutura no Brasil: uma abordagem setorial.* Disponível em: https://epge.fgv.br/conferencias/modernizacao-da-infraestrutura-brasileira-2017/files/estoque-de-capital-setorial-em-infra-brasil-22-08-2017.pdf. Acesso em: 2 jun. 2020.

[205] TCU. *Relatório FISCOBRAS 2019.* Disponível em: https://portal.tcu.gov.br/biblioteca-digital/fiscobras-2019.htm. Acesso em: 2 jun. 2020.

[206] Sobre o tema, conferir MOREIRA NETO, Diogo de Figueiredo; FREITAS, Rafael Véras de. A juridicidade da Lei Anticorrupção – Reflexões e interpretações prospectivas. *Revista Fórum Administrativo,* Belo Horizonte, v. 14, n. 156, p. 1, fev. 2014. Disponível em: http://www.editoraforum.com.br/wp-content/uploads/2014/01/ART_Diogo-Figueiredo-Moreira-Neto-et-al_Lei-Anticorrupcao.pdf. Acesso em: 10 nov. 2018.

[207] FORTINI, Cristiana; MOTTA, Fabrício. Corrupção nas licitações e contratações públicas: sinais de alerta segundo a Transparência Internacional. *A&C – Revista de Direito Administrativo & Constitucional,* Belo Horizonte, ano 16, n. 64, p. 93-113, abr./jun. 2016. p. 94.

[208] SENNA, Gustavo. Combate à má governança e à corrupção: uma questão de direitos fundamentais e direitos humanos. *In:* ALMEIDA, Gregório Assagra de (Coord.). *Coleção direitos fundamentais e acesso à justiça no estado constitucional de direito em crise.* Belo Horizonte: D'Plácido, 2018. p. 191.

Esse cenário impulsiona cada vez mais a exigência de implementação de mecanismos de combate à corrupção no Estado e em empresas que se relacionam com o Poder Público, sendo este o compromisso de um Estado Republicano Democrático de Direito. Não sem razão, a Lei Anticorrupção possui artigo específico para tratar de práticas ilícitas no âmbito das licitações e contratos públicos, e, da mesma forma, preceituam a antiga Lei Geral de Contratações Públicas (Lei nº 8.666/1993) e o novo regime de Licitações e Contratos Administrativos (Lei nº 14.133/2021), tipificando diversas condutas ilícitas no âmbito das licitações e contratos públicos como crimes.

2.1.1 Contratações públicas no Brasil

Nesse contexto, importante memorar que, diferente de empresas privadas, o Poder Público, via de regra, não pode escolher livremente quem irá contratar para a execução de seus serviços ou lhe fornecer bens. É dizer, há um comando para a realização de um processo de contratação, que se chama licitação. Assim, a licitação é um instrumento que antecede as contratações de empresas privadas pela Administração Pública; isto é, um processo administrativo pelo qual entidades e órgãos integrantes da Administração Pública buscam interessados em fornecer bens e serviços, mediante competição isonômica, a fim de celebrar contrato com aquele que oferecer a melhor proposta.[209]

Como atividade administrativa instrumental, portanto, o processo de contratação pública tem por premissa algo que se convencionou denominar de dever geral de licitar.[210] Isso porque, conforme disciplina do inciso XXI, "ressalvados os casos especificados na legislação, as obras, serviços, compras e alienações serão contratados mediante

---

[209] De acordo com Renato Geraldo Mendes, "a contratação pública é uma realidade jurídica ampla, que compreende o planejamento do que se quer contratar, a seleção da melhor proposta e, por fim, a execução e gestão do contrato propriamente dito". Sendo assim, ao definir a contratação pública, traz o seguinte conceito: "Processo de contratação pública é o conjunto de fases, etapas e atos estruturado de forma lógica para permitir que a Administração, a partir da identificação precisa da sua necessidade e demanda, possa definir com precisão o encargo desejado, minimizar seus riscos e selecionar, isonomicamente, se possível, a pessoa capaz de satisfazer a sua necessidade pela melhor relação benefício-custo". MENDES, Renato Geraldo. *O Processo de Contratação Pública*: fases, etapas e atos. Curitiba: Zênite, 2012. p. 23-25.

[210] Sobre este dever constitucional geral de licitar, impõe-se explicar que se trata de um dever geral para situações comuns e genéricas de contratações públicas, eis que, conforme ver-se-á mais adiante neste estudo, em situações específicas cujos objetos não são comuns, mas sim singulares, que prevalece a regra de exceção – regra geral para essas situações específicas – em que não há que se falar em imposição de licitação, mas, sim, em contratação direta.

processo de licitação pública". Esse ditado dever geral de licitar decorre do princípio da indisponibilidade do interesse público, que direciona toda a Administração Pública, impondo-lhe o dever de gerenciar seus bens e aplicar seus recursos de forma eficiente e vantajosa.[211] Assim, a regra geral nos contratos administrativos é de que derivem de regular processo licitatório, garantindo uma competição isonômica e justa a todos aqueles que pretendem manter vínculo contratual futuro com a Administração Pública.[212]

É por intermédio da licitação, como ditada regra geral, pois, que se contrata com a Administração. Esse entendimento comprova, senão, que, como atividade administrativa, a licitação não é promovida porque encerra uma finalidade em si própria, mas porque é meio para o atingimento de fins específicos da Administração.[213] Para a Constituição, nesses termos, a licitação tem por uma de suas finalidades a noção de tratamento isonômico, existindo como valor jurídico legitimador da garantia de seleção isonômica da proposta mais vantajosa, sendo esta – a vantajosidade da contratação – a finalidade precípua almejada pelo processo de licitação.

Para viabilizar a licitação nos termos do proposto pelo constituinte de 1988, portanto, indispensável é a existência de disputa entre os concorrentes ou pluralidade de objetos. É que a isonomia só terá espaço se houver diferentes licitantes aptos a prestar determinado objeto, a partir de critérios objetivos de julgamento, garantindo-se a competição e, por conseguinte, a contratação da proposta mais vantajosa. Do contrário, não haverá sequer espaço para buscar a isonomia.[214]

Nesse contexto, a licitação é instituto que consagra a ideia de competição, bem como as vantagens dela decorrentes, destinando-se a garantir o princípio constitucional da isonomia e a selecionar a proposta mais vantajosa para a Administração, de modo que só faz sentido realizar licitação quando seja lógica, fática e juridicamente possível a competição. Em outras palavras, nos casos em que seja possível selecionar

---

[211] FREITAS, Juarez. *O controle dos atos administrativos e os princípios fundamentais*. 5. ed. rev. e ampl. São Paulo: Malheiros, 2013. p. 47-48 e 253.

[212] PIRONTI, Rodrigo; ZILIOTTO, Mirela. Contratação de Programas de Integridade e *Compliance* pela Administração Pública Direta e a equivocada escolha pela modalidade do pregão. *In:* ZENKNER, Marcelo; PIRONTI, Rodrigo (Coord.). *Compliance no setor público*. Belo Horizonte: Fórum, 2020. p. 341.

[213] OLIVEIRA, Gustavo Justino; SCHIEFLER, Gustavo Henrique Carvalho. *Contratação de Serviços Técnicos por Inexigibilidade de Licitação*. Curitiba: Zênite, 2015. p. 40.

[214] Em situações em que a licitação não é exigida ou é inviável, por não ser viável a análise objetiva do objeto, não há como falar em isonomia.

e cotejar objetivamente propostas aptas a atender convenientemente o que a Administração deseja, a melhor vantagem para o preenchimento da utilidade ou necessidade pública a ser cumprida é a licitação, do contrário, deve ser afastada.

Em matéria de licitações e contratos públicos, a Lei nº 8.666/1993 foi durante muitos anos a norma geral que fornecia diretrizes gerais às contratações públicas pertinentes a obras, serviços, inclusive de publicidade, compras, alienações e locações no âmbito dos Poderes da União, dos Estados, do Distrito Federal e dos Municípios, conforme disciplina de seu artigo 1º. Tal diploma abriu espaço ao novo regime jurídico disciplinado na Lei nº 14.133/2021, responsável por estabelecer as normas gerais de licitação e contratação para as Administrações Públicas diretas, autárquicas e fundacionais da União, dos Estados, do Distrito Federal e dos Municípios, conforme disciplina de seu artigo 1º.

Justamente diante de sua natureza geral, a Nova Lei Geral de Licitações e Contratos é o diploma responsável por determinar as balizas mínimas a serem seguidas em qualquer processo de contratação pública.[215] A referência desse diploma como norma geral, nas palavras de Fernando Vernalha e Egon Moreira, denota um duplo efeito, eis que, por um lado, é vedado à União legislar sobre normas especiais com abrangência nacional, e, por outro lado, Estados, Municípios e o Distrito Federal estão impedidos de legislar em sentido contrário às normas gerais de licitações.[216]

Sobre as bases disciplinadas na Lei nº 14.133/2021, conforme se depreende de seu artigo 11, a licitação é instrumento processual – atividade administrativa – que tem por objetivos: I - assegurar a seleção da proposta apta a gerar o resultado de contratação mais vantajoso para a Administração Pública, inclusive no que se refere ao ciclo de vida do objeto; II - assegurar tratamento isonômico entre os licitantes, bem como a justa competição; III - evitar contratações com sobrepreço ou com preços manifestamente inexequíveis e superfaturamento na execução dos contratos; e IV - incentivar a inovação e o desenvolvimento nacional sustentável. Para tanto, e inclusive, determina que o Poder Público implemente processos e estruturas de gestão de riscos e controles internos para avaliar, direcionar e monitorar os processos licitatórios e os respectivos contratos, promovendo, assim, um ambiente íntegro

---

[215] MOREIRA, Egon Bockmann; GUIMARÃES, Fernando Vernalha. *Licitação Pública*. São Paulo: Malheiros, 2012. p. 34-35.

[216] MOREIRA, Egon Bockmann; GUIMARÃES, Fernando Vernalha. *Licitação Pública*. São Paulo: Malheiros, 2012. p. 35-36.

e confiável, bem como a eficiência, efetividade e eficácia em suas contratações.

Além disso, conforme disciplina em seu artigo 5º, as contratações públicas pautadas pelo novo regime jurídico de licitações e contratos administrativos se destina a garantir a observância dos princípios da legalidade, da impessoalidade, da moralidade, da publicidade, da eficiência, do interesse público, da probidade administrativa, da igualdade, do planejamento, da transparência, da eficácia, da segregação de funções, da motivação, da vinculação ao edital, do julgamento objetivo, da segurança jurídica, da razoabilidade, da competitividade, da proporcionalidade, da celeridade, da economicidade e do desenvolvimento nacional sustentável.

Como se vê, a ordem jurídica infraconstitucional que regulamenta o inciso XXI do artigo 37 da Constituição da República de 1988 amplia os princípios precipuamente disciplinados na Constituição, criando-se instrumentos destinados a permitir aos processos de contratação pública maior transparência, sustentabilidade, vantajosidade e julgamento objetivo das propostas.

Nesse sentido, e sendo um processo, a contratação pública possui fases que vão anteceder a assinatura do contrato e a sua posterior execução. Sendo elas: (i) planejamento: quando haverá a determinação do objeto, análise orçamentária, pesquisa de preços, parecer jurídico e elaboração do edital, que é o instrumento convocatório para a participação de empresas no certame e que vinculará a entidade licitante, bem como as empresas privadas que participarem; (ii) escolha do fornecedor: nessa etapa serão apresentadas as propostas de valores, bem como os documentos de habilitação, sendo escolhida aquela empresa que apresentar a proposta mais vantajosa. Lembrando-se que a proposta mais vantajosa não significa o menor preço, eis que de nada adianta a empresa apresentar o menor preço, mas não atender qualidades mínimas para a execução do objeto; e (iii) execução do contrato e fiscalização: quando as obrigações das partes serão realizadas, isto é, a execução do objeto contratual com a contrapartida de pagamento.

Além disso, não se olvida que, muito embora a regra geral sinalize um possível dever jurídico geral de licitar, de acordo com as fases externadas, o próprio constituinte no inciso XXI do artigo 37 resguardou à norma infraconstitucional a competência de prever as hipóteses de exceção a esse dever. É dizer, a própria Constituição da República de 1988, reconhecendo a existência de situações de fato que possam justificar, sob a ótica da devida motivação,[217] o afastamento do dever de licitar, excepcionou a necessidade de se realizar licitação.

Nesse sentido, respeitando a opção do constituinte, a Lei nº 8.666/93, antiga norma geral, em seus artigos 24 e 25, disciplinava os casos em que o procedimento licitatório não seria exigido ou não seria viável, respectivamente, considerando que só poderia ser exigido ou viável se possível a sua instrumentalização (pluralidade do objeto ou de fornecedores e possibilidade de julgamento objetivo). Nesses casos, como bem destaca Juarez de Freitas, as características que tornam inviáveis ou dispensáveis as licitações são específicas e inconfundíveis.[218] Assim, apenas quando não se afigure lógica, fática ou juridicamente possível a realização do procedimento concorrencial, este não poderá ser realizado.

Da mesma forma, o novo regime proposto pela Lei nº 14.133/2021 manteve a ideia da contratação direta, sem processo licitatório prévio, conforme previsão no seu capítulo VIII, Título II. Nesse sentido, importante destacar que seria inviável licitar, por exemplo, se não houvesse como instaurar o certame por falta de pressupostos lógicos, fáticos ou jurídicos indispensáveis para uma competição tendente a satisfazer a finalidade pública por meio da proposta mais vantajosa. Nesse caso, portanto, resta configurada a inexigibilidade. Da mesma forma, em alguns casos, "embora viável competição entre particulares, a lei reconhece a incompatibilidade entre a licitação e os valores norteadores da atividade administrativa, sob um prisma de proporcionalidade",[219] de forma que, para sanar situações emergenciais ou permitir maior agilidade e eficiência à máquina pública – interesse público – por exemplo, não faria sentido a realização de licitação, de modo que a própria lei autorizou a dispensa da mesma.

Sem o intento de exaurir a temática das hipóteses de contratação direta, e considerando o objeto do presente estudo, esta análise ficará restrita apenas às principais diferenças entre as duas formas de contratação direta.

A diferença fundamental entre estas hipóteses está no fato de que na dispensa de licitação o procedimento concorrencial é viável, porém,

---

[217] Sobre o tema cf. CASTRO, Rodrigo Pironti Aguirre de; ZILIOTTO, Mirela Miró. O Novo CPC e a motivação como dever de todos os sujeitos processuais: uma análise do dever de boa-fé e do princípio da colaboração. *Interesse Público – IP*, Belo Horizonte, ano 19, n. 105, p. 65-84, set./out. 2017.

[218] FREITAS, Juarez. *O controle dos atos administrativos e os princípios fundamentais*. 5. ed. rev. e ampl. São Paulo: Malheiros, 2013. p. 254-255.

[219] JUSTEN FILHO, Marçal. *Comentários à Lei de Licitações e Contratos Administrativos*. 17. ed. rev., atual. e ampl. São Paulo: Revista dos Tribunais, 2016. p. 468 e 469.

por um critério normativo, reconhece-se que a "sua ocorrência não traria os benefícios pretendidos ou, mesmo, acarretaria outros malefícios indesejáveis".[220] Assim, para saber se se trata de um ou outro instituto, como leciona Juarez de Freitas, necessária a avaliação da resposta da seguinte indagação: "é viável a competição?".[221] É que, na inexigibilidade, não há viabilidade de competição entre os interessados, isto é, "não se encontram presentes os pressupostos para escolha objetiva da proposta mais vantajosa"[222] e, portanto, impedida estaria a Administração de realizar o processo concorrencial, justamente porque a concorrência (competição) não existe no mundo dos fatos.

Em suma, "a inexigibilidade de licitação é uma imposição da realidade extranormativa, enquanto a dispensa é uma criação legislativa",[223] o que leva à congruente conclusão de que as hipóteses de dispensa são taxativas, estando disciplinadas no artigo 75 da Nova Lei Geral de Licitações e Contratos Administrativos, já as hipóteses de inexigibilidade de licitação têm cunho exemplificativo, estando previstas no artigo 74 do mesmo diploma. Em ambos os casos, entretanto, deve haver processo formal de contratação, com as devidas justificativas de utilização da modalidade de contratação direta, bem como atendimento aos requisitos legais,[224] estes expressamente previstos no artigo 72 da Lei nº 14.133/2021.

Feitas essas breves considerações sobre as formas de contratação pelo Poder Público (licitação e contratação direta), passa-se à análise de atos de fraude e corrupção nas contratações públicas.

2.1.2 Corrupção nas contratações públicas no Brasil

A existência do custo propina nas compras públicas implica consequências graves, já que os recursos públicos não são alocados adequadamente, afetando-se sobremaneira aqueles que mais dependem dos bens e serviços contratados.[225]

---

[220] JUSTEN FILHO, Marçal. *Comentários à Lei de Licitações e Contratos Administrativos*. 17. ed. rev., atual. e ampl. São Paulo: Revista dos Tribunais, 2016. p. 469.

[221] FREITAS, Juarez. *O controle dos atos administrativos e os princípios fundamentais*. 5. ed. rev. e ampl. São Paulo: Malheiros, 2013. p. 255.

[222] JUSTEN FILHO, Marçal. *Comentários à Lei de Licitações e Contratos Administrativos*. 17. ed. rev., atual. e ampl. São Paulo: Revista dos Tribunais, 2016. p. 571.

[223] JUSTEN FILHO, Marçal. *Comentários à Lei de Licitações e Contratos Administrativos*. 17. ed. rev., atual. e ampl. São Paulo: Revista dos Tribunais, 2016. p. 571.

[224] BLANCHET, Luiz Aberto. *Roteiro prático das licitações*. Curitiba: Juruá, 2009. p. 51-53.

[225] "A falta de integridade causa perdas diretas e indiretas para a Administração. Contudo, o Estado não é o único prejudicado pela ausência de lisura nas contratações públicas. Esse

Em que pese o "custo propina" seja fenômeno bastante presente nas contratações públicas, a corrupção não se acha estritamente vinculada à propina e à utilização inadequada de recursos, podendo ser identificada em todas as fases da licitação, isto é, no planejamento, na seleção do contratado e na execução do contrato. Exemplos de que a corrupção está em todas as fases da contratação são os conhecidos jargões empresariais de que "licitação é processo encomendado", que "o pregoeiro escolhe quem ele quer" e que "precisa-se conhecer alguém de dentro para ganhar".

Em análise do estudo realizado pela Transparência Internacional – TI[226] sobre as condutas sugestivas da ocorrência de práticas ilícitas durante processos de contratação, Cristiana Fortini e Fabrício Motta comentaram algumas práticas que retratam, senão, exatamente, os jargões referidos. Na fase de planejamento da licitação, por exemplo, a corrupção ocorre mediante a ausência de transparência, quebra de sigilo de informações para determinados licitantes, especificações editalícias que não permitem a avaliação da *performance* do contratado, desvio do padrão usual de contratação; previsão de tempo inadequado para a preparação das propostas; especificações editalícias para a diminuição da competitividade. Já na fase de escolha do fornecedor fatores como decisões tomadas por um único agente, ausência de expertise pelos responsáveis pelo processo, similitude de propostas, atrasos injustificáveis na seleção e desistência do certame por licitantes qualificados podem ser considerados sinais de alerta para condutas corruptas. Por fim, na fase de execução e fiscalização do contrato, a existência de custos além do contratado sem justificativa, a ausência ou pouca fiscalização da execução contratual e a ausência de registro de avaliações também podem ser considerados sinais de alerta à ocorrência de corrupção.[227]

---

problema atinge as empresas e, especialmente, a sociedade, que, além de arcar com custos extras, corre o risco de não usufruir do bem ou do serviço contratado da forma como deveria". ESTRATÉGIA NACIONAL DE COMBATE À CORRUPÇÃO E À LAVAGEM DE DINHEIRO (ENCCLA). *Integridade nas compras públicas*, 2019. Disponível em: http://enccla. camara.leg.br/acoes/arquivos/resultados-enccla-2019/cartilhaintegridadecompraspublicas/ view. Acesso em: 2 jun. 2020.

[226] A TRANSPARÊNCIA INTERNACIONAL – TI é um movimento global, cuja visão é um mundo em que governos, empresas e o cotidiano das pessoas estejam livres da corrupção e a missão é acabar com a corrupção e promover a transparência e a integridade em todos os níveis e em todos os setores da sociedade". TRANSPARÊNCIA INTERNACIONAL – TI. *Sobre a Transparência Internacional.* Disponível em: https://transparenciainternacional.org. br/quem-somos-sobre-a-ti/. Acesso em: 20 jan. 2019.

[227] FORTINI, Cristiana; MOTTA, Fabrício. Corrupção nas licitações e contratações públicas: sinais de alerta segundo a Transparência Internacional. *A&C – Revista de Direito Administrativo & Constitucional*, Belo Horizonte, ano 16, n. 64, p. 93-113, abr./jun. 2016. p. 96-100.

De fato, a maioria desses riscos de alerta pode sugerir a ocorrência de práticas corruptas e, até mesmo, a própria ineficiência do órgão licitante, contudo, não se pode ignorar o fato de que as *red flags* identificadas devem ser tomadas em um ambiente de contratação em que não exista justificativa (motivação adequada) ao comportamento externado, eis que, do contrário, isto é, caso exista justificativa/motivação para qualquer das práticas, não se estará a tratar de prática ilícita.

Após verificação do que considerou a Transparência Internacional – TI, acredita-se não ser novidade que, durante a fase interna dos certames, em que as decisões são tomadas fora do alcance da luz, isto é, antes de se tornar público o processo, é plenamente possível que se escolha de antemão a empresa contratada, bastando que se façam exigências indevidas que reduzam a competitividade do certame, ou que se inclua indevidamente o processo de contratação no rol das exceções para contratações diretas. Esses exemplos, sem dúvida, são evidentes em licitações eivadas de vícios de corrupção.[228]

Também não se pode negar ser bastante comum a imposição de especificações contratuais genéricas propositalmente, eis o objetivo escuso de inviabilizar uma adequada fiscalização no decorrer da execução do contrato, que impedirá a aplicação de eventuais sanções ao contratado ou exigir melhores índices de desempenho. É que empresas que se submetem às práticas corruptas, ao oferecerem propina, não o fazem gratuitamente, beneficiando-se às custas do patrimônio público.

Da mesma forma, o contato com "alguém de dentro" pode garantir o conhecimento de informações importantes e privilegiadas, colocando em vantagem o licitante que recebeu essa informação ou, até mesmo, direcionando o certame após trocas de informações. Assim, a intimidade entre os licitantes e autoridades responsáveis pelo certame pode proporcionar um ambiente favorável à corrupção, mediante superfaturamento, sobrepreço e cegueira deliberada dos fiscais do contrato.

Como se pode notar, de acordo com a Cartilha de Integridade nas Compras Públicas da Estratégia Nacional de Combate à Corrupção e à Lavagem de Dinheiro (ENCCLA), os principais riscos à integridade ocorrem durante o processo de seleção do fornecedor, mediante (i) abuso de poder em favor de interesses escusos, isto é, quando o agente público utiliza essa condição para atender interesse particular,

---

[228] Sobre o tema cf. PIRONTI, Rodrigo; ZILIOTTO, Mirela. *Compliance nas contratações públicas*: exigências e critérios normativos. Belo Horizonte: Fórum, 2019. p. 24-27.

CAPÍTULO 2
CORRUPÇÃO SISTÊMICA NAS CONTRATAÇÕES PÚBLICAS NO BRASIL | 81

próprio ou de terceiro, deixando de cumprir suas obrigações, aceitando informações falsas ou desclassificando licitantes indevidamente, por exemplo; (ii) conflito de interesses, comprometendo-se o interesse coletivo e influenciando de maneira negativa o desempenho da função pública, em razão de situações como admissão no processo licitatório de empresa cujo sócio é parente do agente público, ou até mesmo com a sua atuação como representante ou intermediário dos interesses de empresa licitante na Administração Pública contratante; (iii) solicitação ou recebimento de vantagem indevida com interesse em processo de contratação com a Administração Pública; e (iv) falta de transparência e preferência por licitações presenciais, em detrimento da adoção de ferramentas eletrônicas, dificultando o controle social e, por conseguinte, restringindo a competitividade das contratações públicas.[229]

Casos práticos como os exemplos apontados, contudo, vêm cada vez mais sendo desvelados e reprimidos, seja por incentivo de movimentos e organizações internacionais e nacionais, seja por imposição do Poder Legislativo ou pelos próprios anseios da sociedade. As fraudes e atos de corrupção devem ser reprimidos com veemência pelos órgãos de controle, e, mediante o controle social, sendo essas ações necessárias para que menos situações hipotéticas como as narradas sejam vivenciadas.

Por isso, é preciso ter em mente que transparência e integridade são grandes aliadas no combate à corrupção, já que amparadas no compromisso de reforçar a agenda brasileira em prol do combate à fraude e à corrupção, transformando a cultura do "jeitinho brasileiro"[230] nos corredores das repartições públicas, fortalecendo mecanismos aptos a monitorar, controlar e reprimir condutas ilícitas e auxiliando na implementação de políticas efetivas e específicas.

---

[229] ESTRATÉGIA NACIONAL DE COMBATE À CORRUPÇÃO E À LAVAGEM DE DINHEIRO (ENCCLA). *Integridade nas compras públicas*, 2019. p. 10-11. Disponível em: http://enccla. camara.leg.br/acoes/arquivos/resultados-enccla-2019/cartilhaintegridadecompraspublicas/ view. Acesso em: 2 jun. 2020.

[230] O "jeitinho brasileiro se trata de um valor da sociedade brasileira que significa uma forma de expressar condutas realizadas para contornar de forma ilícita, ilegal ou ilegítima uma determinada situação. Trata-se daquela situação típica em que, em uma estrada, dois veículos transitando em sentido contrário se cruzam e um deles dá sinais de luz constantemente; tal ação busca demonstrar que existem policiais na pista, alertando-se o outro motorista para que não seja multado. A ideia aqui retratada, portanto, é de que um motorista adverte o outro sobre a polícia e frauda a fiscalização porque ele não confia nos policiais, ou seja, comete uma pequena corrupção para evitar ser vítima de outra". Sobre o tema cf. ZENKNER, Marcelo. *Integridade governamental e empresarial*: um espectro da repressão e da prevenção à corrupção no Brasil e em Portugal. Belo Horizonte: Fórum, 2019. p. 68.

É bem verdade que instrumentos e políticas propostos para mitigar ou evitar práticas corruptas não são infalíveis, tampouco podem ser considerados solução para o problema da corrupção como prática internalizada universalmente. Não se pode olvidar, contudo, que, se por um lado não são infalíveis, por outro, certamente, incentivam a mudança cultural de determinada localidade e auxiliam agentes públicos e privados a frear práticas lesivas e fraudulentas. Como bem destacam Cristiana Fortini e Fabrício Motta, no campo das licitações e contratações públicas não existem ferramentas e mecanismos perfeitos capazes de eliminar os desvios de conduta, entretanto, "a existência de um sistema que possa de forma harmônica contribuir para desincentivar/reduzir/detectar/punir é fundamental para sinalizar a preocupação da sociedade e do governo".[231]

É importante frisar, nesses termos, que no âmbito normativo das licitações e contratos, principiologicamente, o ordenamento pátrio brasileiro possui inúmeras disciplinas legais que buscam vedar práticas lesivas e atos de corrupção – a começar pelos princípios norteadores da atuação administrativa. A Constituição da República de 1988, em seu art. 37, disciplina expressamente o princípio da moralidade como um dos cinco pilares da Administração Pública brasileira. Além dessa previsão expressa, a moralidade, assim como a integridade, está implicitamente prevista na norma fundamental como expressão dos princípios da impessoalidade, da legalidade, da publicidade e da eficiência.

Em âmbito infraconstitucional não é diferente, conforme visto, a antiga Lei Geral de Licitações e Contratos, Lei Federal nº 8.666/1993, já previa – expressamente em seu artigo terceiro – a necessária observância do princípio da moralidade, da probidade administrativa, do desenvolvimento sustentável e do julgamento objetivo das propostas nas contratações públicas. Além disso, tipificou como crime alguns ilícitos e fraudes à licitação.

Da mesma forma, o novo regime jurídico de licitações e contratos administrativos, previsto na Lei nº 14.133/2021 prevê – expressamente em seu artigo 5º – a necessária observância dos princípios da moralidade, da probidade administrativa, do planejamento, da transparência, da motivação, da segurança jurídica, da razoabilidade, da competitividade, da proporcionalidade, entre outros. Além disso, determinou de modo expresso a necessidade de evitar contratações com sobrepreço ou com

---

[231] FORTINI, Cristiana; MOTTA, Fabrício. Corrupção nas licitações e contratações públicas: sinais de alerta segundo a Transparência Internacional. *A&C – Revista de Direito Administrativo & Constitucional*, Belo Horizonte, ano 16, n. 64, p. 93-113, abr./jun. 2016. p. 111.

preços manifestamente inexequíveis e superfaturamento na execução dos contratos, mediante a gestão de riscos e controles internos, conforme disciplina o seu artigo 11, destacando o sobrepreço como "hipótese de preço orçado para licitação ou contratado em valor expressivamente superior aos preços referenciais de mercado, seja de apenas 1 (um) item, se a licitação ou a contratação for por preços unitários de serviço, seja do valor global do objeto, se a licitação ou a contratação for por tarefa, empreitada por preço global ou empreitada integral, semi-integrada ou integrada" (art. 6º, inciso LVI, Lei nº 14.133/2021) e o superfaturamento como o "dano provocado ao patrimônio da Administração", em razão de situações como: a) medição superior às efetivamente executadas ou fornecidas; b) deficiência na execução contratual que impacte em qualidade, vida útil ou segurança; c) alterações no orçamento contratual que causem desequilíbrio econômico-financeiro indevido em favor do contratado; e d) alterações de cláusulas financeiras que gerem recebimentos contratuais antecipados, distorção do cronograma físico-financeiro, prorrogação injustificada do prazo contratual com custos adicionais para a Administração ou reajuste irregular de preços" (art. 6º, inciso LVII, Lei nº 14.133/2021).

Indo adiante, o Estatuto Jurídico das Estatais, Lei Federal nº 13.303/2016, além de destacar os princípios já citados em ambos os regulamentos, previu expressamente em seu art. 31 que se considera contratação mais vantajosa aquela que se preocupa em evitar operações em que se caracterize sobrepreço ou superfaturamento. Nos termos da lei, considera-se sobrepreço quando os preços orçados para a licitação ou os preços contratados são expressivamente superiores aos preços referenciais de mercado (inciso I, §1º). Já o superfaturamento ocorre quando há medição superior, deficiência na execução e alteração nos orçamentos (inciso II, §1º) – verdadeiras fraudes à licitação e à execução do contrato. Ainda, em seu art. 32, destacou expressamente a integridade como diretriz nas transações com partes relacionadas no âmbito das licitações e contratos das estatais.

Além desses instrumentos legais, outros tantos passaram a tratar da temática. Daí dizer que o combate à fraude e à corrupção é constituído por uma sistemática formada por instrumentos distintos, incluindo a legislação, mas não só. Para que o sistema se fortaleça, é preciso que entes, entidades e agentes públicos, organizações privadas e a sociedade comprometam-se com a pauta anticorrupção e busquem o fortalecimento de procedimentos que impliquem reais mudanças de valores sociais, culturais e históricos.[232]

Conforme destacado no capítulo 1 do presente estudo, o agir humano decorre de valores, que são os critérios utilizados nas escolhas que representam as preferências de cada indivíduo.[233] Os valores, por assim dizer, guiam as ações humanas, transmitindo padrões gerais de orientação aos indivíduos. Conforme visto, valores como a ética envolvem regras de comportamento em torno daquilo que é certo e errado, bem como estabelecem um código de conduta visando o bem comum.[234] Daí por que se falar que a confiança é o que levará a um bom convívio social e uma melhora nas contratações públicas, sendo o respeito e a confiança no outro o alicerce da cooperação entre os indivíduos em prol do bem de todos.

O comportamento de licitantes, portanto, sempre será determinado por valores, princípios, normas de conduta e padrões de comportamento existentes.[235] Assim, a mudança de determinado padrão de comportamento de uma organização será um importante instrumento de autoconhecimento e aculturamento para uma realidade da integridade, conformidade, ética e transparência, já que o modo como os indivíduos se comportam é reflexo do que eles veem ou percebem de outros indivíduos.[236]

Diante desse cenário, percebe-se que a ausência de confiança aumenta o espaço da corrupção, minimizando a transparência das ações governamentais e daqueles que se relacionam com o Poder Público, potencializando o custo propina e a existência de fraude nas contratações públicas.

Por isso, o desincentivo, a redução e a repressão aos casos de corrupção devem iniciar com a proposta de um sistema normativo eficaz e uma cultura institucional aderente, como, por exemplo, as novas propostas legislativas sobre a obrigatoriedade de implementação

---

[232] Sobre o tema cf. PIRONTI, Rodrigo; ZILIOTTO, Mirela. *Compliance nas contratações públicas*: exigências e critérios normativos. Belo Horizonte: Fórum, 2019. p. 26-27.

[233] ZENKNER, Marcelo. *Integridade governamental e empresarial*: um espectro da repressão e da prevenção à corrupção no Brasil e em Portugal. Belo Horizonte: Fórum, 2019. p. 31.

[234] ZENKNER, Marcelo. *Integridade governamental e empresarial*: um espectro da repressão e da prevenção à corrupção no Brasil e em Portugal. Belo Horizonte: Fórum, 2019. p. 32.

[235] ZENKNER, Marcelo. *Integridade governamental e empresarial*: um espectro da repressão e da prevenção à corrupção no Brasil e em Portugal. Belo Horizonte: Fórum, 2019. p. 41.

[236] Tradução literal de: *"How people behave often depends on how they see-and perceive others as be having. Much depends, therefore, on the reading of prevailing behavioral norms"*. SEN, Amartya Kumar. *Development as Freedom*. 4. reimp. Oxford: Oxford University Press, 2000. p. 277.

de programas de integridade em empresas que se relacionam com o Poder Público.

Conforme destacado, a legislação brasileira é rigorosa quanto à aplicação de sanções àqueles que praticam atos de corrupção ou coadunam com estes, de modo que o que se espera é que esse rigor repercuta com maior impacto nas contratações públicas. Assim, o compromisso do Poder Público e das empresas privadas com políticas de transparência e integridade deve se dar de maneira urgente, do contrário, a Administração Pública continuará expulsando empresas idôneas de seus processos e, por conseguinte, permanecerá contratando mal, afetando diretamente o mercado e o desenvolvimento econômico, social e sustentável do país. Por isso, a importância de consagrar o combate à corrupção um direito fundamental.

2.2 Combate à corrupção como um direito fundamental

Embora os crescentes esforços no combate à corrupção e o aumento de iniciativas que têm cada vez mais fomentado a implementação de mecanismos aptos a combater à corrupção, buscando o aculturamento da integridade, o aumento da confiança nas instituições e, por conseguinte, o desenvolvimento sustentável, ainda falta vontade política e engajamento de fato.

É que, ao mesmo tempo em que, por exemplo, existe um grupo temático específico de anticorrupção que atua no desenvolvimento de metodologias e ferramentas para a melhoria de padrões de controles de atos lesivos dentro de empresas e do Poder Público no Brasil,[237] há também o financiamento ilegal de partidos políticos e eleições, com o objetivo de servir às vontades e interesses de alguns poucos.[238]

Nesse sentido, é preciso destacar que o combate à corrupção não é uma batalha de apenas algumas empresas ou entes, órgãos e entidades

---

[237] GOTO, Reynaldo. O combate à corrupção sob a ótica dos objetivos de desenvolvimento sustentável. *In:* PAULA, Marco Aurelio Borges de; CASTRO, Rodrigo Pironti Aguirre de. (Coord.). *Compliance, gestão de riscos e combate à corrupção*: integridade para o desenvolvimento. Belo Horizonte: Fórum, 2018. p. 46. Ainda que desde a promulgação da Constituição Federal de 1988 haja suporte jurídico consolidado no país voltado à garantia da moralidade na esfera da Administração Pública. Nesse sentido, cf. TOMAZ, Carlos Alberto Simões de; CALDAS, Roberto Correia da Silva Gomes. A cooriginariedade entre o direito e a moral e a conformação da moralidade administrativa no sistema jurídico brasileiro. *Revista Brasileira de Estudos Políticos*, Belo Horizonte, n. 117, p. 159-191, jul./dez. 2018. p. 183.

[238] GODINHO, Thiago José Zanini. Contribuições do direito internacional ao combate à corrupção. *Revista da Faculdade de Direito da Universidade Federal de Minas Gerais*, Belo Horizonte, n. 58, p. 347- 386, jan./jun., 2001. p. 352.

públicos; a diminuição – e por que não a erradicação – dessas práticas irregulares depende de ações coordenadas de todos os principais atores do desenvolvimento sustentável, isto é, do Estado e da sociedade.[239] É dizer, a atividade anticorrupção deve envolver uma estrutura estreita entre diferentes autoridades do Estado, inclusive em cooperação intergovernamental, a fim de combater a difusão e os danos causados pela corrupção.[240]

Um dos maiores riscos às economias emergentes é a falta de um modelo de conduta ética endossado pelos governantes, aliado às incompatibilidades no comportamento e no discurso.[241] A corrupção, nesse sentido, tem um custo sociopolítico: a queda da legitimidade e da credibilidade das ações conduzidas pelo Poder Público.[242] Para evitar esse custo, portanto, é necessário um alinhamento daquilo que se fala com o que se faz, de modo que, quando as ações e os comportamentos do grupo não estão em concordância, há uma brecha de autenticidade e integridade e não há base para a confiança.[243]

Assim, partindo da premissa de que o desenvolvimento em termos teóricos é um processo e em termos jurídicos um direito, tendo como núcleo essencial os direitos individuais e sociais, e como fim

---

[239] GOTO, Reynaldo. O combate à corrupção sob a ótica dos objetivos de desenvolvimento sustentável. *In*: PAULA, Marco Aurelio Borges de; CASTRO, Rodrigo Pironti Aguirre de. (Coord.). *Compliance, gestão de riscos e combate à corrupção*: integridade para o desenvolvimento. Belo Horizonte: Fórum, 2018. p. 48-49.

[240] Tradução literal de: "*Anti-corruption activity, therefore, involves a framework of close consultation between different State authorities, at the many levels involved, in the context of intergovernmental cooperation in order to contain its diffusion and combat the damage it causes*". PARISI, Nicoletta. The institutionalization of strategies to prevent corruption: the international and European model. *Revista Brasileira de Estudos Políticos*, Belo Horizonte, n. 119, p. 397-447, jul./dez. 2019. p. 400.

[241] CLAYTON, Mona. Entendendo os desafios de *Compliance* no Brasil: um olhar estrangeiro sobre a evolução do *compliance* anticorrupção em um país emergente. *In*: DEBBIO, Alessandra Del; MAEDA, Bruno Carneiro; AYRES, Carlos Henrique (Coord.). *Temas de Anticorrupção e Compliance*. Rio de Janeiro: Elsevier, 2013. p. 152.

[242] GODINHO, Thiago José Zanini. Contribuições do direito internacional ao combate à corrupção. *Revista da Faculdade de Direito da Universidade Federal de Minas Gerais*, Belo Horizonte, n. 58, p. 347-386, jan./jun. 2001. p. 354.

[243] Tradução literal de: "*We call this alignment between what we say and what we do "walking the talk" because as outside observers the only way we know what is going on internally in others is what they tell us. If the actions and behaviors of individuals or groups are in alignment with the values and beliefs that they tell us they espouse, then we consider this person or group to operate with authenticity or integrity. When the actions and behaviors of individuals or groups are not in concordance, there is a lack of authenticity and integrity and there is no foundation for trust*". BARRETT, Richard. *Building a values-driven organization*: a whole system approach to cultural transformation. Oxford: Elsevier, 2006. p. 107. Disponível em: http://shora.tabriz. ir/Uploads/83/cms/user/File/657/E_Book/Economics/Building%20a%20Values-Driven.pdf. Acesso em: 12 dez. 2020.

assegurar a expansão de capacidades de maneira a permitir o gozo da liberdade substantiva,[244] o combate à corrupção deve ser considerado núcleo essencial do desenvolvimento, e, portanto, um dever do Estado e da sociedade.

Com a promulgação da Constituição da República de 1988, o Brasil passou a adotar um modelo de Estado Social e Democrático de Direito.[245] Assim, já em seu preâmbulo, a Constituição da República de 1988 institui que o Estado Democrático deverá assegurar o desenvolvimento de forma ampla.[246] Não sem razão, os objetivos previstos em seu artigo 3º – que impõem ao Estado brasileiro a edificação de uma sociedade livre, justa e solidária; erradicando a pobreza e reduzindo as desigualdades sociais e regionais; e promovendo o bem de toda a população – plasmaram no texto constitucional um modelo que trouxe uma nova percepção da ideia de desenvolvimento, considerando-o um valor supremo e objetivo fundamental, ladeado pelo bem-estar, pela igualdade e pela justiça. Vê-se, portanto, uma ideia intimamente vinculada ao valor da igualdade, cujo intuito é reduzir as distâncias entre as posições existentes na sociedade, diminuindo-se as desigualdades entre os cidadãos.[247] Assim, sendo o desenvolvimento em termos jurídicos um direito, e tendo como núcleo essencial os direitos individuais e sociais, assegurando a expansão de capacidades e permitindo o gozo da liberdade substantiva, não há como garantir tal instituto sem as garantias de transparência propostas por Amartya Sen.[248] É que, conforme citado no primeiro capítulo desse estudo, a perspectiva da transparência proposta pelo economista permite extrair o melhor dos pilares da eficiência, integridade e boa governança, assegurando legitimidade da Administração Pública. Assim, comprovada está a estreita relação entre o princípio da democracia e o princípio da transparência, mediante a relação direta das liberdades instrumentais

---

[244] SCHIER, Adriana da Costa Ricardo. *Fomento:* administração pública, direitos fundamentais e desenvolvimento. Curitiba: Íthala, 2019. p. 64-65.

[245] SCHIER, Adriana da Costa Ricardo. *Fomento:* administração pública, direitos fundamentais e desenvolvimento. Curitiba: Íthala, 2019. p. 27.

[246] SCHIER, Adriana da Costa Ricardo. *Fomento:* administração pública, direitos fundamentais e desenvolvimento. Curitiba: Íthala, 2019. p. 71.

[247] HACHEM, Daniel Wunder. A noção constitucional de desenvolvimento para além do viés econômico: reflexos sobre algumas tendências do Direito Público brasileiro. *Revista de Direito Administrativo & Constitucional – A&C*, Belo Horizonte, ano 13, n. 53, p. 133-168, jul./set. 2013. p. 150.

[248] SCHIER, Adriana da Costa Ricardo; ZILIOTTO, Mirela Miró. Objetivos de Desenvolvimento Sustentável: os impactos do combate à corrupção para afirmação da Agenda 2030 da ONU à luz da Teoria do Desenvolvimento como Liberdade de Amartya Sen. *Revista Brasileira de Estudos Políticos – RBEP*, Belo Horizonte, n. 121, p. 3-48, jul./dez. 2020. p. 35.

das garantias de transparência e liberdade política, já que esta somente será adequadamente exercida em um regime democrático quando houver uma verdadeira transparência republicana.

Nesse sentido, Marcelo Zenkner, citando a conferência do Professor Jorge Miranda na Faculdade de Direito da Universidade de Lisboa, destacou que a existência de uma administração pública transparente, não corrupta e eficiente é requisito imprescindível para a efetivação de direitos sociais.[249] Da mesma forma, Elaine Parise destaca a importância de um direito fundamental ao governo probo quando assevera que a Constituição da República de 1988 disciplinou como pilares da Administração Pública a eficiência, a probidade e a moralidade administrativa, deixando "clara a aversão à corrupção, à lesão ao erário e à impunidade".[250]

A corrupção corrói os direitos fundamentais e prejudica aqueles que mais dependem do Poder Público. É dizer, ela afeta de forma mais acentuada aqueles economicamente mais frágeis, uma vez que os recursos públicos que deveriam ser alocados de forma a suprir suas carências são desviados para finalidades escusas.[251] Nesses termos, quanto maior o prejuízo ao erário decorrente da corrupção, maior o prejuízo aos serviços e utilidades públicas e, por conseguinte, aos direitos fundamentais dos usuários que poderiam ser tutelados com aqueles recursos.[252]

O alto custo gerado pela corrupção enfraquece a economia e aumenta a instabilidade política e as desigualdades sociais, sendo, sem dúvida, uma das maiores barreiras ao desenvolvimento. É que a corrupção atinge a própria manutenção do Estado Democrático de Direito. Assim, existindo uma Administração Pública que tende a ser corrupta, haverá, por consequência, prejuízo aos bens e serviços públicos. Nesse sentido, bem destaca Caroline Fockink ser fundamental a confiança do cidadão nas instituições públicas, "como um requisito preponderante para o bom e legítimo funcionamento da democracia",

---

[249] ZENKNER, Marcelo. *Integridade governamental e empresarial:* um espectro da repressão e da prevenção à corrupção no Brasil e em Portugal. Belo Horizonte: Fórum, 2019. p. 85.

[250] PARISE, Elaine Martins. Direito fundamental ao governo probo: a transparência dos atos administrativos e a efetiva participação popular na Administração Pública. *In:* ALMEIDA, Gregório Assagra de (Coord.). *Coleção Direitos Fundamentais e acesso à justiça no estado constitucional de direito em crise.* Belo Horizonte: D'Plácido, 2018. p. 129.

[251] FORTINI, Cristiana; MOTTA, Fabrício. Corrupção nas licitações e contratações públicas: sinais de alerta segundo a Transparência Internacional. *Revista de Direito Administrativo & Constitucional – A&C,* Belo Horizonte, ano 16, n. 64, p. 93-113, abr./jun. 2016. p. 94.

[252] ZENKNER, Marcelo. *Integridade governamental e empresarial:* um espectro da repressão e da prevenção à corrupção no Brasil e em Portugal. Belo Horizonte: Fórum, 2019. p. 86.

isto é, como "um produto de primeira necessidade desde o começo da história humana". Do contrário, isto é, "quando as instituições despertam desconfiança", é justamente nesta etapa que a corrupção assume um protagonismo enorme.[253] Daí, então, a importância do fortalecimento de instrumentos aptos a monitorar, desincentivar, controlar, reduzir e reprimir essas condutas, que apenas acarretam prejuízos à economia, agravam as desigualdades sociais e impedem o adequado desenvolvimento econômico-social e sustentável.[254] Isto é, daí a relevância de um "poder intelectual" como mecanismo de influência do pensamento,[255] no sentido de alterar o *status quo* de uma sociedade corrupta para uma sociedade pautada pela conformidade, ética, integridade e transparência.

Insiste-se, a corrupção não apenas é responsável pelo desvio de recursos públicos, mas afeta, ainda, negativamente a qualidade de serviços básicos como saúde, segurança e educação, impactando no próprio desenvolvimento sustentável de países emergentes.[256]

Diante da inegável correlação entre os desvios de recursos públicos e a violação de direitos fundamentais, necessário considerar como direito fundamental o viver em uma sociedade livre de corrupção.[257] Assim, como asseveram Matthew Murray e Andrew Spalding,[258] é impossível tratar de outros direitos fundamentais, como saúde e educação, por exemplo, sem tratar do combate à corrupção. Isto é, se a prevenção à corrupção é uma pré-condição essencial para o atingimento de outros

---

[253] FOCKINK, Caroline. Os efeitos negativos da corrupção nas instituições públicas e no regime democrático. *Revista de Direitos Fundamentais &. Democracia*, Curitiba, v. 24, n. 3, p. 181-210, set./dez. 2019. p. 189-191.

[254] MOREIRA NETO, Diogo de Figueiredo; FREITAS, Rafael Véras de. *A juridicidade da Lei Anticorrupção*: reflexões e interpretações prospectivas. Disponível em: http://www. editoraforum.com.br/wp-content/uploads/2014/01/ART_Diogo-Figueiredo-Moreira-Neto-et-al_Lei-Anticorrupcao.pdf. Acesso em: 12 dez. 2019.

[255] Sobre o tema cf. ZIMBICO, Octavio José. O Estado e a Sociedade Civil: uma relação histórica baseada no exercício do poder? *Revista Brasileira de Estudos Políticos*, Belo Horizonte, n. 120, p. 341-368, jan./jun. 2020. p. 348.

[256] GOTO, Reynaldo. O combate à corrupção sob a ótica dos objetivos de desenvolvimento sustentável. *In*: PAULA, Marco Aurelio Borges de; CASTRO, Rodrigo Pironti Aguirre de. (Coord.). *Compliance, gestão de riscos e combate à corrupção*: integridade para o desenvolvimento. Belo Horizonte: Fórum, 2018. p. 47.

[257] ZENKNER, Marcelo. *Integridade governamental e empresarial*: um espectro da repressão e da prevenção à corrupção no Brasil e em Portugal. Belo Horizonte: Fórum, 2019. p. 87 e 92.

[258] Tradução literal de: "*A freedom from corruption would have an essential role in upholding and enforcing other human rights*". MURRAY, Matthew; SPALDING, Andrew. *Freedom from Official Corruption as a Human Right*. p. 6. Disponível em: https://www.brookings.edu/wp-content/uploads/2016/06/Murray-and-Spalding_v06.pdf. Acesso em: 29 jan. 2020.

direitos fundamentais, os indivíduos devem ter o direito de esperar que o governo seja honesto e responsável.

Dessa forma, a compreensão da corrupção como uma forma de violação de direitos concebe uma mensagem tanto às vítimas da corrupção quanto aos seus coatores, isto é, que a aplicação vigorosa de medidas anticorrupção não é apenas possível, mas essencial para assegurar os demais direitos fundamentais explícitos e implícitos,[259] condição esta de consolidação do desenvolvimento nacional sustentável, conforme a implementação de ferramentas que serão analisadas na sequência.

2.3 Mecanismos de combate à fraude e à corrupção nas contratações públicas

A contratação pública é um dos elementos centrais da atuação governamental e de concretização de políticas públicas. Contudo, não tem passado despercebido o aumento de casos desvelados de escândalos de corrupção, batizados com nomes como "Lava-Jato", "Ratatouille", "Sodoma", "Kamikase", etc., os quais envolvem fraudes em licitações e elevado desvio de dinheiro público.[260] Por isso, necessário se faz o estudo de mecanismos e instrumentos aptos a auxiliar no combate a essa realidade.

Dessa forma, como primeiro ponto de análise, destaque-se que o art. 37, inc. XXI, da Constituição da República de 1988 prevê que as contratações públicas deverão ser precedidas de processo de licitação pública nos termos da lei, conforme analisado no item 2.1 desse capítulo. O novo regime de licitações e contratos administrativos (Lei nº 14.133/2021), por sua vez, em seu art. 11, prescreve como objetivos da licitação a garantia da observância da seleção da contratação mais vantajosa para a Administração Pública, o tratamento isonômico e a justa competição entre os licitantes, o impedimento de contratações com

---

[259] Tradução literal de: *"Reframing corruption as a rights violation sends an unequivocal message to both the victims of official corruption and the perpetrators: that corruption is neither cultural nor human nature; that the state might violate that right but cannot take it away; and that the vigorous enforcement of anti-corruption measures is not only possible, but essential"*. MURRAY, Matthew; SPALDING, Andrew. *Freedom from Official Corruption as a Human Right*. Disponível em: https://www.brookings.edu/wp-content/uploads/2016/06/Murray-and-Spalding_v06.pdf. Acesso em: 29 jan. 2020. p. 15.

[260] SANTOS, Franklin Brasil; SOUZA, Kleberson Roberto. *Como combater a corrupção em licitações: detecção e prevenção de fraudes*. 3. ed. rev., ampl. e atual. Belo Horizonte: Fórum, 2020. p. 21.

sobrepreço, preços inexequíveis ou superfaturamento, e o incentivo à inovação e ao desenvolvimento nacional sustentável. Além disso, eleva a transparência ao patamar de princípio em seu artigo 5º e passa a exigir a implementação de programas de integridade em situações específicas, conforme disciplinam os artigos 25, §4º, 60, inciso IV, 156, §1º, inciso V e 163, parágrafo único.

Assim, merece atenção o tema da transparência e da integridade como pilar de contratações sustentáveis.

Quando se depara com os capítulos de contratações sustentáveis em grandes manuais de direito administrativo, vê-se que muito se fala em desenvolvimento nacional sustentável como princípio constitucional inafastável, como destacado em decisão do Supremo Tribunal Federal, lavrada pelo Ministro Celso de Mello:

> O princípio do desenvolvimento sustentável, além de impregnado de caráter eminentemente constitucional, encontra suporte legitimador em compromissos internacionais assumidos pelo Estado Brasileiro e representa fator de obtenção do justo equilíbrio entre as exigências da economia e as da Ecologia, subordinada, no entanto, à invocação desse postulado, quando ocorrente situação de conflito entre valores constitucionais relevantes, a uma condição inafastável, cuja observância não comprometa nem esvazie o conteúdo essencial de um dos mais significativos direitos fundamentais: o direito à preservação do meio ambiente, que traduz bem de uso comum da generalidade das pessoas, a ser resguardado em favor das presentes e futuras gerações.[261]

Também se discutem as três ordens da sustentabilidade: sociopolítica, ambiental e econômica. Em análise realizada por Egon Bockmann Moreira e Fernando Vernalha Guimarães,[262] os autores destacam que a sustentabilidade sociopolítica tem foco primário no respeito aos direitos humanos, à diversidade cultural e às metas do progresso humano. O objetivo desse desenvolvimento, portanto, seria considerar as singularidades dos indivíduos. "O desenvolvimento, aqui, é visto como um direito das pessoas enquanto e porque seres humanos dignos de consideração individual". Já a sustentabilidade ambiental é componente

---

[261] SUPREMO TRIBUNAL FEDERAL. Tribunal Pleno. *Ação Direta de Inconstitucionalidade – ADI/ MC nº 3.540-DF*. Relator: Ministro Celso de Mello. DJ: 01 set. 2005. Disponível em: http:// redir.stf.jus.br/paginadorpub/paginador.jsp?docTP=AC&docID=387260. Acesso em: 20 dez. 2020.

[262] MOREIRA, Egon Bockmann; GUIMARÃES, Fernando Vernalha. *Licitação pública:* a Lei Geral de Licitações/LGL e o Regime Diferenciado de Contratação/RDC. São Paulo: Malheiros, 2012. p. 87.

do princípio da sustentabilidade, que se preocupa com a estabilidade dos ecossistemas e condições de vida dos seres vivos. A sustentabilidade econômica, por sua vez, seria responsável pela integração de temas relativos ao meio ambiente e à dignidade da pessoa humana, os quais impactam diretamente em decisões econômicas.

Como bem anotado, a promoção do desenvolvimento nacional sustentável não se resume apenas a questões ambientais. Também, não se resume a questões sociopolíticas ou financeiras, sendo importante vertente da agenda de contratações sustentáveis a integridade como pilar da sustentabilidade sociopolítica e também econômica, e, por conseguinte, um dos objetivos das contratações públicas.

A transparência e a integridade estão intrinsecamente relacionadas ao desenvolvimento sustentável por diversas razões. Daí dizer que, em que pese a sustentabilidade possa ser dividida em três macrocomponentes (sociopolítica, ambiental e econômica), como determinam Moreira e Guimarães, é preciso reconhecer que o conceito de sustentabilidade é mutável, porque instrumento reflexo da sociedade e do próprio tempo. Por tal razão, portanto, é a sustentabilidade que busca equilibrar aquilo que é socialmente necessário, economicamente desejável e ecologicamente saudável.

Nesse contexto, a sustentabilidade deve ser analisada de forma holística, inclusive, de acordo com os ditames da ética, da integridade e da transparência. Isso, porque, hoje, para garantir a sustentabilidade da economia, da própria evolução da sociedade, inclusive do meio ambiente, é extremamente necessário que o mercado e o Estado possuam compromisso com mecanismos aptos a combater a corrupção, que afeta todas as camadas sociais, mas, especialmente, aquelas que mais dependem de serviços públicos essenciais, de um meio ambiente saudável e de uma economia em desenvolvimento, conforme visto no item anterior.

Não sem razão, a sustentabilidade é tomada como princípio constitucional que determina responsabilidade ao Estado e à sociedade pela concretização solidária do desenvolvimento ético e eficiente. Nesse sentido, é o posicionamento de Juarez Freitas, para quem sustentabilidade é:

> O princípio constitucional que determina, com eficácia direta e imediata, a responsabilidade do Estado e da sociedade pela concretização solidária do desenvolvimento material e imaterial, socialmente inclusivo, durável e equânime, ambientalmente limpo, inovador, ético e eficiente, no intuito de assegurar, preferencialmente de modo preventivo e precavido, no

presente e no futuro, o direito ao bem-estar físico, psíquico e espiritual, em consonância homeostática com o bem de todos.[263]

Assim, ao dispor sobre a dimensão ética da sustentabilidade, Juarez Freitas destaca que a percepção ética convém àqueles que assumem a tarefa de "resguardar a integridade e nobreza de caráter".[264] Trata-se de dimensão, portanto, que se preocupa com o bem-estar do outro.

Dessa forma, a importância da consideração dessa dimensão da sustentabilidade nas contratações públicas é vital, eis que o bem-estar social é afetado quando os recursos que deveriam ser destinados a um determinado serviço são desviados para benefício de alguns poucos (agentes corruptos). É dizer, o custo propina é um atentado à dimensão ética da sustentabilidade, eis que pautado única e exclusivamente pelo comportamento autointeressado de alguns em detrimento do bem-estar de todos.[265]

Nesse sentido, para além das dimensões sociopolítica, ambiental e econômica, deve, também, ser considerada a sua dimensão ética, que se conecta com todas as demais e permite um verdadeiro desenvolvimento sustentável. Daí se afirmar que os contratos administrativos, mediante a observância de padrões sustentáveis, em sua vertente holística e integrada, contribuirão prioritariamente às escolhas proporcionadoras "do bem-estar das gerações presentes, sem impedir que as gerações futuras produzam o seu próprio bem-estar", de modo que cada vez mais as contratações públicas serão "celebradas e controladas em conformidade com a diretriz intertemporal de escolhas sustentáveis".[266]

Não se pode olvidar, portanto, que a ética, integridade e transparência são pilares necessários a se buscar nos processos de licitações públicas, e, por conseguinte, concretizar contratações públicas sustentáveis. Do contrário, obras ineficientes, serviços nefastos e produtos nocivos persistirão sendo a realidade das compras públicas, violando-se

---

[263] FREITAS, Juarez. *Sustentabilidade:* direito ao futuro. 2. ed. Belo Horizonte: Fórum, 2012. p. 41.

[264] FREITAS, Juarez. *Sustentabilidade:* direito ao futuro. 2. ed. Belo Horizonte: Fórum, 2012. p. 60-61.

[265] Sobre o tema cf. PIRONTI, Rodrigo; ZILIOTTO, Mirela. *Compliance nas contratações públicas:* exigências e critérios normativos. Belo Horizonte: Fórum, 2019. p. 27-30.

[266] FREITAS, Juarez. *O controle dos atos administrativos e os princípios fundamentais.* 5. ed. rev. e ampl. São Paulo: Malheiros Editores, 2013. p. 129 e 227.

diretamente o ordenamento constitucional, eis que toda e qualquer contratação ou será sustentável ou restará no campo da ilicitude.[267]

O consórcio da transparência, integridade e ética como lentes da sustentabilidade permite concluir, portanto, que as licitações sustentáveis serão aquelas que asseguram no bojo do certame isonômico e probo a contratação da proposta mais vantajosa, ponderando-se objetivamente os custos e benefícios sociais, econômicos e ambientais.[268] Daí por que se afirmar que o teste de sustentabilidade de licitações: (i) proíbe, em um só tempo, a ineficiência e ineficácia das compras públicas, conferindo prioridade para produção e consumo saudáveis; (ii) impõe a prevenção como regra, mediante obrigação de planejamento e antevisão de resultados e externalidades; e (iii) estimula escolhas mais responsáveis, em homenagem a ganhos futuros; reconfigurando as contratações públicas, afastando-as das falhas de mercado, dos desvios de finalidade e das fraudes, sendo, assim, instrumento de transformação cultural e prevenção e combate à corrupção.[269]

Assim, estudo realizado por Tammy Cowart, Kurt Schulzke e Sherry Jackson aponta que, a longo prazo, empresas seriam beneficiadas se promovessem a sustentabilidade ética em sua atuação,[270] o que permite concluir que a lente da sustentabilidade, especialmente sob seu viés da ética, trata-se de via de duas mãos, beneficiando tanto a Administração Pública, quanto às partes privadas interessadas.

Junto à ideia da efetivação das contratações sustentáveis, bem como de um sistema efetivo de combate à fraude e à corrupção, como um segundo ponto de análise, importante tecer breves considerações a respeito da nova linha de que vem se apropriando a atividade estatal no campo da implementação de mecanismos e políticas de integridade.

---

[267] FREITAS, Juarez. *O controle dos atos administrativos e os princípios fundamentais*. 5. ed. rev. e ampl. São Paulo: Malheiros Editores, 2013. p. 230.

[268] FREITAS, Juarez. *O controle dos atos administrativos e os princípios fundamentais*. 5. ed. rev. e ampl. São Paulo: Malheiros Editores, 2013. p. 238-239.

[269] FREITAS, Juarez. *O controle dos atos administrativos e os princípios fundamentais*. 5. ed. rev. e ampl. São Paulo: Malheiros Editores, 2013. p. 242-243.

[270] Tradução literal de: *"We have pointed to evidence that companies will be better off in the long run if they foster ethical sustainability and encourage potential whistleblowers to bring their concerns forward early and internally to management. We have also highlighted specific steps that companies can take to promote these sustainability-enhancing objectives"*. COWART, Tammy; SCHULZKE, Kurt; JACKSON, Sherry. Carrots and Sticks of Whistleblowing: What Classification Trees Say About False Claims Act Lawsuits. *Accounting, Finance & Business Law Faculty Publications and Presentations*, paper 6, 2019, p. 27. Disponível em: http://hdl.handle.net/10950/1869. Acesso em: 2 jun. 2020.

A evolução crescentemente complexa e dinâmica da sociedade brasileira, especialmente na busca por maior participação, notadamente em questões que envolvem escândalos de corrupção, exige que sejam repensadas algumas formas de atuação estatal. Assim, em tempos de revisão de dogmas, tem ocupado relevante espaço na pauta de discussões doutrinárias o fenômeno da abertura do Estado ao consenso, da prevenção *versus* sanção.

Partindo da premissa da existência de um novo modelo de controle estatal que tem por base a dialogicidade, relevante importância guarda a atuação preventiva da Administração, que, inclusive, extrai-se da legislação mais recente publicada no país e, também, da característica participativa assumida pela sociedade contemporânea que valoriza o diálogo para efetivação de seus direitos.

A valorização do diálogo, por assim dizer, impulsionou o processo de perda gradual do caráter eminentemente sancionatório do Estado, abrindo-se ala para uma atuação mais preventiva e negocial. A prevenção trata-se de instrumento típico de uma Administração consensual, de impulso, que visa encerrar o problema antes de torná-lo litigioso, bem como da concretização de eventos de impactos danosos.

No âmbito das licitações e contratos administrativos, a prevenção pode ser extraída do mapeamento de riscos e elaboração de matriz de riscos nos contratos administrativos, sendo forte aliada do controle e monitoramento de práticas ilícitas e imorais, eis que permite averiguar se os atos públicos e privados estão de acordo com as suas finalidades legais e institucionais. Além disso, a prevenção é tipicamente extraída da mitigação e correção de atos fraudulentos ou práticas corruptas para que se evitem danos futuros ao erário e à própria sociedade, que usufrui de grande parte dos objetos contratados pelo Poder Público.

Inclusive, o novo regime jurídico das licitações e contratos administrativos previsto na Lei nº 14.133/2021 disciplina expressamente a matriz de riscos como cláusula contratual necessária nos casos de contratação de obras e serviços de grande vulto ou quando forem adotados os regimes de contratação integrada e semi-integrada (artigo 22, §3º), definindo-a como "cláusula contratual definidora de riscos e de responsabilidades entre as partes e caracterizadora do equilíbrio econômico-financeiro inicial do contrato, em termos de ônus financeiro decorrente de eventos supervenientes à contratação" (artigo 6º, inciso XXVII). Ademais, dispõe de um capítulo específico para tratativa de alocação de riscos (Título III, Capítulo III). Além disso, como já destacado, define como dever da Alta Administração para consecução dos objetivos das contratações públicas o estabelecimento de processos e estruturas de gestão de riscos e controles internos, para avaliar, direcionar e monitorar os processos licitatórios e os respectivos contratos, promovendo um ambiente íntegro e confiável, bem como eficiência, efetividade e eficácia em suas contratações (artigo 11, parágrafo único).

Em um terceiro ponto de análise, a implementação de sistemas de integridade na Administração Pública e a exigência de *compliance* de fornecedores vêm compactuar com a ideia de detecção, prevenção, mitigação e repressão de fraudes e ilícitos nas compras públicas como uma verdadeira resposta à transformação da cultura do "jeitinho" brasileiro e do custo propina nas licitações. Isso porque, como bem destaca Fernando Borges Mânica, as práticas direcionadas à implementação de sistemas de *compliance* estão diretamente relacionadas à alteração de cultura, valores e hábitos cotidianos, tolhendo internamente condutas ilícitas e corruptivas.[271]

Nesses termos, a exigência de implementação de sistemas de integridade, no âmbito das contratações públicas, pode ser compreendida em duas dimensões: uma extrínseca, que consiste numa política adotada pelo Estado para estimular a disseminação do *compliance* no mercado, e uma intrínseca, que consiste em uma exigência que tem direta relação de permanência com os objetivos primários das contratações públicas,[272] bem como com a efetivação de princípios norteadores do Direito Administrativo, como legalidade, impessoalidade, moralidade, igualdade, probidade administrativa e julgamento objetivo das propostas.

Sabe-se que sistemas de *compliance* não são infalíveis, mas são necessários, incentivam a mudança cultural e auxiliam a frear práticas lesivas e fraudulentas. Esses sistemas, portanto, têm o potencial de permitir um aculturamento da Administração Pública e das empresas que se relacionam com ela, sendo, por assim dizer, uma via de mão dupla, eis que traz inúmeros benefícios às empresas, como o aumento do faturamento, do número de fornecedores, até a identificação de colaboradores que não estejam de acordo com os valores da instituição, bem como à Administração Pública, mediante proteção de atos lesivos,

---

[271] MÂNICA, Fernando Borges. *Compliance* no setor da saúde. *In:* NOHARA, Irene; PEREIRA, Fábio Leão Bastos (Coord.). *Governança, Compliance e Cidadania*. São Paulo: Thomson Reuters, 2019. p. 501.

[272] GUIMARÃES, Fernando Vernalha; REQUI, Érica Miranda dos Santos. Exigência de programa de integridade nas licitações. *In:* PAULA, Marco Aurélio Borges de; CASTRO, Rodrigo Pironti Aguirre de (Org.). *Compliance, gestão de riscos e combate à corrupção*. Belo Horizonte: Fórum, 2018. p. 204-205.

a garantia da execução contratual, a redução de riscos e a obtenção de melhores desempenhos e qualidade.[273]

Nesse sentido, importante destacar que os sistemas de *compliance* estão diretamente relacionados à integridade, que, justamente, conforme visto no capítulo anterior, permite maior confiabilidade, e, instituições mais confiáveis atraem mais fornecedores e terceiros interessados.

Não sem razão, a Nova Lei de Licitações e Contratos Administrativos, indo ao encontro da valorização do combate à corrupção e do incentivo à cultura da ética, integridade e transparência, previu expressamente a obrigatoriedade de implementação de programas de integridade e *compliance* em contratações de grande vulto, nos termos de seu artigo 25, §4º, bem como como condição de reabilitação de licitantes ou contratadas que apresentem declaração ou documentação falsa exigida para o certame ou prestem declaração falsa durante a licitação ou execução do contrato ou pratiquem os atos lesivos previstos no artigo 5º da Lei Anticorrupção, nos termos do seu artigo 163, parágrafo único.

Além das disposições anteriores, a Nova Lei de Licitações e Contratos Administrativos também previu a hipótese de considerar a implantação ou o aperfeiçoamento de programa de integridade na aplicação de sanções administrativas (artigo 156, §1º, inciso 5º), indo ao encontro do que já disciplinava a Lei Anticorrupção, bem como inovou no cenário da exigência de integridade nas contratações públicas disciplinando ainda mais uma hipótese de valorização da adoção desses programas por licitantes, de modo que em seu artigo 60, inciso IV, a norma disciplina o desenvolvimento de programas de integridade pelas licitantes como critério de desempate de duas ou mais propostas.

Diante da importância da integridade nas contratações públicas, portanto, passa-se a destacar algumas práticas recomendadas por Franklin Brasil Santos e Kleberson Roberto Souza como forma de combater a fraude e a corrupção nas contratações públicas, e que fazem parte da implementação de um sistema de *compliance* efetivo.[274]

Em relação à estruturação do sistema de *compliance*, especialmente no tocante ao apoio efetivo da alta administração, os autores recomendam a (i) aprovação, supervisão e acompanhamento da aplicação de medidas

---

[273] Sobre o tema cf. PIRONTI, Rodrigo; ZILIOTTO, Mirela. *Compliance nas contratações públicas*: exigências e critérios normativos. Belo Horizonte: Fórum, 2019. p. 43.

[274] Sobre as recomendações destacadas cf. SANTOS, Franklin Brasil; SOUZA, Kleberson Roberto. *Como combater a corrupção em licitações*: detecção e prevenção de fraudes. 3. ed. rev., ampl. e atual. Belo Horizonte: Fórum, 2020. Cap. 6.

disciplinares em caso de violação das normas internas sobre integridade nas licitações da entidade; (ii) disponibilização de recursos para estruturação e implementação do sistema de integridade, especialmente em relação ao suporte; (iii) supervisão do sistema de gestão de riscos de fraudes às contratações públicas; e (iv) realização de ações sempre voltadas à garantia do interesse público, ampliando-se a confiança da sociedade no sentido de que os recursos geridos serão utilizados adequadamente.

Ainda, em relação à estruturação do sistema de *compliance*, no que diz respeito à existência de área ou setor específico de licitações, recomenda-se a (i) definição da estrutura organizacional, com as devidas atribuições, competências e responsabilidades; (ii) disponibilização à área de recursos materiais, financeiros, humanos e tecnológicos necessários ao desempenho das funções; (iii) seleção de colaboradores por meio de processo formal, transparente e com base em conhecimentos técnicos e competência; e (iv) avaliação da criação de comitê especializado para auxiliar a alta administração nas decisões relativas às aquisições, objetivando a garantia da sua sustentabilidade.

Naquilo que diz respeito à análise de risco e de fraude em licitações, recomenda-se (i) o estabelecimento formal dos objetivos das aquisições, que deverão estar alinhados às estratégias da instituição, fomentando-se a cultura da gestão de riscos; (ii) a formalização de procedimentos para a gestão de riscos de fraudes em licitações, mediante identificação, avaliação, tratamento, monitoramento e comunicação; e (iii) a delegação clara e formal da responsabilidade pela gestão de riscos de fraudes em licitações, mediante a designação e capacitação de servidores para lidar com estes.

Em relação ao desenho e implementação de atividades de controle, especialmente no tocante aos mecanismos de prevenção e detecção de fraudes, recomenda-se a (i) instituição de políticas e procedimentos que disciplinem as regras para prevenir, detectar e corrigir eventuais fraudes ou ilícitos relacionados às licitações, tudo de acordo com a proposta de gerenciamento de riscos da instituição; e (ii) a utilização de instrumentos capazes de identificar eventuais indícios de fraudes, como vínculos entre licitantes ou entre licitante e agentes públicos, ME e EPP com faturamento superior ao limite legal, licitantes penalizadas, sobrepreço, etc.

Ainda em relação ao desenho e implementação de atividades de controle, no que diz respeito aos padrões de conduta, recomenda-se a (i) instituição formal de um código de ética, aplicável a todos os integrantes da instituição, sem qualquer distinção hierárquica, bem como a sua capacitação e treinamento, tornando as regras efetivas e aplicáveis; e a (ii) constituição e aprovação de plano de trabalho de comissão de ética responsável pelo controle e monitoramento do cumprimento do código de ética.

No que diz respeito à comunicação e treinamento sobre o sistema de *compliance*, recomenda-se a instituição ou revisão do plano de capacitação em governança de aquisições e fraudes em licitação, adotando-se medidas de incentivo à participação de todos os envolvidos. Já em ralação aos canais de denúncia, recomenda-se que seja acessível, com regras claras, permitindo a proteção dos denunciantes, mediante garantia do anonimato.

No tocante ao monitoramento do programa de integridade em licitação, recomenda-se (i) o estabelecimento de diretrizes e procedimentos que assegurem a apuração dos indícios de fraude e ilícitos, promovendo-se a devida responsabilidade, bem como a pronta interrupção de irregularidades e remediação de eventuais danos; (ii) a realização de monitoramento contínuo e independente, comunicando-se tempestivamente as não conformidades constatadas; e (iii) o estabelecimento e acompanhamento das medidas disciplinares e sanções aplicadas.

Por fim, recomenda-se que o Poder Público (i) promova a devida transparência às partes interessadas nas licitações e contratações públicas, sendo este um dever constitucional e decorrente da Lei de Acesso à Informação (Lei nº 12.527/2011); (ii) divulgue o plano de aquisições em seu sítio eletrônico; e (iii) publicize todos os documentos integrantes dos processos de contratação, garantindo a sua máxima transparência e publicidade, bem como permitindo eventual controle social.

Mais uma vez, nota-se a importância da transparência para o afastamento, prevenção e mitigação de fraudes e ilícitos no âmbito das contratações públicas. Assim, considerando o tema proposto neste estudo, o último ponto de análise deste item é em relação à utilização de tecnologias para a ampliação da transparência e, por conseguinte, da confiança nas instituições, como mecanismo de combate à fraude e à corrupção nas contratações públicas.

A tecnologia de registros distribuídos,[275] por exemplo, trata-se de um mecanismo que amplia a transparência, eis que facilita a

---

[275] "Distributed Ledger Technology – DLT" se trata de um tipo de banco de dados distribuído entre múltiplos dispositivos conectados numa rede descentralizada, onde são armazenados um após o outro, com indicação de tempo e mediante assinatura digital. Livre tradução de: *"Distributed Ledger Technology – DLT are a type of database that is spread across multiple*

expansão ordenada cronologicamente de registros transacionais, que são irrevogáveis e assinados criptograficamente, bem como compartilhados por todos os participantes em uma rede. Dessa forma, esse mecanismo permite que qualquer participante com direito de acesso à rede possa rastrear uma transação, em qualquer momento que tenha ocorrido.[276] Trata-se, por assim dizer, de uma tecnologia que armazena transações de forma descentralizada, tal qual faz a tecnologia *blockchain*, conforme será analisado no capítulo a seguir.

---

sites, countries or institutions, and is typically public. Records are stored one after the other in a continuous ledger, rather than sorted into blocks, but they can only be added when the participants reach a quorum". Sobre a definição cf. *Distributed Ledger Technology: beyond block chain.* A report by the UK Government Chief Scientifc Adviser. Disponível em: https://assets.publishing. service.gov.uk/government/uploads/system/uploads/attachment_data/file/492972/gs-16-1-distributed-ledger-technology.pdf. Acesso em: 2 jun. 2020.

[276] Livre tradução de *"A distributed ledger technology (DLT) is a technology that facilitates an expanding, chronologically ordered list of cryptographically signed, irrevocable transactional records shared by all participants in a network. Any participant with the right access rights can trace back a transactional event, at any point in its history, belonging to any actor in the network. The technology stores transactions in a decentralized way. Value-exchange transactions are executed directly between connected peers and verified consensually using algorithms over the network".* ALLESSIE, David; SOBOLEWSKI, Maciej; VACCARI, Lorenzino. *Blockchain for digital government.* Luxembourg: Publications Office of the European Union, 2019. p. 8.

CAPÍTULO 3

A TECNOLOGIA *BLOCKCHAIN* APLICADA NAS CONTRATAÇÕES PÚBLICAS

Ao longo das últimas décadas, a humanidade passou por duas revoluções tecnológicas, a primeira delas com a passagem do analógico para o digital e a segunda com a chegada da internet. Atualmente, uma terceira revolução tecnológica é vivenciada, capitaneada pela tecnologia *blockchain*, em conjunto com a inteligência artificial, *deep learning* e *big data*, o que está modificando mais uma vez o planeta.[277]

A tecnologia *blockchain*, especificamente, está sendo responsável por modificar a forma de controle da informação, permitindo a distribuição desta mediante uma estrutura colaborativa em que as fontes estão abertas e à disposição de todos, em prevalência de uma estrutura privada e fechada; isto é, a plataforma intermediária e centralizadora do controle da informação comumente existente abre espaço para o registro e controle de informações sem um terceiro intermediário.[278]

Conforme visto no item 1.3, a revolução tecnológica da internet viabilizou a pulverização das fronteiras, o que implicou o aumento do fluxo de informações, especialmente porque o fluxo internacional de dados passou a ocorrer de forma natural e muitas vezes imperceptível ao ser humano.[279] Essa globalização, portanto, é um processo de alcance geral, em que os setores da tecnologia, comunicação, finanças e economia se relacionam em tempo real e além da distância.[280]

---

[277] BITCOINADVISER. *Blockchain:* La revolución descentralizada. 1Millionxbtc, 2019. p. 3.

[278] BITCOINADVISER. *Blockchain:* La revolución descentralizada. 1Millionxbtc, 2019. p. 3 e 6.

[279] VAINZOF, Rony. Disposições Preliminares. *In: LGPD:* MALDONADO, Viviane Nóbrega; BLUM, Renato Opice (Coord.). *Lei Geral de Proteção de Dados comentada.* São Paulo: Thomson Reuters Brasil, 2019. p. 27-28.

[280] PALMA, Luis María. Modernización judicial, gestión y administración en América Latina. *Acta sociológica*, n. 72, p. 151, jan./abr. 2017.

Nesse cenário, os indivíduos não se tratam mais apenas de receptores de informação, mas também transmissores delas, gerando, dessa forma, núcleos comunicativos ou pequenas redes.[281] Daí por que se afirmar, conforme destacado anteriormente, que a tecnologia da informação se torna base para a construção do conhecimento por indivíduos, já que a geração, o processamento e a transmissão de informação se tornam matéria-prima, isto é, tornam-se a principal fonte de produtividade e poder.[282]

E a tecnologia *blockchain* é ferramenta revolucionária no âmbito da geração, processamento e transmissão da informação, sendo considerada "a maior inovação na ciência da computação, eis que traz a ideia de uma base de dados distribuída, em que a confiança é estabelecida mediante colaboração de massa e códigos inteligentes e não de uma instituição poderosa que é responsável pela autenticação e o que deve ser estabelecido".[283] Para Peter Diamandis e Steven Kotler, senão, a tecnologia *blockchain* é considerada a tecnologia exponencial para a manutenção de registros, sendo uma tecnologia habilitadora, que começou sua vida habilitando a moeda digital, podendo ser considerada uma ponte entre dois mundos.[284]

Sendo assim, nesse capítulo analisar-se-ão as premissas e os fundamentos da tecnologia *blockchain*, os benefícios de sua aplicação nas contratações públicas e os casos práticos no Brasil.

3.1 Premissas e fundamentos da tecnologia *blockchain*

Dada a importância e evolução da tecnologia *blockchain*, neste primeiro tópico do 3º capítulo será avaliado o que é, de fato, a tecnologia *blockchain*, quais os tipos existentes e suas formas de aplicação, quais os

---

[281] BITCOINADVISER. *Blockchain:* La revolución descentralizada. 1Millionxbtc, 2019. p. 5-6.

[282] CASTELLS, Manuel. A era da informação: economia, sociedade e cultura. *In:* CASTELLS, Manuel. *A Sociedade em rede.* v. 1. 6. ed. São Paulo: Paz e Terra, 2000. p. 21.

[283] Tradução literal de: "*the blockchain… is the biggest innovation in computer Science – the idea of a distributed database where trust is established through mass collaboration and clever code rather than through a powerful institution that does the authentication and the settlement*". TAPSCOTT, Don. *The Blockchain Revolution.* Disponível em: https://www.mckinsey.com/industries/technology-media-and-telecommunications/our-insights/how- blockchains-could-change-the-world. Acesso em: 14 dez. 2020.

[284] Tradução literal de: "*It's been called the exponential technology of record keeping, the sexiest accounting solution in the history of the world (…). In simple terms, blockchain is an enabling technology, one that began its life by enabling digital currency*". DIAMANDIS, Peter; KOTLER, Steven. *The future is faster than you think:* how converging technologies are transforming business, industries, and our lives. New York: Simon & Schuster, 2020. p. 57-59.

pilares dessa tecnologia e, por fim, quais os benefícios e as recomendações de aprimoramento.

3.1.1 O que é a tecnologia *blockchain*?

Conforme visto no último tópico do capítulo anterior, a tecnologia *blockchain* é um tipo de tecnologia de registros distribuídos, sendo a mais conhecida e utilizada.

Assim, pode-se afirmar que a tecnologia *blockchain* é uma espécie de um registro formal, um livro-razão, no qual transações de troca de valores (como criptomoedas ou informações, por exemplo) são agrupadas sequencialmente em blocos. Essa sequência é formada a partir da constatação de que cada bloco contém uma assinatura baseada no conteúdo exato desse bloco, bem como de seu anterior. É dizer, sempre o próximo bloco da sequência também conterá a assinatura do anterior, ligando todos os blocos uns aos outros até o primeiro bloco da corrente. Os blocos são gravados de forma imutável em uma rede *peer-to-peer (P2P)*,[285] mediante mecanismos criptográficos de confiança e garantia.[286]

Em outras palavras, a tecnologia *blockchain* permite que dois atores no sistema (chamados de nós) façam transações em uma rede (P2P) e armazenem essas transações de forma distribuída em toda a rede.[287] Cada transação é verificada por um 'mecanismo de consenso',[288] que permite aos usuários da rede P2P validar as transações e atualizar o registro em toda a rede,[289] conforme se depreende da figura:

---

[285] A rede P2P trata-se de um dos componentes da tecnologia *blockchain* que será analisado na sequência.

[286] Livre tradução de: *"Blockchain is the most well-known and used distributed ledger technology. Blockchain is the type of a ledger in which value-exchange transactions (in the form of cryptocurrencies, tokens or information) are sequentially grouped into blocks. Each block contains a signature that is based on the exact content (string of data) of that block. The next block contains this signature as well, linking all previous blocks to each other up until the first block. Blocks are immutably recorded across a peer-to-peer network, using cryptographic trust and assurance mechanisms"*. ALLESSIE, David; SOBOLEWSKI, Maciej; VACCARI, Lorenzino. *Blockchain for digital government.* Luxembourg: Publications Office of the European Union, 2019. p. 8.

[287] De modo resumido, a tecnologia *blockchain* permite que dois atores no sistema (chamados de nós) façam transações em uma rede ponto a ponto (P2P) e armazene essas transações de uma forma distribuída na rede. BACK, Adam; CORALLO, Matt; DASHJR, Luke *et al. Enabling Blockchain Innovations with Pegged.* p. 3. Disponível em: https://pdfs.semanticscholar.org/1b23/cd2050d5000c05e1da3c9997b308ad5b7903.pdf?_ga=2.76411733.151879753.1612896338-1347005117.1594730610.

[288] São as conhecidas prova de trabalho, prova de participação ou prova de autoridade, que serão mais bem analisadas na sequência.

[289] Sobre as formas de verificação de uma transação conforme mecanismos de consenso cf. WARBURG, Bettina. How the *blockchain* will radically transform the economy. Disponível

Figura 1 – Funcionamento tecnologia *blockchain* – Tribunal de Contas da União

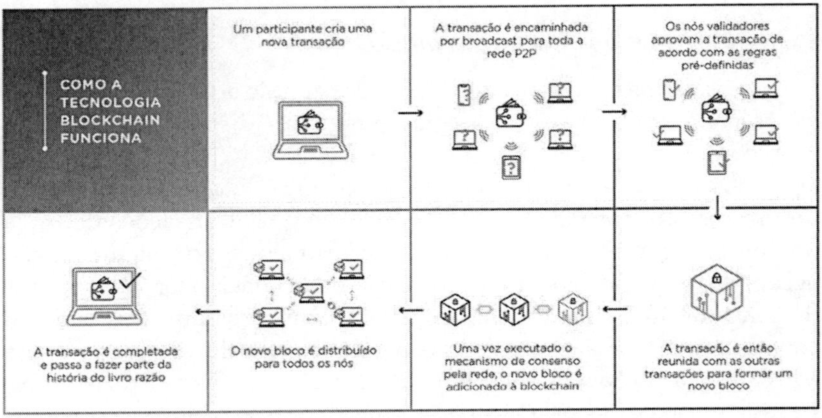

Fonte: Tribunal de Contas da União.

O primeiro documento publicado sobre a tecnologia *blockchain* foi o *"bitcoin*: A peer-to-peer Electronic Cash System", em 2008, por Satoshi Nakamoto.[290] Anteriormente, desde a década de 1990 já existiam estudos propondo um sistema financeiro aberto, livre, anônimo, transparente e sem necessidade de bancos como intermediários, contudo, referida ideia restou materializada apenas em 2008, com o lançamento da *bitcoin*.[291]

Conforme será analisado no decorrer desse capítulo, ainda que muitas vezes se confunda a *bitcoin* com a tecnologia *blockchain*, importante destacar desde logo que se trata de instrumentos distintos, ainda que a *bitcoin* utilize a tecnologia *blockchain* em suas transações.

Assim, naquilo que diz respeito à *bitcoin*, esta se trata de um sistema de pagamento eletrônico baseado em prova criptográfica ao invés de confiança em um terceiro, como uma instituição financeira, por exemplo, permitindo que quaisquer duas partes interessadas transacionem diretamente uma com a outra.[292] De acordo com Nakamoto,

---

em: https://www.ted.com/talks/bettina_warburg_how_the_ *blockchain*_will_radically_transform_the_economy. Acesso em: 10 dez. 2020.

[290] BITCOINADVISER. *Blockchain:* La revolución descentralizada. 1Millionxbtc, 2019. p. 3

[291] BITCOINADVISER. *Blockchain:* La revolución descentralizada. 1Millionxbtc, 2019. p. 15.

[292] Livre tradução de: *"What is needed is an electronic payment system based on cryptographic proof instead of trust, allowing any two willing parties to transact directly with each other without the need for a trusted third party".* NAKAMOTO, Satoshi. *Bitcoin:* A Peer-to-Peer Electronic Cash System. 2008. Disponível em: www.bitcoin.org. Acesso em: 2 dez. 2019. p. 1.

no sistema *bitcoin* definiu-se uma moeda eletrônica como uma cadeia de assinaturas digitais, de modo que cada proprietário transfere a moeda para o próximo, assinando digitalmente um *hash*[293] da transação anterior, bem como a chave pública do próximo proprietário, adicionando-as ao final da moeda.[294] A ausência de um terceiro na intermediação é substituída, assim, por um sistema de *"proof-of-work"* ou *"proof-of-stake"*, que serão mais bem analisados na sequência.

De acordo com Nakamoto, as etapas para operar a rede *bitcoin* são as seguintes: 1) novas transações são transmitidas para todos os *"nós"*; 2) cada *"nó"* coleta novas transações em um bloco; 3) cada *"nó"* trabalha para encontrar uma prova de trabalho difícil para seu bloco; 4) quando um *"nó"* encontra uma prova de trabalho, ele transmite o bloco para todos os demais *"nós"*; 5) os *"nós"* aceitam o bloqueio apenas se todas as transações nele são válidas e ainda não foram utilizadas; e 6) os *"nós"* expressam sua aceitação do bloco trabalhando na criação do próximo bloco na cadeia, usando o *hash* do bloco aceito como o *hash* anterior:[295]

---

[293] Trata-se de forma de encriptação que será analisada na sequência.

[294] Livre tradução de: *"We define an electronic coin as a chain of digital signatures. Each owner transfers the coin to the next by digitally signing a hash of the previous transaction and the public key of the next owner and adding these to the end of the coin"*. NAKAMOTO, Satoshi. Bitcoin: A Peer-to-Peer Electronic Cash System. 2008. Disponível em: www.bitcoin.org. Acesso em: 2 dez. 2019. p. 2.

[295] Livre tradução de: *"The steps to run the network are as follows: 1) New transactions are broadcast to all nodes. 2) Each node collects new transactions into a block. 3) Each node works on finding a difficult proof-of-work for its block. 4) When a node finds a proof-of-work, it broadcasts the block to all nodes. 5) Nodes accept the block only if all transactions in it are valid and not already spent. 6) Nodes express their acceptance of the block by working on creating the next block in the chain, using the hash of the accepted block as the previous hash"*. NAKAMOTO, Satoshi. Bitcoin: A Peer-to-Peer Electronic Cash System. 2008. Disponível em: www.bitcoin.org. Acesso em: 2 dez. 2019. p. 3.

Figura 2 – Funcionamento *bitcoin*

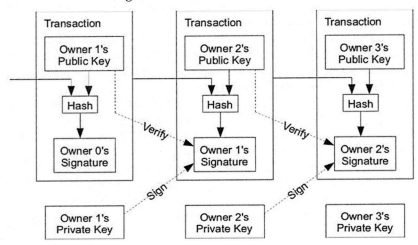

Fonte: Satoshi Nakamoto.[296]

No decorrer desse capítulo cada um dos elementos da tecnologia *blockchain* descritos serão analisados, mas, desde logo, cumpre destacar que os *"nós"* são os pontos de acesso da cadeia de blocos através dos quais se obtém a informação (dispositivos de computação dos usuários). Normalmente são elementos físicos, mas podem existir virtuais. Assim, em resumo, cada *"nó"* é um dispositivo conectado que opera sobre a cadeia de blocos.[297]

A primeira transação em um bloco é uma transação especial, responsável por iniciar uma nova moeda, que será de propriedade do criador do bloco. Essa situação incentiva que outros *"nós"* apoiem a rede, bem como permite uma maneira de inicialmente distribuir as moedas em circulação, inexistindo uma autoridade central (um terceiro, como uma instituição financeira) para emiti-las.[298]

Sem a existência de um terceiro intermediário é necessário garantir segurança às transações, o que foi analisado por Nakamoto ao

---

[296] NAKAMOTO, Satoshi. *Bitcoin:* A Peer-to-Peer Electronic Cash System. 2008. p. 2.
[297] BITCOINADVISER. *Blockchain:* La revolución descentralizada. 1Millionxbtc, 2019. p. 27-28.
[298] Tradução literal de: *"By convention, the first transaction in a block is a special transaction that starts a new coin owned by the creator of the block. This adds an incentive for nodes to support the network, and provides a way to initially distribute coins into circulation, since there is no central authority to issue them"*. NAKAMOTO, Satoshi. *Bitcoin:* A Peer-to-Peer Electronic Cash System. 2008. Disponível em: www.bitcoin.org. Acesso em: 2 dez. 2019. p. 4.

se avaliar a situação em que um invasor intenta gerar uma corrente de blocos alternativa de forma mais rápida do que a cadeia honesta. Assim, segundo a análise, mesmo que essa situação se concretize, o sistema não é aberto para mudanças arbitrárias, como a criação de valor ou retirada de dinheiro que nunca pertenceu ao invasor. Os *"nós"*, nesse sentido, não aceitarão uma transação inválida como pagamento e *"nós"* honestos nunca aceitarão um bloco que as contenha. Dessa forma, um invasor só pode alterar uma de suas próprias transações para recuperar o dinheiro que gastou.[299]

Percebe-se, portanto, que a *bitcoin* se trata de um sistema para transações eletrônicas que não depende da confiança em terceiros intermediários e que utiliza a tecnologia *blockchain* para a concretização do mecanismo de consenso.[300]

Sobre o mecanismo de consenso, trata-se de um processo pelo qual os *"nós"* em uma rede distribuída concordam com as transações propostas, fornecendo, assim, uma maneira de registrar informações garantindo a integridade, imutabilidade e consistência dos dados.[301] Dessa forma, pode-se sintetizar que a tecnologia *blockchain* é um tipo de sistema de registro distribuído (sem um terceiro intermediário) em que as transações são agrupadas sequencialmente em blocos, usando-se mecanismos criptográficos de confiança e garantia.[302]

---

[299] Tradução literal de: *"We consider the scenario of an attacker trying to generate an alternate chain faster than the honest chain. Even if this is accomplished, it does not throw the system open to arbitrary changes, such as creating value out of thin air or taking money that never belonged to the attacker. Nodes are not going to accept an invalid transaction as payment, and honest nodes will never accept a block containing them. An attacker can only try to change one of his own transactions to take back money he recently spent"*. NAKAMOTO, Satoshi. Bitcoin: A Peer-to-Peer Electronic Cash System. 2008. Disponível em: www.bitcoin.org. Acesso em: 2 dez. 2019. p. 6.

[300] Tradução literal de: *"We have proposed a system for electronic transactions without relying on trust. We started with the usual framework of coins made from digital signatures, which provides strong control of ownership, but is incomplete without a way to prevent double-spending. To solve this, we proposed a peer-to-peer network using proof-of-work to record a public history of transactions that quickly becomes computationally impractical for an attacker to change if honest nodes control a majority of CPU power"*. NAKAMOTO, Satoshi. Bitcoin: A Peer-to-Peer Electronic Cash System. 2008. Disponível em: www.bitcoin.org. Acesso em: 2 dez. 2019. p. 8.

[301] Tradução literal de: *"A consensus mechanism is a process by which nodes in a distributed network agree on proposed transactions. This mechanism provides a way to record information in the ledger in a manner that ensures data integrity, immutability and consistency"*. ALLESSIE, David, SOBOLEWSKI, Maciej, VACCARI, Lorenzino. Blockchain for digital government. Luxembourg: Publications Office of the European Union, 2019. p. 9. Disponível em: https://ec.europa.eu/jrc/en/publication/eur-scientific-and-technical-research-reports/ blockchain-digital-government. Acesso em: 12 jul. 2020.

[302] Tradução literal de: *"Blockchain is a type of distributed ledger in which value exchange transactions (in bitcoin or other token) are sequentially grouped into blocks. Each block is chained to the previous block and immutably recorded across a peer-to-peer network, using cryptographic trust and assurance mechanisms. Depending on the implementation, transactions can include programmable behaviour"*.

Como se pode notar, a tecnologia *blockchain* permite a interatividade entre indivíduos de forma independente, incorporando a informação em escala global, isto é, sem limites, e sem controle, eis que o intercâmbio de informação deixa de se concentrar em apenas uma instituição.[303] A ausência de limitação e controle garante maior transparência e segurança, eis que nenhuma instituição irá decidir o que mostra e o que não mostra em razão de seus próprios interesses, tampouco irá fazer os indivíduos reféns do acesso à informação, eis que esta não dependerá mais deles.

Importante registrar que o atual modelo das mídias sociais, uma das grandes responsáveis pelo tratamento de dados e informações, é tratar os usuários como produtos, e, hoje, cada uma dessas mídias possui uma instituição controladora. Esse, inclusive, foi o tema abordado no documentário "The Social Dilemma", produzido pela plataforma *streaming* Netflix, em que se destacou que a empresa Google escolhe os termos de pesquisa de acordo com a região do usuário, da mesma forma que as mídias sociais selecionam os conteúdos que aparecem aos seus usuários, de modo a lhes prender a atenção.[304]

Ocorre que essa situação é bastante problemática, sobretudo na sociedade de informação, em que o tratamento da informação está diretamente relacionado ao poder, como bem destacado por Manuel Castells e comentado no item 1.3 deste estudo. Ora, não há dúvidas de que os dados pessoais possuem um elevado valor comercial, sendo considerados por alguns autores como *commodities* mais valiosas que o petróleo.[305] Diante disso, como bem destacado por Rony Vainzof, [306] necessário é o reconhecimento da importância social das ferramentas digitais, de modo que a nenhuma instituição deve ser permitido discriminar concorrentes em razão do domínio de dados. Um exemplo utilizado

---

ALLESSIE, David; SOBOLEWSKI, Maciej; VACCARI, Lorenzino. *Blockchain for digital government.* Luxembourg: Publications Office of the European Union, 2019. p. 9. Disponível em: https://ec.europa.eu/jrc/en/publication/eur-scientific-and-technical-research-reports/blockchain-digital-government. Acesso em: 12 jul. 2020.

[303] BITCOINADVISER. *Blockchain:* La revolución descentralizada. 1Millionxbtc, 2019. p. 6-7.

[304] *THE Social Dilemma.* Direção: Jeff Orlowski. Produção: Larissa Rhodes. Netflix, 2020.

[305] Sobre o tema cf.: CARRIERE-SWALLOW, Yan; HAKSAR, Vikram. *The economics and implications of data:* an integrated perspective. Washington, DC: International Monetary Fund – IMF, 2019. p. 1-5. Disponível em: https://www.imf.org/en/Publications/Departmental-Papers-Policy-Papers/Issues/2019/09/20/The-Economics-and-Implications-of-Data-An-Integrated-Perspective-48596. Acesso em: 02 jun. 2020.

[306] VAINZOF, Rony. Disposições Preliminares. *In: LGPD:* Lei Geral de Proteção de Dados comentada. MALDONADO, Viviane Nóbrega; BLUM, Renato Opice (Coord.). São Paulo: Thomson Reuters Brasil, 2019. p. 41-43.

pelo autor foi a denunciação do Google no Conselho Administrativo de Defesa Econômica – CADE de privilegiar seu comparador de preços, discriminando os seus concorrentes, infringindo, por conseguinte, a neutralidade de busca do algoritmo, em prol do favorecimento de seu próprio serviço. Outro exemplo envolvendo a mesma empresa foi a aplicação de multa pela Comissão Europeia de quase 2,5 bilhões de euros em razão do abuso de poder econômico pela sua posição dominante no mercado com seu mecanismo de busca e comparação de compras.

O domínio das informações por algumas poucas instituições é, de fato, um problema que pode impactar significativamente na vida da humanidade. Seja em razão de *geopricing* e *geoblocking*,[307] seja em razão de corrupção, abuso de poder e até mesmo perda de informação.[308]

Por isso a importância de avaliar a tecnologia *blockchain*, considerando a sua premissa fundamental de ser uma base de armazenamento de informações em que todos podem atuar, mas que nenhuma instituição ou indivíduo pode, em princípio, manipulá-la. Em outras palavras, trata-se de uma cadeia de dados descentralizada, em que não há qualquer obrigatoriedade de que a informação passe por um terceiro intermediário, o que garante, inclusive, maior segurança.[309]

Há quem defenda que a tecnologia *blockchain* contribui para o aquecimento global[310] e funciona como uma ferramenta utilizada por *hackers* para burlar a aplicabilidade das leis.[311] Ainda que existam críticas e, por conseguinte, pontos de necessário aprimoramento, a tecnologia

---

[307] Tratam-se de práticas decorrentes de diferenciação de preço (*geopricing*) ou bloqueio de compra (*geoblocking*) de acordo com a localização geográfica do consumidor, o que gera discriminação e impacta diretamente às relações de consumo.

[308] Em dezembro de 2020 foram registrados inúmeros casos de desconexão com perda de informação, inclusive daquelas que permanecem salvas nas conhecidas "nuvens". *ROHR, ALTIERES. GOOGLE "FORA DO AR": POR QUE VOCÊ DEVE SE PREPARAR PARA QUEDAS EM SERVIÇOS ON-LINE.* BLOG DO ALTIERES ROHR. Disponível em: https://g1.globo.com/economia/tecnologia/blog/altieres-rohr/post/2020/12/14/google-fora-do-ar-por-que-voce-deve-se-preparar-para-quedas-em-servicos-on-line.ghtml. Acesso em: 14 dez. 2020.

[309] BITCOINADVISER. *Blockchain: La revolución descentralizada.* 1Millionxbtc, 2019. p. 9-11.

[310] ROGERS, Adam. *The Hard Math Behind Bitcoin's Global Warming Problem.* Disponível em: https://www.wired.com/story/bitcoin-global-warming/. Acesso: 14 dez. 2020. Sobre o tema também, Marcella Atzuri afirma que a *bitcoin*, por exemplo, é atualmente administrado por fazendas de mineração cada vez mais centralizadas, que acabam se envolvendo em operações de mineração colossais e secretas na China, ou negociadas na bolsa de valores da Austrália, com possíveis riscos de conluio ou cartelização. ATZORI, Marcella. *Blockchain Technology and Decentralized Governance: Is the State Still Necessary?* p. 16. Disponível em: https://ssrn.com/abstract=2709713. Acesso em: 14 dez. 2020.

[311] PARRISH, Kevin. *Hackers seize Atlanta's network system, demand $51,000 in Bitcoin as ransom.* Disponível em: https://www.digitaltrends.com/computing/atlanta-network-hostage-ransomware-bitcoins/. Acesso em: 14 dez. 2020.

blockchain é também considerada a mais importante invenção desde a internet,[312] surgindo como ferramenta para solucionar um "problema com o dinheiro".[313]

Durante toda a história da humanidade relacionada com o dinheiro, existiram, e ainda existem, duas formas principais de guardá-lo: (i) mediante itens físicos ou (ii) mediante uma instituição terceira, como um banco. Ambas, entretanto, segundo Neel Mehta, Aditya Agashe e Parth Detroja possuem seus problemas.[314] É que, segundo os autores, os itens físicos são fáceis de serem perdidos, não podem ser utilizados on-line ou em longas distâncias, e, algumas vezes, há dificuldade de guarda ou transporte. Para solucionar esses problemas, então, surgiu a segunda forma de "guardar dinheiro", mediante a criação de instituições financeiras (*middleman-mediated money* – M3), de modo que o dinheiro é guardando mediante a confiança em uma instituição central. Ocorre, essa função de guarda de dinheiro também possui impasses, eis que a instituição realiza a cobrança de taxas, e é quem faculta ou não o acesso ao dinheiro, sendo uma forma de armazenamento em que é necessário confiar a essas instituições o seu dinheiro, e, por conseguinte, os seus dados.

Dessa forma, os autores destacam que o dinheiro tangível é inseguro, inconveniente, fácil de fraudar e impraticável para pagamentos digitais. Já a M3, em que pese solucione esses problemas, introduz problemas como o pagamento de taxas, a dificuldade de acesso e diferentes formas de insegurança (proteção de dados).[315] Daí a importância de instrumentos como a *blockchain*, que asseguram intangibilidade, sem a necessidade de confiar o acesso a uma terceira pessoa.

Sobre intangibilidade e confiança, os autores comparam a *blockchain* ao exemplo das "Pedras de Rai", que são meios de pagamento (forma tradicional de dinheiro) de uma pequena ilha na Micronésia que se chama Yap.[316] É que as pedras de Rai são grandes e pesadas e cada vilarejo de Yap possui dúzias dessas pedras. Por serem grandes

---

[312] Nesse sentido foi o que afirmou Marc Andreessen em entrevista. Disponível em: https://finance.yahoo.com/news/invest- *blockchain*-boom-205000408.html. Acesso em: 14 dez. 2020.

[313] MEHTA, Neel; AGASHE, Aditya; DETROJA, Parth. *Bubble or Revolution?* The present and the future of *blockchain* and cryptocurrencies. 2. ed. Paravane Ventures, 2020. p. 8.

[314] MEHTA, Neel; AGASHE, Aditya; DETROJA, Parth. *Bubble or Revolution?* The present and the future of *blockchain* and cryptocurrencies. 2. ed. Paravane Ventures, 2020. p. 8-16.

[315] MEHTA, Neel; AGASHE, Aditya; DETROJA, Parth. *Bubble or Revolution?* The present and the future of *blockchain* and cryptocurrencies. 2. ed. Paravane Ventures, 2020. p. 10.

[316] DOCEVSKI, Boban. *The Rai Stones*: Huge stone wheels used as currency on the island of Yap. Disponível em: https://www.thevintagenews.com/2016/09/15/rai-stones-huge-stone-wheels-used-currency-island-yap/. Acesso em: 20 dez. 2020.

e pesadas, são intangíveis, isto é, no sistema das Pedras de Rai, as atividades econômicas podem acontecer sem que seja necessária a mudança física das pedras. É dizer, é possível utilizar as Pedras de Rai mesmo que elas não possam sequer ser vistas novamente. Pouco importa a locomoção física das pedras, e é justamente esse fato que significa que o sistema das Pedras de Rai se trata de um sistema de dinheiro intangível. [317] Além da intangibilidade, esse sistema também é democrático, sendo praticado a partir da ideia do consenso, isto é, se um indivíduo detém a pedra, havendo a concordância da maioria das pessoas do vilarejo de que ela é daquele indivíduo, há consenso de que a pedra é dele.

Como se pode notar, não confiar a guarda do dinheiro a uma instituição terceira não significa que os sistemas monetários intangíveis não demandam confiança, é dizer, confia-se no sistema e não no M3. Dessa forma, segundo Neel Mehta, Aditya Agashe e Parth Detroja, em sistemas como o das Pedras de Rai – em que a tecnologia *blockchain* pode ser comparada em uma versão "internet-friendly" – permite-se a confiança do indivíduo mediante um sistema compartilhado de consenso, ao invés da confiança em uma única pessoa ou instituição, criando-se um sistema monetário intangível, sem um intermediário.

Diante dessa situação, portanto, é que, em que pese a existência de alguns impasses relacionados à tecnologia *blockchain*, que serão mais bem avaliados mais adiante, esta pode permitir uma revolução tecnológica. Nesse sentido, no estudo "La revolución descentralizada", chegou-se às seguintes conclusões do porquê a tecnologia *blockchain* permite uma revolução:

> Base de dados enormes: as cadeias de blocos permitem estabelecer uma base de dados a nível global, como é o caso da *bitcoin*.
> Informação imutável: as condições sobre as quais opera uma determinada cadeia de blocos não podem ser alteradas. Isso permite consenso e confiança, já que não existe um supervisor que queira ou possa alterar as regras do jogo de acordo com o seu próprio interesse.
> Registro imovível: toda a atividade em torno de uma cadeia de blocos fica registrada desde seu início até a atualidade. Tudo o que se faz fica incorporado na *blockchain*, o que impede que sejam criadas partes individuais, evitando qualquer tipo de manipulação, já que a cadeia se conserva por completo.

---

[317] MEHTA, Neel; AGASHE, Aditya; DETROJA, Parth. *Bubble or Revolution?* The present and the future of *blockchain* and cryptocurrencies. 2. ed. Paravane Ventures, 2020. p. 11-12.

Descentralização: não existe uma unidade central controladora de toda a informação ou que possa mudar o seu funcionamento. Isso permite confiança absoluta e liberdade de intercâmbio entre usuários.[318]

Considerando essas premissas, passa-se à análise de cada um dos componentes da tecnologia *blockchain*, de modo a compreender a sua importância para o atendimento de cada uma das premissas apontadas e que garantem a instrumentalização dessa tecnologia como uma revolução.

3.1.1.1 Componentes da tecnologia *blockchain*

Primeiramente, os *nós*, como destacado anteriormente, são os pontos de acesso da cadeia de blocos, através dos quais as informações são obtidas.[319] Um segundo componente é a *rede P2P – person to person (peer-to-peer)*. Essa rede permite que em uma cadeia de blocos as conexões sejam livres, ou seja, que os nós se conectem entre si sem ter que passar por um elemento superior centralizador,[320] isto é, sem o M3. O terceiro componente é a *criptografia*, responsável por assegurar a confidencialidade da tecnologia *blockchain*, outorgando privacidade e segurança às transações.

Toda a informação recebida é convertida em uma linguagem incompreensível para todo aquele que não conheça a chave de encriptação. A ideia é que a criptografia transforme a informação em um conteúdo incompreensível e só devolva ao seu estado original quando alcança o seu objetivo. Isto é, converte toda a informação do emissor mediante um código em dados ilegíveis e inservíveis, voltando a decifrá-los apenas quando chega ao receptor:[321]

---

[318] BITCOINADVISER. *Blockchain:* La revolución descentralizada. 1Millionxbtc, 2019. p. 12-14.

[319] BITCOINADVISER. *Blockchain:* La revolución descentralizada. 1Millionxbtc, 2019. p. 27.

[320] BITCOINADVISER. *Blockchain:* La revolución descentralizada. 1Millionxbtc, 2019. p. 28.

[321] BITCOINADVISER. *Blockchain:* La revolución descentralizada. 1Millionxbtc, 2019. p. 29-30.

Figura 3 – Processo de encriptação

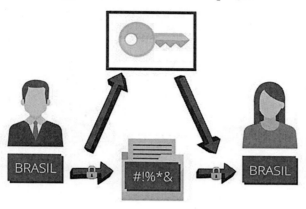

Fonte: elaboração própria.

De acordo com o estudo "La revolución descentralizada", existem três tipos de criptografia: *hashing*, criptografia simétrica e criptografia assimétrica.[322] A criptografia simétrica trata-se de um método que transforma a informação mediante o uso de um código que só é conhecido pelo usuário e que atua sobre o algoritmo de criptografia. Já a criptografia assimétrica utiliza duas chaves, uma pública e uma privada, conforme se depreende das imagens, respectivamente:

Figura 4 – Criptografia simétrica

Fonte: Bitcoinadviser.[323]

---

[322] BITCOINADVISER. *Blockchain:* La revolución descentralizada. 1Millionxbtc, 2019. p. 30-34.
[323] BITCOINADVISER. *Blockchain:* La revolución descentralizada. 1Millionxbtc, 2019. p. 33.

Figura 5 – Criptografia assimétrica

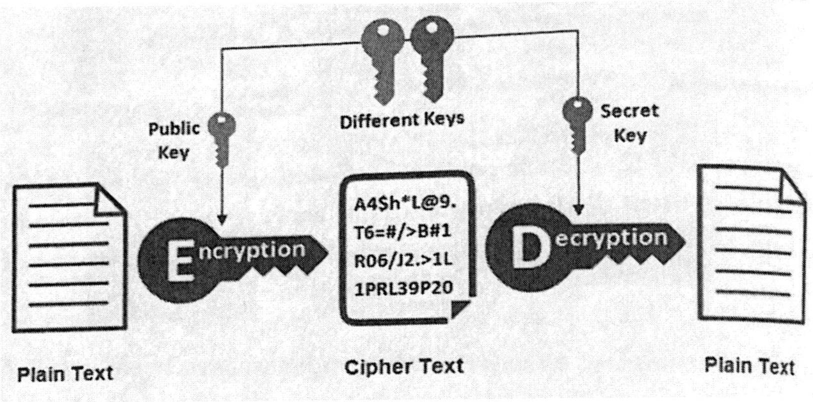

Fonte: Bitcoinadviser.[324]

Naquilo que diz respeito ao *hashing*,[325] este utiliza sempre uma mesma função para transformar a informação. Por exemplo, ao se bater com um martelo em um tijolo, os pedaços sempre serão diferentes, mas ao cortar uma árvore, sempre no mesmo sentido, com uma serra elétrica, o resultado sempre será dois pedaços idênticos. Este último é o que o *hashing* faz, permitindo que uma vez retornada a informação a sua forma original seja possível validar que está correta:

---

[324] BITCOINADVISER. *Blockchain:* La revolución descentralizada. 1Millionxbtc, 2019. p. 34.

[325] BITCOINADVISER. *Blockchain:* La revolución descentralizada. 1Millionxbtc, 2019. P. 31-32.

Figura 6 – *Hashing*

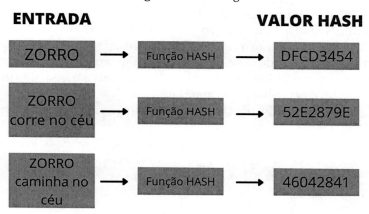

Fonte: Bitcoinadviser.[326]

O *hashing* é a forma de encriptação mais comum em se tratando de tecnologia *blockchain*, possuindo importantes atributos, como: i) para a mesma entrada, a saída será sempre a mesma; ii) existe uma saída diferente para uma entrada diferente; e iii) a saída não revela nenhuma informação sobre os dados de entrada.[327] Segundo Neel Mehta, Aditya Agashe e Parth Detroja, o processo de *hashing* implica transformar várias informações em um algoritmo que é reduzido a uma "impressão digital" da informação.[328] Assim, para os autores, uma forma simples de exemplificar esse processo é mediante a redução de um nome extenso às suas iniciais. É dizer, temos a informação de entrada imputável (nome completo), a função de *hash* (processo de pegar as iniciais de um nome) e a informação de resultado imputada ou o *hash* (as iniciais):

Informação de entrada imputável: Mirela Miró Ziliotto
Função de hash: →
Informação de resultado imputada ou hash: MMZ
Mirela Miró Ziliotto → MMZ

---

[326] BITCOINADVISER. *Blockchain*: La revolución descentralizada. 1Millionxbtc, 2019. p. 32.
[327] UNIÃO EUROPEIA. The European Commission's science and knowledge service. *Blockchain now and tomorrow*: assessing multidimensional impacts of distributed ledger technologies. European Commission, Joint Research Centre, Brussels, 2019. p. 22. Disponível em: https://ec.europa.eu/jrc/en/facts4eufuture/ *blockchain*-now-and-tomorrow. Acesso em: 14 dez. 2020.
[328] MEHTA, Neel; AGASHE, Aditya; DETROJA, Parth. *Bubble or Revolution?* The present and the future of *blockchain* and cryptocurrencies. 2. ed. Paravane Ventures, 2020. p. 19-20.

Os *blocos da cadeia*[329] são o quarto componente da tecnologia, considerados como o conjunto de transações que ficam armazenadas na cadeia. Ou seja, é um arquivo que contém a informação de diversas transações e uma vez completo fica em ordem ao lado dos demais blocos, sendo que todos estes mantêm uma lógica reversível. É dizer, os blocos são depositados em uma corrente ou cadeia em que cada bloco é matematicamente ligado ao anterior.[330]

Para melhor ilustração, o processo funciona da seguinte forma:

Figura 7– Funcionamento tecnologia *blockchain* – Comissão Europeia

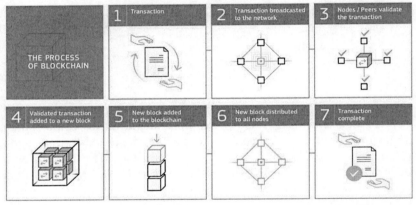

Fonte: European Commission's science and knowledge service.[331]

Tal processo foi traduzido pelo Tribunal de Contas da União, conforme demonstrado na figura 1 desse estudo.[332]

Como se pode notar, o caminho da transação depende da conexão entre blocos, que, em si, possui a seguinte estrutura:

---

[329] BITCOINADVISER. *Blockchain:* La revolución descentralizada. 1Millionxbtc, 2019. p. 38-39.
[330] MEHTA, Neel; AGASHE, Aditya; DETROJA, Parth. *Bubble or Revolution?* The present and the future of *blockchain* and cryptocurrencies. 2. ed. Paravane Ventures, 2020. p. 19.
[331] UNIÃO EUROPEIA. The European Commission's science and knowledge service. *Blockchain now and tomorrow:* assessing multidimensional impacts of distributed ledger technologies. European Commission, Joint Research Centre, Brussels, 2019. p. 14. Disponível em: https://ec.europa.eu/jrc/en/facts4eufuture/ *blockchain*-now-and-tomorrow. Acesso em: 14 dez. 2020.
[332] BRASIL. Tribunal de Contas da União. *Levantamento da tecnologia blockchain.* Relator Ministro Aroldo Cedraz. Brasília: TCU, Secretaria das Sessões (Seses), 2020. p. 11.

Figura 8 – Transações entre blocos

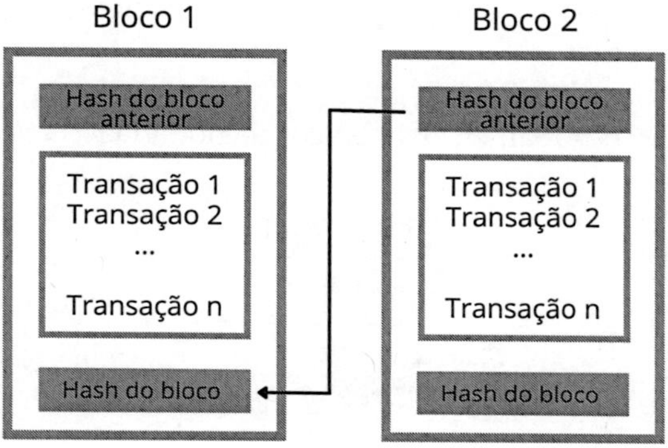

Bloco 1 **Bloco 2**

Hash do bloco anterior

Transação 1
Transação 2
...
Transação n

Hash do bloco

Fonte: Bitcoinadviser.[333]

Como se pode notar, a primeira parte do bloco é chamada de *cabeceira ou cabeçalho*, que contém o *hash* do bloco anterior, ou seja, o dado criptografado que permite que os blocos sejam ordenados um atrás do outro de maneira ordenada e sucessiva. No cabeçalho também está a dificuldade do bloco, isto é, onde os mineiros (*miners*), utilizando equipamentos informáticos, devem validar os blocos (provam com números aleatórios a dificuldade de se desvendar a informação).[334] Esse é o processo de *mining* (mineração) e os *miners*, membros da própria cadeia de blocos, fazem a verificação.[335]

O "nó" (qualquer dispositivo de computador que faz parte de uma rede distribuída e, usualmente, possui uma cópia da *blockchain*),[336] que também está no cabeçalho, é um número de 32 bits que só pode ser utilizado uma vez e dificulta que um bloco, uma vez validado, volte a ser manipulado. Abaixo do cabeçalho está toda a informação do bloco e, por fim, há um *hash*, que é o resultado da encriptação do seu conteúdo.

Cada bloco possui um *hash* único. Assim, se o conteúdo do bloco é alterado, muda-se o *hash* e a cadeia em que está o bloco não

---

[333] BITCOINADVISER. *Blockchain:* La revolución descentralizada. 1Millionxbtc, 2019. p. 39.

[334] BITCOINADVISER. *Blockchain:* La revolución descentralizada. 1Millionxbtc, 2019. p. 38.

[335] MEHTA, Neel; AGASHE, Aditya; DETROJA, Parth. *Bubble or Revolution?* The present and the future of *blockchain* and cryptocurrencies. 2. ed. Paravane Ventures, 2020. p. 16-17.

[336] UNIÃO EUROPEIA. The European Commission's science and knowledge service. *Blockchain now and tomorrow:* assessing multidimensional impacts of distributed ledger technologies. European Commission, Joint Research Centre, Brussels, 2019. p. 22. Disponível em: https://ec.europa.eu/jrc/en/facts4eufuture/ *blockchain*-now-and-tomorrow. Acesso em: 14 dez. 2020.

será mais válida e, por conseguinte, será anulada.[337] Nesse sentido, o Tribunal de Contas da União apresentou o encadeamento dos blocos da seguinte forma:

Figura 9 – Encadeamento de blocos tecnologia *blockchain* – TCU

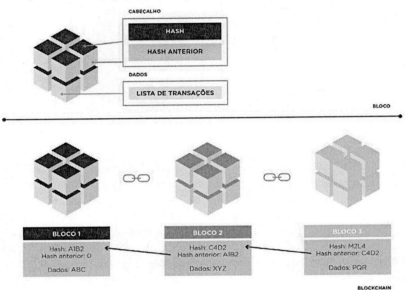

Fonte: Tribunal de Contas da União.[338]

Um quinto elemento são as *provas de trabalho* (*Proof-of-Work – PoW*), que, conforme destacado, ocorrem quando cada transação é validada por um dos membros da cadeia, que são chamados de mineiros (responsáveis pela mineração), assegurando-se que as transações obedecem às normas da cadeia.[339] A PoW, portanto, trata-se de um método utilizado para assegurar o consenso do sistema da tecnologia *blockchain*.[340] Esse método, entretanto, possui desvantagens, eis que a acessibilidade de validação é

---

[337] BITCOINADVISER. *Blockchain:* La revolución descentralizada. 1Millionxbtc, 2019. p. 38-39.
[338] BRASIL. Tribunal de Contas da União. *Levantamento da tecnologia blockchain*. Relator Ministro Aroldo Cedraz. Brasília: TCU, Secretaria das Sessões (Seses), 2020. p. 10.
[339] BITCOINADVISER. *Blockchain:* La revolución descentralizada. 1Millionxbtc, 2019. p. 40.
[340] UNIÃO EUROPEIA. The European Commission's science and knowledge service. *Blockchain now and tomorrow:* assessing multidimensional impacts of distributed ledger technologies. European Commission, Joint Research Centre, Brussels, 2019. p. 24. Disponível em: https://ec.europa.eu/jrc/en/facts4eufuture/ *blockchain*-now-and-tomorrow. Acesso em: 14 dez. 2020.

reduzida, já que os mineiros devem possuir grande potência informática para validar o bloco, ainda que, em tese, qualquer integrante da cadeia de blocos possa realizar a validação. Por isso, além desse método, existe outro chamado de *provas de participação* (*Proof-of-Stake – PoS*). Diferente da PoW, em que qualquer mineiro pode verificar um bloco, no método PoS, para que o usuário se torne um verificador, ele deverá possuir uma quantidade mínima de fundos na cadeia. Em outras palavras, pode-se afirmar que o poder de mineração é distribuído de acordo com a percentagem de moedas que possuem, ou seja, se alguém possui 10% de todas as moedas, poderá minerar 10% dos blocos.[341] Trata-se de um sistema mais acessível e permite um acesso maior de quantidade de usuários, ainda que favoreça aqueles que possuam mais fundos reservados.[342] Além disso, o uso da PoS pode-se mostrar mais eficiente em termos de energia do que a PoW, já que a quantidade de poder computacional não afeta as probabilidades de mineração,[343] já que está diretamente ligada à quantidade de fundos, ou seja, quanto maiores são os fundos, maior a probabilidade do indivíduo de ser escolhido para validar a transação. Outro exemplo de método de consenso é a *prova de autoridade* (*Proof-of-Authority – PoA*). Neste caso, apenas entidades previamente aprovadas, consideradas como validadores, podem validar as transações e, assim, criar novos blocos.[344]

Para além da compreensão de cada um dos componentes da tecnologia *blockchain*, importante destacar que existem diferentes tipos de tecnologia *blockchain*, destacadas como públicas, privadas ou hibridas, o que impacta diretamente na sua utilização na prática.

3.1.1.2 Tipos de tecnologia *blockchain*

Naquilo que diz respeito à *blockchain* pública, trata-se de ferramenta que qualquer usuário pode acessar, o que implica uma transparência máxima. Além disso, não existem administradores, de

---

[341] UNIÃO EUROPEIA. The European Commission's science and knowledge service. *Blockchain now and tomorrow*: assessing multidimensional impacts of distributed ledger technologies. European Commission, Joint Research Centre, Brussels, 2019. p. 25. Disponível em: https://ec.europa.eu/jrc/en/facts4eufuture/ blockchain-now-and-tomorrow. Acesso em: 14 dez. 2020.

[342] BITCOINADVISER. *Blockchain*: La revolución descentralizada. 1Millionxbtc, 2019. p. 44.

[343] UNIÃO EUROPEIA. The European Commission's science and knowledge service. *Blockchain now and tomorrow*: assessing multidimensional impacts of distributed ledger technologies. European Commission, Joint Research Centre, Brussels, 2019. p. 25. Disponível em: https://ec.europa.eu/jrc/en/facts4eufuture/ blockchain-now-and-tomorrow. Acesso em: 14 dez. 2020.

[344] UNIÃO EUROPEIA. The European Commission's science and knowledge service. *Blockchain now and tomorrow*: assessing multidimensional impacts of distributed ledger technologies. European Commission, Joint Research Centre, Brussels, 2019. p. 25. Disponível em: https://ec.europa.eu/jrc/en/facts4eufuture/ blockchain-now-and-tomorrow. Acesso em: 14 dez. 2020.

modo que o anonimato dos usuários é absoluto. Nesses casos, a base de dados é distribuída de forma massiva e pode ser mantida pelos usuários que desejarem.[345] Nas *blockchains* privadas, por sua vez, é necessária uma permissão prévia para que os usuários possam interagir, isto é, os usuários precisam de aprovação dos proprietários. Já no caso das *blockchains* híbridas ou permissionadas, o uso está limitado a uma permissão, mas há abertura em relação a sua forma de funcionamento.[346]

Como se pode notar, existem diversas formas de implementação da tecnologia *blockchain*, com diferentes funcionalidades e distintas arquiteturas, podendo ser diferenciadas de acordo com quem pode ler, executar e validar transações.[347]

Assim, de acordo com estudo promovido pela Comissão Europeia de Ciência e Conhecimento, quando qualquer indivíduo pode acessar e visualizar o conteúdo de uma *blockchain*, ela é considerada pública ou aberta. Agora, quando apenas entidades autorizadas têm acesso ao conteúdo, a *blockchain* é considerada "fechada" ou "privada", conforme figura:

Figura 10 – Tipos de *blockchain*

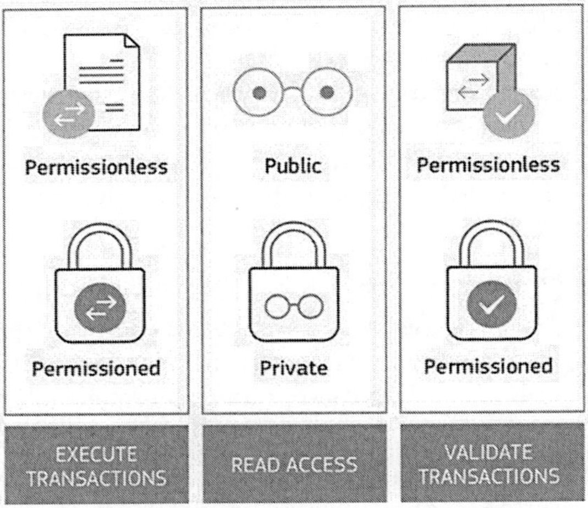

Fonte: The European Commission's science and knowledge service.[348]

---

[345] BITCOINADVISER. *Blockchain:* La revolución descentralizada. 1Millionxbtc, 2019. p. 56.

[346] BITCOINADVISER. *Blockchain:* La revolución descentralizada. 1Millionxbtc, 2019. P. 55.

[347] UNIÃO EUROPEIA. The European Commission's science and knowledge service. *Blockchain now and tomorrow:* assessing multidimensional impacts of distributed ledger technologies. European Commission, Joint Research Centre, Brussels, 2019. p. 14. Disponível em: https://ec.europa.eu/jrc/en/facts4eufuture/ blockchain-now-and-tomorrow. Acesso em: 14 dez. 2020.

[348] UNIÃO EUROPEIA. The European Commission's science and knowledge service. *Blockchain now and tomorrow:* assessing multidimensional impacts of distributed ledger technologies.

Ainda em relação aos blocos, eles podem ser caracterizados como "sem permissão" ou "com permissão", dependendo de quem pode enviar transações e de quem pode validá-las. Assim, se a qualquer indivíduo for permitido enviar e validar transações, o bloco é considerado "sem permissão".

Diversas são as arquiteturas, de fato, por isso, hoje existem sistemas híbridos, que combinam e comportam diferentes aspectos, conforme tabela proposta a seguir. Assim, pode-se afirmar que, a depender do modelo de governança adotado por uma plataforma *blockchain*, podem ser vislumbrados quatro tipos distintos no que se refere à abertura de validação de transação (validar/confirmar) e a abertura de participação nas transações (leitura/gravação):

- Uma arquitetura de *blockchain* onde qualquer um com o hardware certo é capaz de validar ou confirmar transações é chamada de "sem permissão".
- Uma arquitetura de *blockchain* onde apenas um número de nós selecionados pode validar ou confirmar transações é chamada "com permissão."
- Uma arquitetura de *blockchain* em que qualquer pessoa pode participar das transações usando o protocolo é chamada de "pública".
- Uma arquitetura de *blockchain* onde apenas participantes selecionados podem participar de transações usando o protocolo é chamada "privada".[349]

Na tabela seguinte, a Comissão Europeia de Ciência e Conhecimento sintetiza as informações destacadas:

European Commission, Joint Research Centre, Brussels, 2019. p. 14. Disponível em: https://ec.europa.eu/jrc/en/facts4eufuture/ *blockchain*-now-and-tomorrow. Acesso em: 14 dez. 2020.

[349] ALLESSIE, David; SOBOLEWSKI, Maciej; VACCARI, Lorenzino. *Blockchain for digital government*. Luxembourg: Publications Office of the European Union, 2019. p. 15.

Tabela 1 – Tipos de *blockchain*

Blockchain type	Explanation	Example	Visualisation
Public permissionless blockchains	In these blockchain systems, everyone can participate in the blockchain's consensus mechanism. Also, everyone worldwide with an internet connection can transact and see the full transaction log.	Bitcoin, Litecoin, Ethereum	
Public permissioned blockchains	These blockchain systems allow everyone with an internet connection to transact and see the blockchain's transaction log, although only a restricted number of nodes can participate in the consensus mechanism.	Ripple, private versions of Ethereum	
Private permissioned blockchains	These blockchain systems restrict both the ability to transact and view the transaction log to only the participating nodes in the system, and the architect or owner of the blockchain system is able to determine who can participate in the blockchain system and which nodes can participate in the consensus mechanism.	Rubix, Hyperledger	
Private permissionless blockchains	These blockchain systems are restricted in who can transact and see the transaction log, although the consensus mechanism is open to anyone.	(Partially) Exonum	

Fonte: The European Commission's science and knowledge service.[350]

Como se pode notar, a *blockchain* pública permite a utilização em massa da tecnologia. Nesse sentido, é uma forma de "reorganização democrática, eliminação de censura e modernização".[351] É o caso, por exemplo, da sua utilização como plataforma de voto on-line, em que os votos ficam armazenados de forma pública e qualquer indivíduo pode

---

[350] UNIÃO EUROPEIA. The European Commission's science and knowledge service. *Blockchain now and tomorrow*: assessing multidimensional impacts of distributed ledger technologies. European Commission, Joint Research Centre, Brussels, 2019. p. 14. Disponível em: https://ec.europa.eu/jrc/en/facts4eufuture/ blockchain-now-and-tomorrow. Acesso em: 14 dez. 2020.

[351] Livre tradução de: "*rearchitecting democracy, eliminating censorship, or modernizing trademarks*". MEHTA, Neel; AGASHE, Aditya; DETROJA, Parth. *Bubble or Revolution?* The present and the future of *blockchain* and cryptocurrencies. 2. ed. Paravane Ventures, 2020. p. 154.

contá-los removendo o potencial de erro e corrupção.[352] Existem alguns problemas identificados por Neel Mehta, Aditya Agashe e Parth Detroja, e que iriam de encontro aos pilares da *blockchain*, que serão mais bem avaliados na sequência. É que, conforme os projetos pilotos criados na Suíça e na Colômbia, para a aplicação da *blockchain* para um sistema de voto, haveria a necessidade de utilização de um *token* para votação, o que iria contra a questão de descentralização. É que, uma vez que o voto é realizado mediante sistema por controle de *token*, seria necessário acreditar no governo ou em outra instituição responsável por entregar o *token* para os indivíduos; então, haveria um intermediário. Outro problema prático seria a impossibilidade de manter o voto anônimo.[353]

Ao contrário da *blockchain* pública, a *blockchain* privada não se aplica, obrigatoriamente, à sociedade, às massas, e é usualmente criada para situações em que determinado empreendimento busca automatizar e melhorar sistemas complexos, ineficientes ou manuais. Nesses casos, portanto, a *blockchain* pública não é interessante eis que qualquer pessoa pode acessar as transações, e, em sua maioria, há necessidade de pagamento de taxas para cada transação,[354] bem como não se pode decidir as regras da *blockchain* ou determinar quem será responsável pelo processo de verificação das transações.[355]

O exemplo de uma *blockchain* privada de sucesso foi a criada pelo Walmart após uma contaminação de mais de duzentas pessoas por seus produtos, e que ocasionou a morte de cinco delas.[356] O problema na época é que não era possível rastrear qual produto, de fato, teria causado a contaminação. Assim, criou-se e implementou-se uma *blockchain* responsável por armazenar as transações da cadeia de suprimentos do Walmart, cujas informações podiam ser acessadas apenas por pessoas selecionadas, de modo a controlar a rastreabilidade de seus produtos. É dizer, a partir da *blockchain*, o Walmart pôde rastrear seus produtos, reconhecendo a sua origem de envio, bem como todas as

---

[352] MEHTA, Neel; AGASHE, Aditya; DETROJA, Parth. *Bubble or Revolution?* The present and the future of *blockchain* and cryptocurrencies. 2. ed. Paravane Ventures, 2020. p. 136-137.

[353] MEHTA, Neel; AGASHE, Aditya; DETROJA, Parth. *Bubble or Revolution?* The present and the future of *blockchain* and cryptocurrencies. 2. ed. Paravane Ventures, 2020. p. 138-139.

[354] A título de exemplo, conferir a taxa da Blockchain Pública Ethereum. Disponível em: https://bitinfocharts.com/comparison/ethereum-transactionfees.html. Acesso em: 20 dez. 2020.

[355] MEHTA, Neel; AGASHE, Aditya; DETROJA, Parth. *Bubble or Revolution?* The present and the future of *blockchain* and cryptocurrencies. 2. ed. Paravane Ventures, 2020. p. 155.

[356] MOHAN, Geoffrey. *Walmart to salad growers:* If you want to sell, you have to *blockchain.* Chicago Tribune, 2018. Disponível em: https://www.chicagotribune.com/business/ct-biz-walmart-salad-growers- *blockchain*-20180925-story,amp.html. Acesso em: 14 dez. 2020.

partes envolvidas no caminho. E todas essas informações são obtidas em dois segundos.[357]

Considerando a realidade dessa *blockchain* privada, o Walmart não necessita de terceiros validadores (*third-party miners*), possuindo um controle de acesso e permissões refinado, determinando exatamente quais informações podem ser acessadas por cada pessoa em determinados períodos de tempo.[358]

Assim, de acordo com Praveen Jayachandran, uma rede *blockchain* privada requer um convite e deve ser validada pelo iniciador da rede ou por um conjunto de regras estabelecidas pelo iniciador da rede. Dessa forma, as empresas que implementam uma *blockchain* privada geralmente configuram uma rede com permissão, o que impõe restrições sobre quem tem permissão para participar da rede e das transações. De acordo com o autor, o mecanismo de controle de acesso pode variar, de modo que os participantes existentes podem decidir os futuros participantes; uma autoridade reguladora pode emitir licenças de participação; ou um consórcio pode tomar as decisões em seu lugar. Mesmo com esse sistema de controle de acesso, entretanto, a entidade desempenha um papel na manutenção do *blockchain* de maneira descentralizada.[359]

Como se pode notar, mesmo nas *blockchain*s privadas, mantém-se a descentralização das informações, eis que inúmeros computadores ou nós permanecem com as cópias da *blockchain*. Essa manutenção em sincronia das cópias garante a manutenção do protocolo do consenso, bem como a característica da imutabilidade. Ainda, a transparência continua garantida, eis que aqueles que possuem acesso podem obter as informações necessárias sem a exigência de buscar as informações com terceiros.

As diferenças entre os dois tipos, portanto, são basicamente relacionadas a quem possui permissão para participar da rede, executar o protocolo de consenso e manter os blocos compartilhados, no sentido de que, na rede pública de *blockchain* qualquer pessoa pode aderir e participar, possuindo mecanismo de incentivo para motivar os participantes a aderir. Já na rede de *blockchain* privada, a implantação

---

[357] MEHTA, Neel; AGASHE, Aditya; DETROJA, Parth. *Bubble or Revolution?* The present and the future of *blockchain* and cryptocurrencies. 2. ed. Paravane Ventures, 2020. p. 154-155.

[358] MEHTA, Neel; AGASHE, Aditya; DETROJA, Parth. *Bubble or Revolution?* The present and the future of *blockchain* and cryptocurrencies. 2. ed. Paravane Ventures, 2020. p. 155.

[359] JAYACHANDRAN, Praveen. *The difference between public and private blockchain.* Disponível em: https://www.ibm.com/blogs/*blockchain*/2017/05/the-difference-between-public-and-private- *blockchain*/. Acesso em: 14 dez. 2020.

privada pode usar um consenso diferente, e, normalmente, não precisa de incentivos para os participantes.

Mas por que utilizar *blockchains* privadas ou permissionadas e não outra tecnologia, como uma planilha simples, por exemplo? De acordo com Neel Mehta, Aditya Agashe e Parth Detroja, em primeiro lugar, a descentralização garantida pela tecnologia *blockchain* é extremamente importante para a segurança dos dados. Ao contrário do que seria com a sua guarda centralizada exclusivamente por planilhas, que são vulneráveis. Em segundo lugar, a transparência garantida é essencial para o controle e auditoria internos e externos. Isso porque qualquer pessoa autorizada poderá avaliar o caminho da comida, desde a sua retirada de uma fazenda até a venda ao consumidor final. Além disso, a imutabilidade dos dados é extremamente importante em uma cadeia de suprimentos, especialmente para a identificação dos envolvidos e de eventuais problemas identificados, resolvendo exatamente o problema para o qual a tecnologia foi criada: não saber ao certo qual produto causou a intoxicação em inúmeras pessoas. Por fim, a existência de uma única base de dados também facilita o controle. Em resumo, portanto, os autores destacam que qualquer cadeia de suprimentos pode ser beneficiada pela eficiência, segurança, rapidez e transparência oferecidas pela tecnologia *blockchain*.[360]

3.1.2 Pilares da tecnologia *blockchain*

Conforme visto no item anterior, a revolucionária capacidade de segurança, de gestão de dados e de geração de confiança das cadeias de blocos faz com que a *blockchain* seja atrativa para muitas atividades.[361] Assim, segurança, ampla capacidade de distribuição, confiança, descentralização, auditabilidade e transparência são alguns dos principais pilares garantidos pela tecnologia *blockchain*.

Mark Smith, ao conceituar a tecnologia, destaca que se trata de um sistema alternativo de difícil alteração por intermediários e nem validados por agentes centralizadores (imutabilidade e confiança). É também uma espécie de *software* que une múltiplos dispositivos em uma mesma plataforma (escalabilidade), as quais operam sob um consenso geral para liberar informação ou para armazenar informação

---

[360] MEHTA, Neel; AGASHE, Aditya; DETROJA, Parth. *Bubble or Revolution?* The present and the future of *blockchain* and cryptocurrencies. 2. ed. Paravane Ventures, 2020. p. 156-157.

[361] BITCOINADVISER. *Blockchain:* La revolución descentralizada. 1Millionxbtc, 2019. p. 59.

obtida (consenso descentralizado). Ainda, é através delas que se verifica criptograficamente qualquer interação (auditabilidade e transparência).[362]

Nesse sentido, em estudo promovido pelo Tribunal de Contas da União, destacaram-se seis importantes propriedades da tecnologia *blockchain*:

Figura 11 – Propriedades da tecnologia *blockchain*

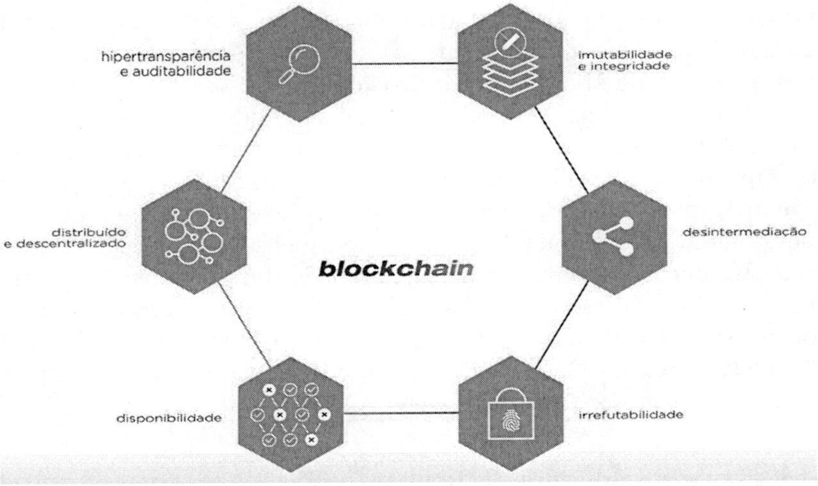

Fonte: Tribunal de Contas da União.[363]

Da mesma forma, a Comissão Europeia de Ciência e Conhecimento elencou cinco recursos-chave que demonstram o potencial da tecnologia *blockchain*, sendo eles: (i) descentralização; (ii) resistência a adulterações; (iii) transparência; (iv) segurança; e (v) contratos inteligentes.[364]

Naquilo que diz respeito à descentralização, desintermediação ou ao consenso descentralizado, Mark Smith destaca que se trata de modelo disruptivo ao modelo do consenso centralizado, eis que, conforme visto

---

[362] SMITH, Mark. *Blockchain:* conociendo la revolución del *blockchain* y la tecnología detrás de su estructura, 2016. p. 11-13.

[363] BRASIL. Tribunal de Contas da União. *Levantamento da tecnologia blockchain.* Relator Ministro Aroldo Cedraz. Brasília: TCU, Secretaria das Sessões (Seses), 2020. p. 20

[364] UNIÃO EUROPEIA. The European Commission's science and knowledge service. *Blockchain now and tomorrow:* assessing multidimensional impacts of distributed ledger technologies. European Commission, Joint Research Centre, Brussels, 2019. p. 16-20. Disponível em: https://ec.europa.eu/jrc/en/facts4eufuture/*blockchain*-now-and-tomorrow. Acesso em: 14 dez. 2020.

no item anterior, não existe uma base central que valida as transações. Os sistemas descentralizados transferem a autoridade e a confiança a uma rede virtual descentralizada, permitindo que os nós registrem todas as transações, de forma contínua e em sequência, por meio de blocos públicos, criando-se uma cadeia. Daí surge a ideia da *blockchain* como uma "computação confiável", já que o mecanismo de P2P e validações alternativas assegura confiança, obediência, governo, autoridade, contratos, lei e acordos.[365] É dizer, a confiança entre os participantes decorre de uma segurança jurídica baseada no conjunto de regras que todos seguem para verificar, validar e adicionar transações.[366]

Dai por que se falar em hipertransparência e auditabilidade, conforme destacado pelo TCU, já que todos os participantes da rede podem acessar o histórico das transações em tempo real, aumentando a rastreabilidade das operações e, por conseguinte, a sua auditabilidade. Assim, segundo o estudo, os impactos são bastante positivos tanto para quem participa da cadeia de blocos, já que se aumenta a confiança, mediante redução de comportamentos fraudulentos, bem como para a sociedade, que pode exercer de fato um controle social das atividades administrativas.[367]

Conforme visto no primeiro capítulo, não há confiança sem transparência, de modo que a existência de um código aberto, isto é, quando qualquer usuário pode acessar a programação da *blockchain* e visualizar o seu conteúdo e funcionamento, permite comprovar, portanto, que a qualquer momento os blocos se mantêm intactos, garantindo a mutabilidade, a segurança e a própria confiança, mediante consenso descentralizado.[368]

Importante destacar que existem *blockchain*s com código fechado, sendo, nesse sentido, mais difícil comprovar que as normas estabelecidas se mantêm inalteradas, de modo que a resistência a adulterações depende exclusivamente da confiança dos proprietários.[369] Essa modalidade de

---

[365] SMITH, Mark. *Blockchain:* conociendo la revolución del *blockchain* y la tecnologia detrás de su estructura. 2016. p. 13-17.

[366] UNIÃO EUROPEIA. The European Commission's science and knowledge service. *Blockchain now and tomorrow:* assessing multidimensional impacts of distributed ledger technologies. European Commission, Joint Research Centre, Brussels, 2019. p. 16. Disponível em: https://ec.europa.eu/jrc/en/facts4eufuture/ *blockchain*-now-and-tomorrow. Acesso em: 14 dez. 2020.

[367] BRASIL. Tribunal de Contas da União. *Levantamento da tecnologia blockchain.* Relator Ministro Aroldo Cedraz. Brasília: TCU, Secretaria das Sessões (Seses), 2020. p. 18.

[368] BITCOINADVISER. *Blockchain:* La revolución descentralizada. 1Millionxbtc, 2019. p. 47.

[369] BITCOINADVISER. *Blockchain:* La revolución descentralizada. 1Millionxbtc, 2019. p. 50.

blockchain acaba desvirtuando a sua natureza primeira, que é assegurar transparência nas transações.

A transparência aqui retratada é no sentido da operação da tecnologia e não do conteúdo das informações, eis que este é protegido pela segurança que a tecnologia *blockchain* propõe. A confidencialidade é um dos aspectos importantes em torno da segurança da *blockchain*, isso porque só o emissor e o receptor têm acesso à informação em razão do processo de criptografia.[370] Essa segurança é potencializada nos casos de *blockchains* privadas, eis que um terceiro não usuário precisará ter acesso primeiro à própria cadeia e só depois às informações que são transmitidas entre os membros da cadeia privada. Além disso, considerando que todos os participantes possuem uma cópia sincronizada de toda a cadeia de blocos, ela pode ser acessada de qualquer "nó", sendo uma rede resiliente, disponível e confiável, que continuará sua operação independentemente se alguns nós não estiverem disponíveis.[371]

Outro fator-chave que garante a segurança da *blockchain* e gera confiança entre o emissor e o receptor é a capacidade bastante alta de manter a informação sem alteração (resistência a adulterações e integridade), não podendo ser facilmente alterada nem voluntária e nem involuntariamente.

Assim, é extremamente difícil alterar ou excluir o registro de transações (apenas possível mediante um 'ataque de 51%' ou por consenso dos participantes da rede).[372] Isso porque, conforme já destacado, cada modificação ou nova transação é visível para todos, sendo quase impossível a realização de alterações sem que alguém perceba.

Nesse sentido, importante registrar que a característica da imutabilidade não é absoluta, eis que os registros em um *blockchain* são resistentes à adulteração, mas não imutáveis propriamente ditos. Daí se afirmar que, apesar da descentralização, a tecnologia não é integralmente protegida de ameaças e ataques. Até porque, como bem destacado pela Comissão Europeia de Ciência e Conhecimento, dependendo do mecanismo de consenso em vigor, os próprios participantes de uma

---

[370] BITCOINADVISER. *Blockchain:* La revolución descentralizada. 1Millionxbtc, 2019. p. 51.

[371] BRASIL. Tribunal de Contas da União. *Levantamento da tecnologia blockchain.* Relator Ministro Aroldo Cedraz. Brasília: TCU, Secretaria das Sessões (Seses), 2020. p. 18.

[372] UNIÃO EUROPEIA. The European Commission's science and knowledge service. *Blockchain now and tomorrow:* assessing multidimensional impacts of distributed ledger technologies. European Commission, Joint Research Centre, Brussels, 2019. p. 17. Disponível em: https://ec.europa.eu/jrc/en/facts4eufuture/ *blockchain*-now-and-tomorrow. Acesso em: 14 dez. 2020.

blockchain podem, de fato, votar ou escolher fazer alterações ou alterar o registro.³⁷³

Mas isso não quer dizer que não ocorrerão alertas da rede em relação às tentativas de adulteração sem consenso. É que cada transação deve ser validada (PoW ou PoS) pelo resto de usuários da cadeia de blocos, sendo muito difícil modificá-la sem o consenso descentralizado.³⁷⁴ Em outras palavras, nenhuma entidade será capaz de realizar alterações nos dados inerentes à *blockchain* sem que isso resulte num alerta à rede, de modo que todos os envolvidos poderão verificar de forma independente a qualidade da transação, garantindo, assim, a sua irrefutabilidade.³⁷⁵

Segundo Joseph Abadi e Markus Brunnermeier as qualidades ideais de qualquer sistema de registros, como é a tecnologia *blockchain*, são (i) *correctness*, (ii) *decentralization* e (iii) *cost efficiency*; não sendo possível, entretanto, a satisfação dessas três categorias de forma simultânea.³⁷⁶ Por isso, diante desses pilares apresentados, a depender do objetivo e do tipo da *blockchain*, alguns deles podem se sobrepor uns aos outros. Assim, afirma-se que há um trilema envolto à tecnologia *blockchain*:³⁷⁷

Figura 12 – Trilema *blockchain*

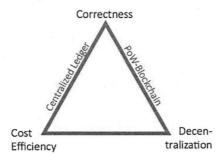

Fonte: Joseph Abadi e Markus Brunnermeier.³⁷⁸

---

³⁷³ COINDESK, 2016. *Understanding The DAO Attack*, 25 June. Disponível em: https://www.coindesk.com/understanding-dao-hack-journalist. Acesso em: 14 dez. 2020.
³⁷⁴ BITCOINADVISER. *Blockchain: La revolución descentralizada*. 1Millionxbtc, 2019. p. 51.
³⁷⁵ BRASIL. Tribunal de Contas da União. *Levantamento da tecnologia blockchain*. Relator Ministro Aroldo Cedraz. Brasília: TCU, Secretaria das Sessões (Seses), 2020. p. 20.
³⁷⁶ ABADI, Joseph; BRUNNERMEIER, Markus. Blockchain Economics. *National Bureau of Economic Research – NBER*. Cambridge, 2018. p. 2. Disponível em: https://www.nber.org/system/files/working_papers/w25407/w25407.pdf. Acesso em: 14 dez. 2020.
³⁷⁷ BITCOINADVISER. *Blockchain: La revolución descentralizada*. 1Millionxbtc, 2019. p. 54.
³⁷⁸ ABADI, Joseph; BRUNNERMEIER, Markus. Blockchain Economics. *National Bureau of Economic Research – NBER*. Cambridge, 2018. p. 2. Disponível em: https://www.nber.org/system/files/working_papers/w25407/w25407.pdf. Acesso em: 14 dez. 2020.

Outros autores determinam esse trilema a partir dos conceitos de (i) escalabilidade, (ii) segurança e (iii) descentralização,[379] que, a bem da verdade, são bastante próximos do proposto por Joseph Abadi e Markus Brunnermeier, podendo se comparar a escalabilidade à *"cost efficiency"*, a segurança à *"correctness"* e a descentralização à *"decentralization"*.

Conforme analisado anteriormente, a descentralização implica a criação de um sistema que não depende de um ponto central de controle. Os sistemas descentralizados são importantes porque as decisões são tomadas por consenso. A desvantagem da descentralização pura, no entanto, é a velocidade. É que, se uma transação exigir várias confirmações antes de chegar a um consenso, por uma questão lógica, demanda mais tempo do que se uma transação pudesse ser confirmada por uma única entidade. Essa é a realidade da *bitcoin*, que é descentralizada por filosofia,[380] mas as transações são muito lentas, eis que a cadeia de blocos é enorme.

Já a escalabilidade está relacionada à capacidade do sistema *blockchain* de transacionar uma quantidade cada vez maior de blocos. É dizer, está relacionada à questão de quanto um sistema pode sustentar conforme a demanda aumenta. Por fim, a segurança reflete a capacidade do sistema de operar conforme o esperado, defendendo-se de ataques ou imprevistos.[381]

Como há dificuldade de atender estes três critérios simultaneamente, são realizadas concessões. Assim, a depender do objetivo, algumas características deverão prevalecer. É dizer, se o que se busca é liberdade e igualdade, não se pode abrir mão da descentralização. Agora, se se busca velocidade, haverá necessidade de sacrificar a descentralização integral, já que, à medida que as cadeias crescem, há necessidade de mais potência e eletricidade, e as transações se tornam mais lentas.[382] A solução, portanto, seria abrir mão da descentralização – mas não da transparência e processo de validação – de modo que apenas alguns *record-keepers* (guardiões dos registros) poderiam validar as transações.

Diante disso, passa-se à análise dos benefícios da *blockchain* e eventuais necessidades de aprimoramento.

---

[379] BITCOINADVISER. *Blockchain*: La revolución descentralizada. 1Millionxbtc, 2019. P. 54.

[380] MEHTA, Neel; AGASHE, Aditya; DETROJA, Parth. *Bubble or Revolution?* The present and the future of *blockchain* and cryptocurrencies. 2. ed. Paravane Ventures, 2020. p. 94.

[381] CERTIK. *The Blockchain Trilemma*: Decentralized, Scalable, and Secure? Disponível em: https://medium.com/certik/the-*blockchain*-trilemma-decentralized-scalable-and-secure-e9d8c41a87b3. Acesso em: 14 dez. 2020.

[382] BITCOINADVISER. *Blockchain*: La revolución descentralizada. 1Millionxbtc, 2019. p. 54.

3.1.3 Benefícios e necessidades de aprimoramento para aplicação na Administração Pública

Primeiramente, de se destacar que a *blockchain* não se aplica a todas as situações, não podendo, tampouco, ser implementada indistintamente. Um exemplo prático da sua inservibilidade foi a sua implementação para um programa de recompensas da Chanticleer, uma empresa responsável por diversas redes de franquias de restaurantes, dentre as quais a "Hooters", dos Estados Unidos da América. No presente exemplo, qualquer pessoa que realizasse alguma refeição em uma das franquias daquela rede receberia em troca moedas virtuais, que ficariam armazenadas em uma *blockchain* e serviriam de recompensas para refeições gratuitas em outros restaurantes da rede ou presentes para novos clientes.

Ocorre que não faz sentido usar a tecnologia para esse sistema. É que, segundo destacam Neel Mehta, Aditya Agashe e Parth Detroja,[383] ao se utilizar a *blockchain* em um aplicativo de restaurantes, demanda-se um elevado custo, utiliza-se muito espaço e as transações são mais demoradas. Por isso, para os autores, apenas faz sentido utilizar essa tecnologia se os pilares – *"unique strong points"* – da descentralização, autoconfiança, transparência e inviolabilidade forem necessários. É dizer, a *blockchain* pode permitir a descentralização, fazendo com que não seja necessário confiar em um intermediário, mas desde que o sistema a que se pretenda descentralizar permita essa descentralização. Além disso, nenhum dos usuários precisa confiar em outras pessoas para o sistema funcionar. No caso da Chanticleer, essa premissa é violada, eis que, utilizando ou não a tecnologia, haverá necessidade de se confiar que a empresa irá honrar os pontos de recompensas. É o oposto do pilar da autoconfiança da tecnologia. Da mesma forma, porque cada uma das transações é pública e resistente a adulterações, pode-se dizer que a *blockchain* é extremamente transparente. No caso da Chanticleer, pode até ser transparente, mas qual a importância disso para compras de asinhas de frango? É o que questionam Neel Mehta, Aditya Agashe e Parth Detroja. Também não faz sentido utilizar mecanismos como a prova de trabalho para a garantia da inviolabilidade, eis que dificilmente alguém gostaria de roubar pontos de recompensas para a aquisição de hambúrgueres. Em resumo, segundo os autores, usar a *blockchain* para esses programas de recompensas é como utilizar um taco de

---

[383] MEHTA, Neel; AGASHE, Aditya; DETROJA, Parth. *Bubble or Revolution?* The present and the future of *blockchain* and cryptocurrencies. 2. ed. Paravane Ventures, 2020. p. 145-146.

golfe para martelar um prego: funciona, mas não estar-se-á utilizando as habilidades especiais do taco de golfe, e ainda custará mais caro.[384]

Agora, é bem verdade que a *blockchain* possui inúmeros benefícios se comparada, por exemplo, a sistemas tradicionais de registros. É o que destacam Joseph Abadi e Markus Brunnermeier,[385] especialmente em se tratando dos seus pilares, já que as *blockchains* tendem a ser mais transparentes do que os registros centralizados, uma vez que qualquer pessoa pode realizar ou acompanhar um registro no sistema; a *blockchain* tem o potencial de ser mais eficiente na obtenção de consenso do que os sistemas centralizados existentes; e as cadeias de blocos também são imutáveis, e, por conseguinte, mais confiáveis, havendo um custo muito alto para reescrever o histórico em uma cadeia de blocos, o que reduz e protege o risco operacional, porque não há um ponto único de falha. Em outras palavras, os autores destacam que a *blockchain* normalmente resolve o problema de confiança, forçando os mantenedores de registros a pagar um custo para registrar informações e exigindo que os futuros mantenedores de registros validem esses relatórios. Em contraste, os mantenedores de registros em sistemas centralizados são conhecidos e suas posições privilegiadas permitem que extraiam aluguéis. Visto que temem perder os benefícios decorrentes da manutenção de registros, os mantenedores de registros centralizados são "confiáveis". Por fim, qualquer grupo de mantenedores de registros que detecta atividades fraudulentas pode reverter o histórico do *blockchain* a um estado anterior ao ataque e criar uma bifurcação na qual o ataque nunca ocorreu. Segundo Joseph Abadi e Markus Brunnermeier, portanto, embora as duas primeiras diferenças tecnológicas sejam aplicáveis a quase qualquer tipo de razão distribuída, o recurso de reversão é específico para *blockchains*. A capacidade de reverter a um estado anterior é resultado da falta de finalidade característica dos *blockchains*, o que, por conseguinte, pode aumentar a segurança de um *blockchain*.

---

[384] Livre tradução de: "*using a blockchain for this rewards program is like using a $50 golf club to pound in a nail: sure, it works, but you aren't using any of the tool's special abilities and, as such, you're wasting money*". MEHTA, Neel; AGASHE, Aditya; DETROJA, Parth. *Bubble or Revolution?* The present and the future of *blockchain* and cryptocurrencies. 2. ed. Paravane Ventures, 2020. p. 146.

[385] ABADI, Joseph; BRUNNERMEIER, Markus. Blockchain Economics. *National Bureau of Economic Research – NBER*. Cambridge, 2018. p. 11-12. Disponível em: https://www.nber. org/system/files/working_papers/w25407/w25407.pdf. Acesso em: 14 dez. 2020.

Da mesma forma, David Allessie, Maciej Sobolewski e Lorenzino Vaccari[386] destacam que as tecnologias *blockchain* oferecem novos mecanismos baseados em algoritmos para estabelecer e gerenciar a confiança entre entidades. Como o custo de fornecer confiança algorítmica provavelmente será muito menor, essas tecnologias podem ter impacto nas interações entre cidadãos, empresas e governos. As transações de vida real – como as realizadas em redes centralizadas – normalmente sofrem grandes problemas de confiança e, na maioria dos casos, exigem monitoramento caro, verificações de reputação ou intermediação de terceiros. Assim, segundo os atores, as características técnicas da tecnologia *blockchain* apresentam uma série de benefícios importantes, como os seguintes: 1) uma tecnologia de registros distribuídos compartilha conteúdo entre várias partes, o que torna as transações facilmente rastreáveis e totalmente divulgáveis, mesmo em ecossistemas grandes e complexos; 2) a descentralização física do armazenamento dos detalhes da transação fornece segurança integrada ao design da tecnologia, o que elimina o risco de um único ponto de falha, onde um nó é crítico para a operação da rede e vulnerável a ataques cibernéticos; 3) as novas entradas são registradas de maneira anexada e vinculadas às transações anteriores, dificultando a sua alteração, o que protege a integridade dos dados na razão; 4) as transações são verificadas por meio de um mecanismo de consenso descentralizado. As partes centralizadas não são mais necessárias para garantir a validade da transação. Como consequência, a *blockchain* muda o poder de um intermediário para o ecossistema. Essa descentralização de controle e poder estabelece a propriedade dos nós e introduz freios e contrapesos arraigados na tecnologia; e 5) a combinação de uma tecnologia de registros distribuídos e um mecanismo de consenso representa a desintermediação: a eliminação de intermediários ou corretores, e remove os custos de transação relacionados à intermediação.[387]

Naquilo que diz respeito aos principais benefícios da aplicação da tecnologia *blockchain* na Administração Pública, os autores destacam os seguintes: 1) custos econômicos, tempo e complexidade reduzidos nas trocas de informações intergovernamentais e público-privadas, o que melhora a função administrativa dos governos; 2) redução da burocracia, arbitrariedade e corrupção, induzida pelo uso de livros-razão

---

[386] ALLESSIE, David; SOBOLEWSKI, Maciej; VACCARI, Lorenzino. *Blockchain for digital government*. Luxembourg: Publications Office of the European Union, 2019. p. 9.

[387] ALLESSIE, David; SOBOLEWSKI, Maciej; VACCARI, Lorenzino. *Blockchain for digital government*. Luxembourg: Publications Office of the European Union, 2019. p. 10.

distribuídos e contratos inteligentes programáveis; 3) maior automação, transparência, auditabilidade e responsabilidade das informações nos registros governamentais, o que beneficia a sociedade e permite maior controle social dos cidadãos; e 4) aumento da confiança dos cidadãos e empresas nos processos governamentais, bem como na manutenção de registros descentralizados, por mecanismos de consenso, e não mais sob o controle exclusivo do governo.[388]

Assim, no contexto do governo digital, a tecnologia *blockchain* tem o potencial de facilitar a interação direta entre instituições públicas, cidadãos e agentes econômicos, o que implica melhoria dos serviços públicos nos processos de registro e troca de informações, mas também traz alguns desafios.

Nesse sentido, de acordo com o Tribunal de Contas da União, em estudo realizado sobre a aplicação das tecnologias *blockchain* na Administração Pública, diversos são os desafios e oportunidades de utilização dessas ferramentas.[389]

A primeira oportunidade diz respeito à agilidade e baixo custo dos projetos experimentais com tecnologia *blockchain*. É dizer, ainda que seja necessário elevado conhecimento técnico sobre a tecnologia, uma vez considerando a "natureza *open source* das principais plataformas corporativas de *blockchain* e redes não permissionadas," é possível a realização de projetos-piloto sem que sejam necessários altos investimentos.

A segunda oportunidade está relacionada à criação de um governo hiperconectado, já que redes descentralizadas, como se viu que é o caso da tecnologia *blockchain*, permitem a "confiança nas informações e processos com grandes grupos heterogêneos, sem necessidade de confiar em uma única autoridade central". A descentralização, portanto, reduz a assimetria de informação, viabilizando a integração e melhoria nos processos, poupando-se tempo e reduzindo custos para a Administração Pública.

A terceira oportunidade, que vai ao encontro do estudo aqui proposto, diz respeito à utilização da tecnologia *blockchain* como uma ferramenta de controle preventivo e detectivo no combate à fraude e à corrupção, especialmente em razão "das suas características inerentes (transparência, imutabilidade e irrefutabilidade), promovendo, assim, a cultura da prestação de contas nos serviços públicos e na realização das despesas governamentais". É que, segundo o Tribunal de Contas

---

[388] ALLESSIE, David; SOBOLEWSKI, Maciej; VACCARI, Lorenzino. *Blockchain for digital government*. Luxembourg: Publications Office of the European Union, 2019. p. 10.

[389] BRASIL. Tribunal de Contas da União. *Levantamento da tecnologia blockchain*. Relator Ministro Aroldo Cedraz. Brasília: TCU, Secretaria das Sessões (Seses), 2020. p. 31-36.

da União, a *blockchain* permite a rastreabilidade das operações do governo de modo transparente. É dizer, "o fato de cada participante da rede manter seu próprio registro atualizado das transações aumenta a transparência e reduz as oportunidades de fraude, dificultando a ocorrência de delitos e comportamentos antiéticos".[390]

Conforme analisado no item anterior, as transações realizadas dentro de uma *blockchain* são imutáveis e todas as informações são interligadas entre os blocos, de modo que, além das tentativas de adulteração serem um processo custoso, elas podem ser verificadas, o que aumenta a confiabilidade das transações. E, em um país em que há desconfiança generalizada, especialmente no Poder Público, pode-se afirmar que as características inerentes à *blockchain* potencializam a confiança nos dados mantidos pela Administração Pública, permitindo um controle social efetivo e, por conseguinte, aumentando a legitimidade das instituições envolvidas.

A quarta oportunidade elencada pelo TCU diz respeito à otimização dos serviços digitais prestados à sociedade, mediante a instituição de contratos inteligentes, especialmente nos casos em que há necessidade de colaboração entre vários órgãos. Assim, essa otimização é possível justamente em razão da descentralização, que permite, senão, a automatização:

> As vantagens mais importantes dos contratos inteligentes são que eles contêm um registro transparente e à prova de violações das transações, em que nenhum terceiro é necessário para garantir a confiança.
> Contratos inteligentes podem ser implementados para otimizar serviços digitais em que: há trabalho manual para verificar dados objetivos ou quantificáveis; as partes não se conhecem ou não confiam uma na outra; existem interesses conflitantes; se exige confiança e transparência; os dados podem ser verificados, automaticamente, em fontes confiáveis.
> Além disso, a tecnologia *blockchain* também pode ajudar os governos a reduzir os erros e o custo de processos que exigem muita interferência humana.[391]

Um dos desafios apresentados é que o papel do governo na prestação dos serviços digitais será redefinido, passando a fornecer as plataformas e governança para a execução do serviço, ao invés de estar no centro das transações. É dizer, a Administração Pública "poderá

---

[390] BRASIL. Tribunal de Contas da União. *Levantamento da tecnologia blockchain*. Relator Ministro Aroldo Cedraz. Brasília: TCU, Secretaria das Sessões (Seses), 2020.

[391] BRASIL. Tribunal de Contas da União. *Levantamento da tecnologia blockchain*. Relator Ministro Aroldo Cedraz. Brasília: TCU, Secretaria das Sessões (Seses), 2020.

desempenhar o papel de um administrador confiável que inicia e opera um registro, determina as regras de transação e audita os aplicativos para garantir o funcionamento adequado," permanecendo "responsável pela configuração, operação e manutenção das aplicações", podendo "ser responsabilizado em caso de falha ou quando houver problemas com a qualidade dos dados".

Um segundo desafio apresentado é que a utilização da tecnologia *blockchain* ainda é bastante incipiente em se tratando de Administração Pública, o que impede uma análise mais pragmática da sua aplicabilidade. Da mesma forma, os projetos existentes no Brasil também não alcançam diretamente a sociedade, estando as aplicações voltadas em sua maioria à colaboração entre entidades públicas e privadas. Assim, de acordo com o TCU, esse deve ser um ponto de aprimoramento e análise, eis que "a visibilidade pública e a possibilidade de interação direta do cidadão, além de terem efeito positivo na prestação dos serviços digitais, aumentam o controle social", sendo assim, "um instrumento de participação direta do cidadão brasileiro nas mais diversas questões, promovendo maior transparência e diminuição da burocracia estatal".

Outro desafio diz respeito ao fato de que, de acordo com o TCU, plataformas *blockchain* permissionadas (mais indicadas para utilização no Poder Público – conforme ver-se-á adiante) ainda não estão consolidadas, envolvendo elevado risco de alto custo de manutenção e descontinuidade. Além disso, ainda não há interoperabilidade entre plataformas *blockchain*, o que dificulta a colaboração, por exemplo, entre órgãos ou entidades que utilizem diferentes plataformas *blockchain*. Ainda, há o desafio da falta de capacitação e conhecimento dos servidores públicos sobre o tema da tecnologia *blockchain*, especialmente pela novidade que permeia a temática.

Assim, a tecnologia *blockchain* não pode e nem deve ser utilizada para qualquer situação, sobretudo em se tratando de Administração Pública. Sobre o tema, Marcela Atzori chama atenção para o fato de que, em que pese a *blockchain* possua benefícios notáveis como eficiência, custo-benefício, irreversibilidade, transparência, auditabilidade e resistência à censura, a proposta de descentralizar os serviços do governo por meio de uma *blockchain* aberta e não autorizada envolve um conjunto de incógnitas, que podem se sobrepor aos benefícios.[392]

---

[392] ATZORI, Marcella. *Blockchain Technology and Decentralized Governance*: Is the State Still Necessary? p. 16. Disponível em: https://ssrn.com/abstract=2709713. Acesso em: 14 dez. 2020.

Por isso, em que pese a *blockchain* seja conceituada como universal, permanente e contínua",[393] existem alguns riscos de desempenho que devem ser levados em consideração. Nesse sentido, Atzori elenca diversos problemas de segurança e fraqueza técnica das *blockchains* públicas,[394] decorrentes da sua natureza altamente especulativa, especialmente em razão da dimensão da rede e, muitas vezes, da falsa descentralização, como ocorre com a *bitcoin*.

É que, de acordo com a autora, a escalabilidade leva a um processo natural de centralização do poder de computação na rede, devido ao número de *"miners"* capazes de realizar a verificação dos blocos, aos custos crescentes inerentes à tecnologia e a própria necessidade de armazenamento de partes da cadeia. Ao se considerar o tamanho da *bitcoin*, por exemplo, em que a cadeia de blocos é enorme, a maioria dos usuários não guarda toda a *blockchain* em seus aparelhos ou dispositivos. Os usuários confiam a outras pessoas os *"full nodes"* ou computadores que guardam a corrente inteira, para validar as transações e ter a certeza de que eles possuem os últimos blocos em seus aparelhos.[395] Aqui é que está o problema, eis que, em questão de tempo, grandes instituições podem controlar o futuro das *blockchain*, eis que a guarda das cadeias exige alto investimento e custo de manutenção.

Trazendo essa realidade para a Administração Pública, os benefícios anteriormente destacados, portanto, podem ser absorvidos por vários riscos:

- risco moral, problemas de escalabilidade, tendência à centralização e provável dependência das redes de oligarquias privadas, como as mineradoras, que podem realizar rapidamente fusões e aquisições em bolsas de valores, ganhando considerável poder em escala global;

- domínio da lógica do mercado sobre os serviços públicos essenciais e os direitos dos cidadãos, que deveriam ser protegidos por especulações de qualquer tipo;

- possível falta de continuidade do serviço e/ou preservação de dados no médio-longo prazo sem delimitação de responsabilidade, devido à dinâmica do mercado e/ou falhas técnicas graves;

---

[393] SWAN, Melany. *Blockchain:* Blueprint for a New Economy. Sebastopol: O'Reilly, 2015. p. 16.

[394] ATZORI, Marcella. *Blockchain Technology and Decentralized Governance*: Is the State Still Necessary? p. 16-19. Disponível em: https://ssrn.com/abstract=2709713. Acesso em: 14 dez. 2020.

[395] MEHTA, Neel; AGASHE, Aditya; DETROJA, Parth. *Bubble or Revolution?* The present and the future of *blockchain* and cryptocurrencies. 2. ed. Paravane Ventures, 2020. p. 95-96.

- o surgimento de uma tecnoelite dominante com crescentes poderes de supervisão sobre os serviços estratégicos em nível global, sem a necessária legitimidade formal.[396]

Considerando esses riscos inerentes à utilização de uma tecnologia incipiente e que ainda não está consolidada, tampouco é massivamente conhecida, justamente pela sua novidade, o Tribunal de Contas da União estruturou uma lista de controle aos riscos identificados com o intuito de auxiliar órgãos e entidades públicas que desejem implementar tecnologias *blockchain* em sua estrutura, conforme a figura:

Figura 13 – Riscos da implementação da tecnologia *blockchain*

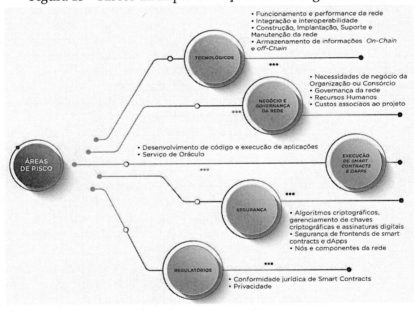

Fonte: Tribunal de Contas da União.[397]

Conforme destacado no decorrer desse estudo, um dos grandes problemas da corrupção endêmica no Brasil é a falta de confiança, o que, de acordo com os riscos descritos, pode ser potencializado com a implementação de *blockchains* públicas, como a *bitcoin*.

---

[396] ATZORI, Marcella. *Blockchain Technology and Decentralized Governance*: Is the State Still Necessary? p. 18. Disponível em: https://ssrn.com/abstract=2709713. Acesso em: 14 dez. 2020.

[397] BRASIL. Tribunal de Contas da União. *Levantamento da tecnologia blockchain*. Relator Ministro Aroldo Cedraz. Brasília: TCU, Secretaria das Sessões (Seses), 2020. p. 30.

Assim, para afastar essa realidade da corrupção sistêmica, também se destacou a necessidade de aumentar a transparência, mediante confiabilidade, acessibilidade e previsibilidade, para a garantia da legitimidade das instituições. Não há, portanto, como descentralizar integralmente a Administração Pública, eis que isso vai de encontro à própria lógica do Estado. Instituições públicas centralizadas e legitimadas democraticamente são cruciais para garantir a acessibilidade de dados extremamente confidenciais no longo prazo e preservá-los da centralização descontrolada, especulações de mercado, falhas técnicas e poderes de supervisão privada.[398]

Por isso, não se afasta a ideia da utilização de *blockchain*, sobretudo nas contratações públicas, mas o ideal para sua utilização são as *blockchains* privadas, consideradas, conforme visto anteriormente, como aquelas que podem ser administradas por uma ou mais organizações – por exemplo, uma agência governamental – para garantir níveis adequados de coordenação, confiabilidade e segurança da rede por meio de intervenção humana, quando necessário.

As *blockchains* privadas, de acordo com Marcella Atzori,[399] possuem algumas vantagens em relação às públicas, dentre as quais (i) são separadas de mecanismos de verificação especulativa, podendo ser usadas para serviços de interesse geral, com dados devidamente protegidos a longo prazo, como seria o caso da sua utilização em licitações; (ii) são distribuídas e sincronizadas, mas sua rede é restrita a poucos membros confiáveis, identificáveis por permissões de acesso controlado. Assim, essa menor dimensão permite que as validações e propagação de dados sejam mais rápidas do que *blockchains* públicas;[400] (iii) podem ser projetadas para fins específicos, com diferentes sistemas de consenso e verificação, e com diferentes níveis de controle, segurança, visibilidade e permissão.[401]

É o caso, por exemplo, da Agência Nacional de Registro Público (NAPR) da República da Geórgia, que, em parceria com o The Bitfury

---

[398] ATZORI, Marcella. *Blockchain Technology and Decentralized Governance*: Is the State Still Necessary? p. 19. Disponível em: https://ssrn.com/abstract=2709713. Acesso em: 14 dez. 2020.

[399] ATZORI, Marcella. *Blockchain Technology and Decentralized Governance*: Is the State Still Necessary? p. 19-20. Disponível em: https://ssrn.com/abstract=2709713. Acesso em: 14 dez. 2020.

[400] BUTERIN, Vitalik. On Public and Private Blockchains. Ethereum Blog. Disponível em: https://blog.ethereum.org/2015/08/07/on-public-and-private- *blockchains*/. Acesso em: 14 dez. 2020.

[401] PETERS, Gareth; PANAYI, Efstathios. *Understanding Modern Banking Ledgers Through Blockchain Technologies:* Future of Transaction Processing and Smart Contracts on the Internet of Money. Disponível em: https://ssrn.com/abstract=2692487. Acesso em: 14 dez. 2020.

Group, está usando a tecnologia *blockchain* para fornecer aos cidadãos um certificado digital de seus títulos de propriedade.[402] O objetivo neste caso foi aumentar a confiança na manutenção de registros relacionados à propriedade, bem como auxiliar no combate à corrupção e nas disputas sobre reivindicações de propriedade.[403]

Nesse caso específico, a atividade pública foi substituída por uma *blockchain* privada, ainda que ao final a transação seja efetuada mediante uma *blockchain* pública. É dizer, o sistema *blockchain* é privado em termos de quem pode validar as transações, o que significa que a validação da transação real é feita por um grupo de servidores conhecidos (que tem a permissão para tanto); no entanto, os dados são criptografados e a transação é validada por uma *blockchain* pública de *bitcoin*, o que cria transparência sobre a existência do título de terra para todos os cidadãos:

Figura 14 – Funcionamento da tecnologia *blockchain* para fornecimento de certificados digitais pela Agência Nacional de Registro Público (NAPR) da República da Geórgia

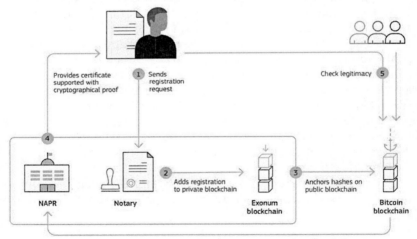

Fonte: The European Commission's science and knowledge service.[404]

---

[402] EURASIANET. *Georgia:* Authorities Use Blockchain Technology for Developing Land Registry. Disponível em: https://eurasianet.org/georgia-authorities-use- *blockchain*-technology-developing-land-registry. Acesso em: 14 dez. 2020.

[403] UNIÃO EUROPEIA. The European Commission's science and knowledge service. *Blockchain now and tomorrow:* assessing multidimensional impacts of distributed ledger technologies. European Commission, Joint Research Centre, Brussels, 2019. p. 87. Disponível em: https://ec.europa.eu/jrc/en/facts4eufuture/ *blockchain*-now-and-tomorrow. Acesso em: 14 dez. 2020.

[404] UNIÃO EUROPEIA. The European Commission's science and knowledge service. *Blockchain now and tomorrow:* assessing multidimensional impacts of distributed ledger technologies.

Como se pode notar, a verificação final dos certificados é feita na *blockchain* pública, que está além do controle de qualquer participante ou grupo de participantes, o que auxilia a combater fraudes e evitar disputas de títulos de propriedade. No entanto, o sistema *blockchain* não fornece desintermediação completa do Poder Público – que atua no controle da *blockchain* privada –, tampouco substitui os sistemas existentes.[405]

Trazendo essa realidade para o Brasil, a maioria dos projetos de *blockchain* analisados pelo Tribunal de Contas da União em estudo específico sobre a tecnologia *blockchain*[406] é permissionada e privada (como a BCONNECT,[407] bCPF e bCNPJ,[408] SALT,[409] PIER,[410] Sistema de

---

European Commission, Joint Research Centre, Brussels, 2019. p. 88. Disponível em: https://ec.europa.eu/jrc/en/facts4eufuture/ *blockchain*-now-and-tomorrow. Acesso em: 14 dez. 2020.

[405] UNIÃO EUROPEIA. The European Commission's science and knowledge service. *Blockchain now and tomorrow*: assessing multidimensional impacts of distributed ledger technologies. European Commission, Joint Research Centre, Brussels, 2019. p. 89. Disponível em: https://ec.europa.eu/jrc/en/facts4eufuture/ *blockchain*-now-and-tomorrow. Acesso em: 14 dez. 2020.

[406] BRASIL. Tribunal de Contas da União. *Levantamento da tecnologia blockchain*. Relator Ministro Aroldo Cedraz. Brasília: TCU, Secretaria das Sessões (Seses), 2020. Apêndice 1.

[407] "O BCONNECT corresponde a uma camada de colaboração para troca de dados entre países do Mercosul." BRASIL. Tribunal de Contas da União. *Levantamento da tecnologia blockchain*. Relator Ministro Aroldo Cedraz. Brasília: TCU, Secretaria das Sessões (Seses), 2020. Apêndice 1. p. 6-8.

[408] "As iniciativas bCPF e bCNPJ são dois projetos com objetivo de viabilizar o consumo e a colaboração sobre a base de dados do Cadastro de Pessoas Físicas (CPF) e Jurídicas (CNPJ)." BRASIL. Tribunal de Contas da União. *Levantamento da tecnologia blockchain*. Relator Ministro Aroldo Cedraz. Brasília: TCU, Secretaria das Sessões (Seses), 2020. Apêndice 1. p. 9-13

[409] "O Sistema Alternativo de Liquidação de Transações (SALT) consiste em uma proposta de plataforma de contingência a ser utilizada em caso de pane do 'Sistema de Transferência de Reservas'. O objetivo é que essa solução seja totalmente independente de um Banco Central, sendo capaz de funcionar apenas com a colaboração dos participantes do sistema financeiro. Fazendo uso das virtudes de DLT, como a ausência de entidade central e garantia de integridade dos dados por criptografia, a equipe projetou um sistema que permite o funcionamento do Sistema Financeiro Nacional (SFN) sem a participação do banco, caso ocorra falha completa dos sistemas de TI da entidade reguladora." BRASIL. Tribunal de Contas da União. *Levantamento da tecnologia blockchain*. Relator Ministro Aroldo Cedraz. Brasília: TCU, Secretaria das Sessões (Seses), 2020. Apêndice 1. p. 14-17.

[410] "PIER permite que dados sejam trocados em plataforma *blockchain*, otimizando os processos autorizativos, como a verificação de penalidades e sanções de um indicado a dirigente no sistema financeiro perante as demais entidades reguladoras." BRASIL. Tribunal de Contas da União. *Levantamento da tecnologia blockchain*. Relator Ministro Aroldo Cedraz. Brasília: TCU, Secretaria das Sessões (Seses), 2020. Apêndice 1. p. 18-20.

Contratos Distribuídos[411] e Sistema Financeiro Digital[412]), e quando o tipo de *blockchain* é pública e não permissionada, a governança, isto é, o poder de decisão, é centralizada, como ocorre no caso da BNDStoken.[413]

Nesse sentido, pode-se destacar que as *blockchains* privadas podem trazer vantagens significativas para a Administração Pública em termos de eficiência, segurança e integridade de dados, disponibilidade, redução de erros e custos de infraestrutura.[414] Em outros termos, permitem maior confiança nos governos e maior automação, transparência e controle, garantindo mais segurança por meio do aprimoramento da integridade de dados, resistência à adulteração e consistência entre organizações, e ganhos de eficiência, mediante custos operacionais mais baixos, tempo de processamento reduzido, menos papel e processos intensivos de mão de obra.[415]

Importante destacar que um dos elementos centrais da utilização da *blockchain* no setor público é o seu potencial redutor de incertezas entre as partes, devendo ser respeitado o fato de que a sua utilização na Administração Pública não permite a total desintermediação de organizações, tampouco substitui por inteiro quaisquer sistemas de

---

[411] "O objetivo deste projeto consiste no desenvolvimento de um sistema a ser utilizado para compartilhar informações sobre contratações feitas por empresas públicas que, por lei, podem reaproveitar etapas da contratação (consulta pública, oferta pública, contratação) de outras empresas públicas, mas que hoje não conseguem pôr em prática de maneira e ciente." BRASIL. Tribunal de Contas da União. *Levantamento da tecnologia blockchain*. Relator Ministro Aroldo Cedraz. Brasília: TCU, Secretaria das Sessões (Seses), 2020. Apêndice 1. p. 21-25.

[412] "O Sistema Financeiro Digital (SFD) propõe a estruturação de uma rede permissionada baseada em *blockchain*, interligando diversas IFs, sobre a qual serão realizadas transferências de valores e pagamentos de forma simplificada, por meio de aplicativo *mobile banking* (aplicativo de celular específico para clientes dos bancos participantes), modernizando o sistema financeiro e oferecendo uma experiência intuitiva para os clientes." BRASIL. Tribunal de Contas da União. *Levantamento da tecnologia blockchain*. Relator Ministro Aroldo Cedraz. Brasília: TCU, Secretaria das Sessões (Seses), 2020. Apêndice 1. p. 26-28.

[413] "1. O projeto BNDESToken tem o intuito de criar uma DLT e um criptoativo lastreado em real para as operações de concessão de crédito/transferência de recursos do BNDES para entidades públicas e privadas tomadoras de financiamento. 2. A utilização do BNDESToken como criptoativo permite o acompanhamento tempestivo, pela sociedade, das operações financeiras do BNDES, podendo, também, desintermediar operações." BRASIL. Tribunal de Contas da União. *Levantamento da tecnologia blockchain*. Relator Ministro Aroldo Cedraz. Brasília: TCU, Secretaria das Sessões (Seses), 2020. Apêndice 1. p. 33-36.

[414] ATZORI, Marcella. *Blockchain Technology and Decentralized Governance*: Is the State Still Necessary? p. 21. Disponível em: https://ssrn.com/abstract=2709713. Acesso em: 14 dez. 2020.

[415] UNIÃO EUROPEIA. The European Commission's science and knowledge service. *Blockchain now and tomorrow*: assessing multidimensional impacts of distributed ledger technologies. European Commission, Joint Research Centre, Brussels, 2019. p. 104. Disponível em: https://ec.europa.eu/jrc/en/facts4eufuture/ *blockchain*-now-and-tomorrow. Acesso em: 14 dez. 2020.

instituições públicas existentes envolvidos na prestação de serviços, sendo uma tecnologia que depende de insumos de sistemas centralizados ou de propriedade do governo, bem como da capacidade de configurar, aumentar e manter a colaboração entre muitos interessados diferentes.[416]

3.2 Benefícios da tecnologia *blockchain* nas contratações públicas

Conforme visto anteriormente, a descentralização integral, garantida por *blockchains* públicas, nem sempre será a melhor escolha, devendo ser analisados os limites e riscos que estas podem acarretar para a Administração Pública.

Não se olvida que a *blockchain* é uma tecnologia disruptiva, que possui elevado potencial para transformar a sociedade brasileira, sobretudo ao se considerar a realidade de corrupção sistêmica e o pilar da transparência dessa tecnologia.

Assim, cabe pontuar que, conforme destaca Marcella Atzori, os riscos e benefícios relacionados às possíveis aplicações das *blockchains* devem ser cuidadosamente ponderados, "evitando-se expectativas utópicas, bem como as armadilhas do raciocínio tecnocrático e do determinismo, de modo que, só assim, a descentralização dos serviços governamentais por meio de *blockchains* privadas ou permissivas será possível e desejável, pois pode aumentar a funcionalidade da Administração Pública".[417]

Assim, partindo da premissa da utilização responsável dessa tecnologia,[418] sobretudo considerando a realidade da corrupção sistêmica do país, passa-se a analisar estudos de impacto da tecnologia *blockchain*

---

[416] UNIÃO EUROPEIA. The European Commission's science and knowledge service. *Blockchain now and tomorrow*: assessing multidimensional impacts of distributed ledger technologies. European Commission, Joint Research Centre, Brussels, 2019. p. 105. Disponível em: https://ec.europa.eu/jrc/en/facts4eufuture/ blockchain-now-and-tomorrow. Acesso em: 14 dez. 2020.

[417] ATZORI, Marcella. *Blockchain Technology and Decentralized Governance*: Is the State Still Necessary? p. 31. Disponível em: https://ssrn.com/abstract=2709713. Acesso em: 14 dez. 2020.

[418] Sobre a utilização responsável de instrumentos inovadores, bem destaca Irene Nohara que o discurso da necessidade de inovar muitas vezes pode ser utilizado como fachada, de modo que nem sempre os instrumentos inovadores oferecerão "melhorias em relação às práticas organizacionais e à eficiência administrativa". NOHARA, Irene. Desafios de inovação na Administração Pública Contemporânea: "destruição criadora ou "inovação destruidora" do Direito Administrativo. *In*: PONTES FILHO, Valmir; MOTTA, Fabrício; GABARDO, Emerson (Coord.). *Administração Pública*: desafios para transparência, probidade e desenvolvimento. XXIX Congresso Brasileiro de Direito Administrativo. Belo Horizonte: Fórum, 2017. P. 155.

nas contratações públicas, especialmente considerando a transparência como fator de mudança de comportamento e aumento de confiança, e, especialmente, de redução de incertezas.

De acordo com estudo promovido pela Comissão Europeia de Ciência e Conhecimento, a tecnologia *blockchain* possui o potencial de reinserir a confiança na sociedade, já que a falta de confiança entre indivíduos, grupos, instituições ou organizações muitas vezes vistas como corruptíveis poderia ser substituída pela confiança em sistemas que utilizam a tecnologia *blockchain*, executando suas ações de forma autônoma e neutra.[419]

Não se defende que a tecnologia *blockchain* é a solução do problema da corrupção no Brasil, mas pode ser uma ferramenta utilizada para o aculturamento de premissas como transparência e confiança. Daí se afirmar a *blockchain* como uma tecnologia que busca intervir nos próprios processos de determinação política, mediante a expressão, materialização e proposição de diversas questões econômicas, culturais, sociais, políticas e institucionais, permitindo uma interconexão entre todas estas.[420]

3.2.1 Análise do Tribunal de Contas da União

Conforme destacado anteriormente, o Tribunal de Contas da União, mediante a Secretaria das Sessões e Relatoria do Ministro Aroldo Cedraz, elaborou um estudo sobre a tecnologia *blockchain*,[421] especialmente considerando que o setor público já vem adotando

---

[419] UNIÃO EUROPEIA. The European Commission's science and knowledge service. *Blockchain now and tomorrow*: assessing multidimensional impacts of distributed ledger technologies. European Commission, Joint Research Centre, Brussels, 2019. p. 105. Disponível em: https://ec.europa.eu/jrc/en/facts4eufuture/ blockchain-now-and-tomorrow. Acesso em: 14 dez. 2020.

[420] Tradução literal de: "*The political in relation to the technical might be understood as the construction, materialization and automation of particular social, cultural and political concerns (Daston and Galison, 1992; Latour, 1992; Feenberg, 1999; Star, 1999; Paul N. Edwards, 2003). But the proposition of blockchain distinguishes itself from other technologies in that it seeks to intervene into the very processes of political determination; not only as an expression and materialization of, but also as a proposition for, different agencies through which to negotiate the political, suggesting the involvement of algorithmic determination in governance, the very process of negotiating and settling differences*". BREKKE, Jaya klara. *Disassembling the Trust Machine*: Three cuts on the political matter of *blockchain*. 2019. 237f. Tese (doutorado em geografia) – Geography Department, Durham University, Inglaterra, 2019. p. 165. Disponível em: http://distributingchains.info/wp-content/uploads/2019/06/DisassemblingTrustMachine_Brekke2019.pdf. Acesso em: 14 dez. 2020.

[421] BRASIL. Tribunal de Contas da União. *Levantamento da tecnologia blockchain*. Relator Ministro Aroldo Cedraz. Brasília: TCU, Secretaria das Sessões (Seses), 2020.

tecnologia de redes distribuídas em diversos campos, fazendo um levantamento de viabilidade e aplicabilidade sobre estas.

Assim, durante essa análise, o Tribunal de Contas da União elencou importantes pontos sobre a avaliação da necessidade ou não da implementação de plataformas *blockchain* na Administração Pública, conforme figura:[422]

Figura 15 – Árvore de decisão ante a necessidade de utilizar a tecnologia *blockchain*

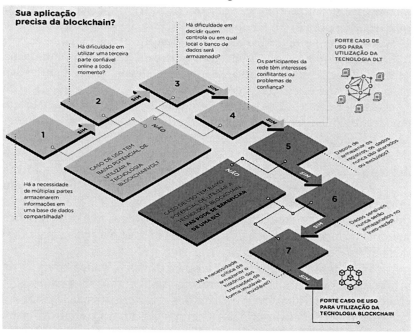

Fonte: Tribunal de Contas da União.[423]

Dessa forma, de acordo com o estudo elaborado, quanto maior a probabilidade de respostas afirmativas nas perguntas já destacadas,

---

[422] BRASIL. Tribunal de Contas da União. *Levantamento da tecnologia blockchain*. Relator Ministro Aroldo Cedraz. Brasília: TCU, Secretaria das Sessões (Seses), 2020. p. 23-25.
[423] BRASIL. Tribunal de Contas da União. *Levantamento da tecnologia blockchain*. Relator Ministro Aroldo Cedraz. Brasília: TCU, Secretaria das Sessões (Seses), 2020. p. 23.

maior a oportunidade para a implementação de uma tecnologia de rede distribuída, como é o caso da *blockchain*.

Em relação à primeira pergunta "há necessidade de múltiplas partes armazenarem informações em uma base de dados compartilhada?", importante destacar que a utilização da *blockchain* somente faz sentido se existem múltiplas partes envolvidas nas transações e os dados têm origem diversa, do contrário, pelas propriedades dessa tecnologia, não faz sentido a sua implementação.

Em relação à segunda pergunta "há dificuldade em utilizar uma terceira parte confiável *on-line* a todo momento?", importante relembrar que um dos pilares da tecnologia *blockchain* é a descentralização e só nos casos em que é necessária essa descentralização é que aquela é indicada. Por isso, o TCU destaca que, existindo uma plataforma centralizada que possa resolver o problema, deverá haver justificativa para a implementação de uma *blockchain*.

A pergunta número três, que questiona se "há dificuldade em decidir quem controla o banco de dados ou em qual local será 'armazenado', deve ser interpretada a partir da possibilidade de ausência de confiança e segurança no tratamento dos dados". Isso porque a descentralização da *blockchain* permite o múltiplo controle dos dados.

Em relação à quarta pergunta "os participantes da rede têm interesses conflitantes ou problemas de confiança?", diz respeito a potencialização da confiabilidade nas transações que é característica inerente da tecnologia *blockchain*, já que o controle e o armazenamento dos dados são descentralizados.

Naquilo que diz respeito à questão cinco, sobre "depois de armazenar os registros, os dados nunca são alterados ou excluídos?", conforme visto no item anterior, uma das características da *blockchain* é que as transações nela inseridas são imutáveis, ainda que não de forma absoluta, de modo que só faz sentido a sua utilização se esse fator for necessário. Em razão dessa mesma característica é que a questão seis é colocada à prova, eis que como o armazenamento dos dados ocorre de forma transparente a quem tem acesso à *blockchain*, não faz sentido a sua utilização para dados sensíveis ou sigilosos, que possuem tratamento próprio e não podem ser acessados de forma pública.

Por fim, em relação à pergunta sete, "há necessidade crítica de armazenar o histórico das transações de forma imutável e inviolável?", da mesma forma que o destacado anteriormente, só há utilidade na implementação de uma plataforma *blockchain* se a imutabilidade das transações for essencial.

CAPÍTULO 3
A TECNOLOGIA BLOCKCHAIN APLICADA NAS CONTRATAÇÕES PÚBLICAS | 147

Assim, depois de respondidas todas essas questões, e em se optando pela implementação da tecnologia *blockchain*, considerando a sua incipiência, o Tribunal de Contas da União ainda elenca uma série de fatores críticos que devem ser considerados no momento da implementação, dentre os quais: (i) conhecimento da tecnologia; (ii) motivação para o seu uso; (iii) integração com o ambiente computacional; (iv) implementação gradual; (v) colaboração; e (vi) estrutura de governança adequada.

Em relação ao conhecimento da tecnologia, conforme já explanado, a tecnologia *blockchain* ainda é muito nova no mercado, sobretudo sua aplicabilidade na Administração Pública. Por isso, para que o seu desenvolvimento e implementação sejam adequados, o TCU indica que deve haver a capacitação da equipe de Tecnologia da Informação ou a contratação de indivíduos com a competência necessária e comprovada. É dizer, "a organização deve conhecer a tecnologia e dominar suas principais características, antes de iniciar um projeto descentralizado, além de estar ciente dos riscos que o uso de uma nova tecnologia pode introduzir".

Em relação à motivação do uso, conforme anteriormente destacado, nem sempre a implementação de uma *blockchain* será adequada, de modo que é preciso justificar a sua utilização, demonstrando-se sua necessidade e viabilidade, bem como mensurando o seu impacto e suas melhorias.

Já no que diz respeito à integração com o ambiente computacional, "soluções baseadas em *blockchain* quase sempre requerem pontos de integração e/ou interoperabilidade com sistemas legados". Por isso, é necessário levar em consideração a replicação dos dados, pautando-se em requisitos como "confidencialidade, integridade, transparência, rastreabilidade e não repúdio das informações".

De acordo com o TCU é importante que ocorra a implementação gradual da ferramenta, especialmente pela sua condição inovadora e ainda incipiente. Assim, orienta-se uma abordagem experimental que possa evoluir de forma contínua e um aumento gradual de transações. Essa forma de atuação permite avaliar mais adequadamente o funcionamento da plataforma, notadamente em relação aos problemas identificados, bem como reduzir os custos, eis que a utilização será primeiro realizada em pequena escala.

Outro fator crítico apontado pelo TCU é a colaboração. Isso porque, conforme analisado no decorrer deste estudo, a *blockchain* possui característica do consenso baseado em rede, isto é, é por natureza colaborativa. Assim, para que a plataforma funcione no Poder Público, é necessária a cooperação entre diversas entidades. Por isso que, como último fator crítico apontado, fala-se em estruturação de uma governança em rede adequada, com determinação específica de responsabilidades entre os diversos níveis de participação.

Diante das premissas aqui apontadas e ao se avaliar a aplicabilidade da tecnologia *blockchain* em contratações públicas, respondendo às questões e aos fatores críticos apontados pelo Tribunal de Contas da União, pode-se concluir que a *blockchain* pode ser utilizada nas contratações públicas conforme respostas na sequência.

[1] Há necessidade de múltiplas partes armazenarem informações em uma base de dados compartilhada?

Considerando as diversas partes interessadas que participam de contratações públicas, quais sejam, Poder Público, licitantes, contratados, usuários dos objetos contratados e terceiros interessados, bem como o direito de acesso à informação sobre todos os dados de uma contratação pública, inclusive, a possibilidade, por exemplo, de cadastro de fornecedores de entidades e órgãos existentes em todo o país, resta demonstrada a utilidade de uma base de dados compartilhada.

[2] Há dificuldade em utilizar uma terceira parte confiável *on-line* a todo momento?

Considerando o ambiente de desconfiança generalizado no país e que no âmbito das contratações públicas a mantenedora dos dados é a própria Administração Pública, muitas vezes corrompida no cenário de corrupção sistêmica apresentado neste estudo, e apenas uma das partes envolvidas na contratação, resta justificada a dificuldade do controle exclusivo por apenas uma parte confiável.

[3] Há dificuldade em decidir quem controla o banco de dados ou em qual local será armazenado?

Indo ao encontro da resposta da pergunta número 2, pode-se afirmar que a dificuldade está inserida, justamente, na falta de confiança e transparência que hoje permeia os processos de contratação pública, especialmente pelo ambiente de corrupção sistêmica que se busca alterar com as novas tecnologias analisadas neste estudo.

[4] Os participantes da rede têm interesses conflitantes ou problemas de confiança?

Considerando a realidade de desconfiança generalizada no país e, sobretudo, da corrupção sistêmica no âmbito das contratações públicas, todas as partes interessadas no processo de contratação pública possuem problemas de confiança umas para com as outras, conforme relatado no decorrer deste estudo, o que ocorre nas três fases da contratação, aumentando, por conseguinte, a assimetria de informação, bem como o conflito de interesses.

[5] Depois de armazenar os registros, os dados nunca são alterados ou excluídos?

No caso das contratações públicas, via de regra, depois de inseridas as informações em um processo de contratação, estas não deveriam ser alteradas, apenas em caso de diligências ou adequações de legalidade, tudo de acordo com a lei e regulamentos aplicáveis, é que isso seria possível. Ocorre que, mais uma vez considerando a realidade de corrupção sistêmica, alguns dados são alterados mediante fraudes e ilícitos de corrupção.

[6] Dados sensíveis nunca serão armazenados no livro-razão?

Via de regra, as informações de processos licitatórios e contratações públicas não são consideradas dados sensíveis e, por sua natureza, são informações públicas, nos termos do artigo 7º, inciso IV, da Lei de Acesso à Informação,[424] sendo assim, apenas em hipóteses excepcionais é que pode se considerar que esse tipo de dado faz parte do cenário das contratações públicas.

[7] Há necessidade crítica de armazenar o histórico das transações de forma imutável e inviolável?

Considerando todo o externado no decorrer do capítulo 2, bem como a resposta às perguntas anteriores, há necessidade crítica de armazenar o histórico das transações de forma imutável e inviolável, justamente como uma tentativa de aumentar a confiança, transparência e, por consequência, a legitimidade dos processos de contratação pública.

---

[424] Sobre o tema, Eneida Desiree Salgado e Tarso Cabral Violin destacam que "são várias as diretrizes da Lei, entre elas a publicidade como regra, sendo o sigilo a exceção, nos termos constitucionais; a divulgação de informações de interesse público, independentemente de solicitações; o uso da tecnologia da informação; o fomento ao desenvolvimento da cultura de transparência na Administração Pública; o desenvolvimento do controle social da Administração, com clara perspectiva de democracia participativa". *In:* SALGADO, Eneida Desiree; VIOLIN, Tarso Cabral. Transparência e acesso à informação: o caminho para a garantia da ética na administração pública. *In:* BLANCHET, Luiz Alberto; HACHEM, Daniel Wunder; SANTANO, Ana Claudia (Coord.). *Eficiência e Ética na Administração Pública:* Anais do Seminário Internacional realizado no Programa de Pós-Graduação em Direito da Pontifícia Universidade Católica do Paraná. Curitiba: Íthala, 2015. p. 279.

Como se pode notar, o uso da tecnologia está justificado, inclusive no que diz respeito a sua necessidade e impacto (aumento de confiança, transparência e legitimidade). Agora, não se olvida que para o seu sucesso deverá haver capacitação dos envolvidos; integração com os sistemas já existentes, especialmente em relação ao compartilhamento de dados já armazenados; implementação gradual, mediante utilização em compras recorrentes e menos complexas, em que todo o processo possa ser padronizado; colaboração entre diversos órgãos e entidades, inclusive em diversas esferas de poder e da federação, reduzindo a insegurança jurídica que paira sobre os processos de contratação pública, o que pode ser realizado criando-se uma estrutura de governança em rede.

3.2.2 Análise Fórum Econômico Mundial

De acordo com o relatório de análise da tecnologia *blockchain* promovido em junho de 2020 pelo Fórum Econômico Mundial (World Economic Forum – WEF), intitulado "Explorando a Tecnologia *Blockchain* para Transparência Governamental", os custos da corrupção no setor público são altos, afetam o desenvolvimento sustentável e em sua grande parte estão relacionados à falta de transparência, manutenção inadequada de registros e ausência de prestação de contas pelo Poder Público. Dessa forma, para o WEF, as tecnologias de registros distribuídos, como é o caso da tecnologia *blockchain*, quando aplicadas em atividades administrativas sujeitas à corrupção, podem aumentar potencialmente a transparência, reduzindo o risco ou prevalência de atividades corruptas.[425]

Especialmente no que diz respeito à corrupção nas contratações públicas, Rachel Davidson Raycraft e Ashley Lannquist, principais autoras do relatório em comento, destacam que os governos gastam aproximadamente 9,5 trilhões de dólares em contratações públicas e que, de acordo com a Organização para Cooperação e Desenvolvimento Econômico – OCDE e com a Transparência Internacional – TI, de 10 a 30% desse valor é desperdiçado em corrupção ou má administração.[426]

Conforme analisado no capítulo anterior, a corrupção está presente em todas as fases da contratação pública, como bem enfatiza

---

[425] World Economic Forum. *Exploring Blockchain Technology for Government Transparency:* Blockchain-Based Public Procurement to Reduce Corruption. p. 4. Disponível em: https://www.weforum.org/reports. Acesso em: 14 dez. 2020.

[426] RAYCRAFT, Rachel Davidson; LANNQUIST, Ashley. Estudo sugere uso de *blockchain* contra corrupção em contratos públicos. *Opinião*. Disponível em: https://www1.folha.uol.com.br/cotidiano/2020/06/estudo-sugere-uso-de-blockchain-contra-corrupcao-em-contratos-publicos.shtml. Acesso em: 20 dez. 2020.

o relatório em análise, especialmente no que diz respeito (i) à falta de transparência e acesso aos documentos, mediante publicação atrasada ou incompleta dos documentos relacionados à contratação, baixo acesso e visibilidade ao processo de contratação e baixa transparência nos pagamentos; (ii) à redução de competitividade e integridade, mediante contratação direta indevida, licitações fabricadas, conflitos de interesse e suborno e favorecimentos indevidos; (iii) aos conluios no que diz respeito aos preços contratados, mediante cartel e desclassificações das propostas mais vantajosas; e (iv) aos desafios institucionais, como a baixa capacidade de investigação, monitoramento, supervisão e fiscalização.[427]

Assim, a proposta de utilização de tecnologia *blockchain*, considerando os seus principais pilares, busca otimizar a fase de seleção de fornecedores, reduzindo os problemas apontados mediante: 1. Imutabilidade e inviolabilidade de registros; 2. Transparência processual e auditabilidade em tempo real; 3. Funcionalidades automatizadas mediante "contratos inteligentes"; 4. Redução da tomada de decisão discricionária e centralizada de uma única autoridade; 5. Controle social, mediante maior envolvimento da sociedade.[428]

O próprio WEF destaca que qualquer tecnologia possui falha, e não pode ser equiparada à solução para todas as ações que envolvem corrupção, como o conluio de fornecedores ou atividades como suborno, por exemplo. Além disso, em algumas fases da contratação é mais difícil reduzir o risco de corrupção, como é o caso do registro de fornecedores, quando não há como implementar uma solução cem por cento descentralizada, já que os registros normalmente dependem de autorização.[429]

Um exemplo elencado por Rachel Davidson Raycraft e Ashley Lannquist é que a tecnologia *blockchain*, por garantir a descentralização

---

[427] Livre tradução de: "*Transparency and access: Delayed or incomplete publication of records; Low procurement process and record access and visibility; Low transparency in payments. Competitiveness and integrity: Direct contracting; Bid tailoring; Conflicts of interest and bribery; Prevalence of auctions that favor established and large vendors. Contract pricing: Price collusion among vendors; Poorly conducted price "benchmarking"; Vendor underestimation of contract price to win bid. Institutional Challenges: Low investigatory capacity at national monitoring, oversight and watchdog institutions*". World Economic Forum. *Exploring Blockchain Technology for Government Transparency*: Blockchain-Based Public Procurement to Reduce Corruption. p. 12. Disponível em: https://www.weforum.org/reports. Acesso em: 14 dez. 2020.

[428] World Economic Forum. *Exploring Blockchain Technology for Government Transparency*: Blockchain-Based Public Procurement to Reduce Corruption. p. 11. Disponível em: https://www.weforum.org/reports. Acesso em: 14 dez. 2020.

[429] World Economic Forum. *Exploring Blockchain Technology for Government Transparency*: Blockchain-Based Public Procurement to Reduce Corruption. p. 13. Disponível em: https://www.weforum.org/reports. Acesso em: 14 dez. 2020.

das decisões e a imutabilidade dos registros por natureza, dificulta a remoção ou adulteração dos lances, propostas ou documentos previamente registrados. É dizer, todos os registros do processo permanecem permanentes e à prova de falsificação em razão do controle público das informações.[430] A utilização da tecnologia, portanto, "descentraliza a tomada de decisões, a supervisão e a manutenção de registros, aumenta a transparência e afasta o poder das autoridades que podem estar propensas à depravação".[431]

O relatório ora analisado também chama atenção para o problema da utilização de plataformas *blockchain* integralmente públicas, conforme já destacado anteriormente, devendo-se prezar pelas permissionadas ou privadas. Por isso, pode-se concluir que o objetivo principal do relatório é fornecer um estudo realista dessa tecnologia inovadora que é a *blockchain*, podendo esta ser uma alternativa para melhorias na prestação de contas e transparência nas contratações públicas. Entretanto, não se pode esquecer que qualquer tecnologia só mitiga a corrupção até certo ponto, de modo que mudanças culturais, sociais e comportamentais são essenciais para superar práticas corruptas endêmicas. Daí por que se afirmar que "a tecnologia não resolve sozinha o que está no cerne dos problemas de comportamento humano".[432]

3.3 Caso prático no Brasil – Solução Online de Licitação (SOL)

Após análise teórica dos benefícios e desafios da aplicação da tecnologia *blockchain* na Administração Pública, e, mais especialmente nas contratações públicas, passa-se à análise final proposta neste estudo, da aplicação prática dessa tecnologia no Brasil, mediante verificação do surgimento e funcionamento da plataforma Solução Online de Licitação (SOL), a partir das informações disponibilizadas no sítio

---

[430] World Economic Forum. *Exploring Blockchain Technology for Government Transparency*: Blockchain-Based Public Procurement to Reduce Corruption. p. 15. Disponível em: https://www.weforum.org/reports. Acesso em: 14 dez. 2020.

[431] RAYCRAFT, Rachel Davidson; LANNQUIST, Ashley. Estudo sugere uso de *blockchain* contra corrupção em contratos públicos. *Opinião*. Disponível em: https://www1.folha.uol.com.br/cotidiano/2020/06/estudo-sugere-uso-de-*blockchain*-contra-corrupcao-em-contratos-publicos.shtml. Acesso em: 20 dez. 2020.

[432] Livre tradução de "*technology cannot fully solve what is at the heart of human behaviour problems*". World Economic Forum. *Exploring Blockchain Technology for Government Transparency*: Blockchain-Based Public Procurement to Reduce Corruption. p. 4. Disponível em: https://www.weforum.org/reports. Acesso em: 14 dez. 2020.

eletrônico da plataforma, bem como das respostas aos questionamentos apresentadas por Walter Ribeiro, Coordenador do Departamento de Tecnologia da Informação da CAR – Companhia de Desenvolvimento e Ação Regional da Bahia.[433]

3.3.1 Surgimento da SOL

De acordo com Walter Ribeiro, a criação da plataforma *blockchain* SOL surgiu de uma iniciativa do Setor de Aquisições do Banco Mundial em conjunto com as equipes dos Projetos Bahia Produtiva (Bahia)[434] e Governo Cidadão (Rio Grande do Norte),[435] que, em razão de alguns problemas identificados, verificaram a necessidade da instituição de um aplicativo de compras que pudesse facilitar os processos.

Alguns motivos identificados e citados por Walter Ribeiro foram as dificuldades das entidades envolvidas para o registro de maior quantidade de fornecedores qualificados para participar de

---

[433] walterribeiro@car.ba.gov.br. RIBEIRO, Valter. *Contato – SOL*. Mensagem recebida por mirelaziliotto@gmail.com em 30 dez. 2020 [Apêndice].

[434] Trata-se de projeto promovido pelo "Governo do Estado da Bahia, executado pela Companhia de Desenvolvimento e Ação Regional – CAR, empresa pública vinculada à Secretaria de Desenvolvimento Rural – SDR, a partir de Acordo de Empréstimo firmado entre o Estado e o Banco Interamericano de Reconstrução e Desenvolvimento (Banco Mundial). Por meio do Bahia Produtiva serão financiados (sem reembolso) subprojetos de inclusão socioprodutiva e de abastecimento de água e saneamento domiciliar, de interesse e necessidades das comunidades de baixa renda da Bahia". Possui como objetivos: "Aumentar a integração ao mercado, promover a segurança alimentar e nutricional, melhorar o acesso ao serviço de abastecimento de água e saneamento de domicílios; Melhorar a infraestrutura básica necessária para apoio à produção e a comercialização; Promover a inclusão econômica e social de mulheres, jovens, povos indígenas, comunidades tradicionais e empreendedores da economia solidária; Fortalecer a capacidade das associações comunitárias/organizações de produtores para elaborar e implementar e gerir os subprojetos; promover a adoção de práticas de gestão sustentável de recursos naturais em áreas de produção". Disponível em: http://www.car.ba.gov.br/projetos/bahia-produtiva. Acesso em: 20 dez. 2020.

[435] Trata-se de um "projeto multisetorial integrado que tem como meta contribuir, em cinco anos, com as mudanças no cenário socioeconômico do Rio Grande do Norte, através da implementação de um conjunto de ações articuladas destinadas a reverter o baixo dinamismo do Estado, com foco na redução das desigualdades regionais, além de apoiar ações de modernização da gestão pública para prestação de serviços de forma mais eficaz e eficiente, visando à melhoria da qualidade de vida da população potiguar. O objetivo de desenvolvimento do Projeto RN Sustentável é contribuir para os esforços do Estado para: (i) aumentar a segurança alimentar, o acesso à infraestrutura produtiva e o acesso a mercados para a agricultura familiar; (ii) melhorar o acesso e a qualidade dos serviços da educação, da saúde e da segurança pública; e (iii) melhorar os sistemas de controle de despesas públicas, dos recursos humanos e da gestão de ativos físicos, no contexto de uma abordagem de gestão baseada em resultados". Disponível em: http://www.rnsustentavel.rn.gov.br/?pg=sobre_o_projeto. Acesso em: 20 dez. 2020.

seus processos de contratação, bem como da dificuldade daquelas na elaboração de documentos como editais, atas e contratos.

Para viabilização do projeto, foram realizados empréstimos nos valores de US$150 milhões e US$ 360 milhões para Bahia e Rio Grande do Norte, respectivamente. Nesse sentido, de acordo com informações retiradas do sítio eletrônico da plataforma, o "SOL (Solução Online de Licitação) é um aplicativo de compras desenvolvido e disponibilizado pelos estados da Bahia e Rio Grande do Norte para que organizações beneficiárias dos Projetos Bahia Produtiva (BA) e Governo Cidadão (RN) possam realizar licitações para a compra e/ou contratação de bens, serviços e obras".[436]

Referida plataforma, ao utilizar um modelo de *software* livre, com código aberto da tecnologia *blockchain*, permite maior integridade, transparência e auditabilidade em tempo real dos processos licitatórios. É que, conforme visto no primeiro item desse capítulo, as *blockchain*s com códigos abertos, como é o caso da *bitcoin*, podem ser estudadas, avaliadas e replicadas por qualquer pessoa que tenha acesso, permitindo a colaboração na produção intelectual. É dizer, qualquer um que tenha acesso ao código saberá exatamente como ocorre o funcionamento das transações dos dados naquela plataforma, estimulando-se, assim, o compartilhamento e o reaproveitamento de soluções tecnológicas, e, conforme ver-se-á na sequência, contribuindo para a otimização dos gastos públicos.

3.3.2 Funcionamento SOL

De acordo com o SOL, todas as ordens de compra das associações e cooperativas registradas na plataforma são realizadas no aplicativo que armazena digitalmente os dados do processo em uma *blockchain* localizada na infraestrutura dos estados da Bahia e do Rio Grande do Norte. Considerando os pilares da *blockchain*, as informações são registradas de forma imutável, de modo que "qualquer tentativa de corromper os dados pode ser facilmente notada e reportada, tornando a auditoria das compras ainda mais transparente, segura e eficiente".[437]

Nesse sentido, são disponibilizados manuais de uso do aplicativo, que são divididos de acordo com os interesses. Assim, existem manuais para administradores, associações e fornecedores, bem como manuais

---

[436] SOL. *Conheça o SOL*. Disponível em: https://www.sol-app.net. Acesso em: 20 dez. 2020.

[437] SOL. *Principais funcionalidades do SOL*. Disponível em: https://www.sol-app.net. Acesso em: 20 dez. 2020.

técnicos, inclusive de implementação da tecnologia *blockchain*. Todos esses manuais encontram-se disponíveis para acesso público no sítio eletrônico do *software* Github.[438]

Conforme destacado anteriormente, a SOL é um *software* livre, com código aberto (*open source*), o que "significa que o sistema pode ser universalmente redistribuído sem a necessidade de pagamento de licenças comerciais. Além disso, todo o design e esquematização que o compõem podem ser consultados, examinados e modificados livremente por quem desejar replicá-lo".[439]

Dessa forma, como todas as informações ficam armazenas de forma imutável e contra edições, a criação de licitações ocorre em poucos minutos. Conforme destacado pelos criadores, "o processo é digital, sua interface é intuitiva e todos os itens disponíveis para serem licitados são previamente cadastrados no sistema, facilitando o preenchimento". Ainda, a utilização da plataforma otimiza os processos, já que o cadastramento prévio mitiga a necessidade de envio de novos documentos e aumenta o número de competidores, que podem ser originários de qualquer parte do Brasil.

Assim, como benefícios propostos pelo SOL, os criadores elencam a conexão, a automatização, a transparência e a auditabilidade.[440] Isso porque, naquilo que diz respeito ao primeiro benefício, como a plataforma é integralmente on-line e protegida, qualquer fornecedor do país devidamente registrado pode consultar os certames disponíveis e enviar suas propostas, ampliando o número de fornecedores qualificados.

Em relação à automatização proposta pelo processo, como os dados são registrados previamente na plataforma, cria-se uma base de dados imutável, que permite a criação de editais, atas e contratos de forma automática, inclusive em relação à determinação da proposta mais vantajosa, o que pode ser consultado por todos os participantes. Isso permite maior transparência e confiabilidade, especialmente ao se considerar a característica da imutabilidade das transações registradas em uma tecnologia *blockchain*.

Como se pode notar, ao se levar em consideração os principais pontos de alerta de corrupção identificados nas compras públicas, dentre os quais (i) falta de transparência e acesso aos documentos; (ii)

---

[438] SOL. *Governança*. Disponível em: https://github.com/SolucaoOnlineDeLicitacao/Governanca/wiki/Manuais-SOL. Acesso em: 20 dez. 2020.

[439] SOL. *Tecnologia*. Disponível em: https://www.sol-app.net/tecnologia. Acesso em: 20 dez. 2020.

[440] SOL. *O que é*. Disponível em: https://www.sol-app.net/sol-o-que-e. Acesso em: 20 dez. 2020.

redução de competitividade e integridade; (iii) conluios e carteis; e (iv) baixa capacidade de investigação, monitoramento, supervisão e fiscalização,[441] pode-se destacar que a proposta do aplicativo Solução Online de Licitação se apresenta como uma ferramenta capaz de mitigar esses pontos de alerta, já que, conforme visto, permite a auditabilidade em tempo real do processo, as transações permanecem em ambiente seguro, garantindo integridade e confiabilidade no processo.

---

[441] World Economic Forum. *Exploring Blockchain Technology for Government Transparency: Blockchain-Based Public Procurement to Reduce Corruption.* p. 12. Disponível em: https://www.weforum.org/reports. Acesso em: 14 dez. 2020.

CONSIDERAÇÕES FINAIS

Conforme analisado no decorrer deste estudo, a liberdade instrumental das garantias de transparência disciplinada por Amartya Sen será assegurada quando da inexistência de segredos e do prevalecimento da clareza, já que em interações sociais deve haver alguma presunção básica de confiança. Por isso se afirmou que as garantias de transparência possuem um importante papel instrumental na modulação comportamental dos indivíduos e, por conseguinte, no desenvolvimento, sobretudo no que tange à inibição de práticas como a corrupção e fraudes das mais variadas.

É que, conforme citado no decorrer do primeiro capítulo, os valores sociais desempenham um papel importante no êxito de várias formas de organização social, incluindo o mecanismo de mercado, a política democrática, os direitos civis e políticos elementares, a provisão de bens públicos básicos e instituições para a ação e o protesto públicos. Não sem razão, o funcionamento de mercados bem-sucedidos depende do sólido alicerce na legitimidade das instituições e da ética de comportamento, com fundamento na confiança mútua e em um senso de obrigação tácita, o que viabiliza a confiança nos contratos negociados, sem que sejam necessários litígios para o cumprimento do que foi contratado. É justamente em razão disso que, para Amartya Sen, as garantias de transparência possuem um papel instrumental importante para inibir a corrupção, irresponsabilidade financeira e negociações escusas; especialmente importante em sistemas capitalistas, já que os valores possuem um papel de extrema relevância, utilizando-se a confiança na palavra e a promessa das partes envolvidas como pilares fundamentais da estrutura.

Dessa forma, deve-se atentar para a formação e manutenção da confiança para que se possa resistir às tentações da corrupção disseminada. Isso porque um dos grandes problemas destacados no decorrer do presente estudo é a corrupção econômica, onde falta, justamente, a confiança e a honra para o cumprimento do que foi combinado. E, sem confiança, não há credibilidade nas instituições, e, por conseguinte, a legitimidade do Estado resta afetada.

No Brasil, conforme citado no decorrer do segundo capítulo, são crescentes os casos desvelados de corrupção em razão da desconfiança generalizada, especialmente no âmbito das contratações públicas. Entretanto, ainda não houve na população a mobilização ou a mudança de comportamento necessárias para a transformação desse cenário, dado que o grande desafio consiste, justamente, em buscar mecanismos capazes de mudar a cultura cotidiana e endêmica da corrupção que hoje é pautada, especialmente, pela falta de confiança e transparência.

No panorama histórico apresentado para a compreensão da realidade da corrupção sistêmica no país e os efeitos dessa realidade no comportamento dos brasileiros, restou demonstrado, justamente, que a sociedade brasileira atual é herdeira de uma sociedade pautada por costumes decorrentes de patrimonialismo, escravidão, coronelismo, conflitos políticos, tráfico de influências, e, por conseguinte, tornou-se uma sociedade com hábitos corruptos. E esse comportamento enraizado é o que, de fato, fundamenta o famoso "jeitinho brasileiro", que nada mais é do que uma das formas de incorporação cultural da corrupção pela sociedade civil, driblando-se a excessiva quantidade de regulamentação, criando-se um ambiente que facilita o desrespeito aos princípios informadores da atuação administrativa.

Esse cenário impulsiona cada vez mais a exigência de implementação de mecanismos de combate à corrupção no Estado e em empresas que se relacionam com o Poder Público, sendo este o compromisso de um Estado Republicano Democrático de Direito. Nessa lógica, propõe-se partir da compreensão da necessária submissão do Estado ao Direito, objetivando-se a desconstrução da percepção de um Poder Público pautado exclusivamente no império da lei, ampliando-se o controle da atuação estatal através da cultura da transparência e da confiança externada na própria Constituição da República Federativa de 1988, já que o sigilo é hipótese de exceção, e, como visto, o aumento da transparência permite a recondução da confiança dos cidadãos, e, por conseguinte, aumenta a segurança jurídica.

O ambiente de transparência e confiança, portanto, é incompatível com a atuação fora do alcance da luz pelo Poder Público, devendo a luta da consagração do Estado Democrático de Direito se dar mediante um poder visível e previsível. Por certo, conforme destacado, o aumento da transparência potencializa o agir de acordo com a ética e constitui a própria essência da confiança, sendo sua vigência inafastável em um Estado Democrático de Direito, tornando-se extremamente necessária em uma sociedade democrática jovem como a brasileira, que, ultimamente, parece imersa em um ambiente de insegurança.

Por isso, destacou-se que é preciso ter em mente que transparência e integridade são grandes aliadas no combate à corrupção, já que amparadas no compromisso de reforçar a agenda brasileira em prol do combate à fraude e à corrupção, transformando a cultura do "jeitinho brasileiro" nos corredores das repartições públicas, fortalecendo mecanismos aptos a monitorar, controlar e reprimir condutas ilícitas e auxiliando a implementação de políticas efetivas e específicas.

Frise-se, nesses termos, a necessária compreensão da existência de estreita relação entre o princípio da democracia e o princípio da transparência, de modo que haverá vício na gestão pública se houver sonegação de informação à sociedade sobre escolhas administrativas que influenciam, direta ou indiretamente, a vida de todos. Daí por que se afirmar que a perspectiva da transparência proposta por Amartya Sen permite extrair o melhor dos pilares da eficiência, integridade e boa governança, assegurando legitimidade da Administração Pública, restando comprovada a relação direta das liberdades instrumentais das garantias de transparência e liberdade política, já que esta somente será adequadamente exercida em um regime democrático quando houver uma verdadeira transparência republicana.

Nesse sentido, senão, a existência de uma administração pública transparente, não corrupta e eficiente é requisito imprescindível para a efetivação de direitos sociais, tendo a Constituição da República de 1988 disciplinado como pilares da Administração Pública a eficiência, a probidade e a moralidade administrativa, deixando clara a aversão à corrupção, à lesão ao erário e à impunidade.

Dessa forma, conforme narrado no decorrer deste estudo, a compreensão da corrupção como uma forma de violação de direitos concebe uma mensagem tanto às vítimas da corrupção quanto aos seus coatores, isto é, que a aplicação vigorosa de medidas anticorrupção não é apenas possível, mas essencial para assegurar os demais direitos fundamentais explícitos e implícitos, condição esta de consolidação do desenvolvimento nacional sustentável, conforme a implementação de ferramentas que permitam uma maior participação na gestão da coisa pública, como é o caso de ferramentas tecnológicas que ampliam a transparência.

Assim, a temática central proposta neste estudo foi justamente a utilização de tecnologias para a ampliação da transparência e, por conseguinte, da confiança nas instituições, como mecanismo de combate à fraude e à corrupção nas contratações públicas. Sendo assim, a tecnologia de registros distribuídos, como é o caso da tecnologia *blockchain*, trata-se de um mecanismo que amplia a transparência, eis que facilita a expansão ordenada cronologicamente de registros transacionais, que são irrevogáveis e assinados criptograficamente, bem como compartilhados por todos os participantes em uma rede.

Conforme analisado no decorrer do capítulo terceiro, um dos elementos centrais da utilização da tecnologia *blockchain* no setor público é o seu potencial redutor de incertezas entre as partes, devendo ser respeitado o fato de que a sua utilização na Administração Pública não permite a total desintermediação de organizações, tampouco substitui por inteiro quaisquer sistemas de instituições públicas existentes envolvidos na prestação de serviços, sendo uma tecnologia que depende de insumos de sistemas centralizados ou de propriedade do governo, bem como da capacidade de configurar, aumentar e manter a colaboração entre muitos interessados diferentes.

Assim, partindo de uma análise descritiva, pode-se concluir que o uso da tecnologia *blockchain* em contratações públicas está justificado, inclusive no que diz respeito a sua necessidade e impacto (aumento de confiança, transparência e legitimidade), já que, diante das premissas apontadas e da avaliação da sua aplicabilidade, a partir do questionário e dos fatores críticos apontados pelo Tribunal de Contas da União, considerou-se que: **[1] há necessidade de múltiplas partes armazenarem informações em uma base de dados compartilhada**, já que são diversas as partes que participam de contratações públicas, quais sejam, Poder Público, licitantes, contratados, usuários dos objetos contratados e terceiros interessados, bem como há expresso direito de acesso à informação sobre todos os dados de uma contratação pública, inclusive a possibilidade, por exemplo, de cadastro de fornecedores de entidades e órgãos existentes em todo o país, restando demonstrada a utilidade de uma base de dados compartilhada; **[2] há dificuldade em utilizar uma terceira parte confiável *on-line* a todo momento,** considerando o ambiente de desconfiança generalizado no país, e que no âmbito das contratações públicas a mantenedora dos dados é a própria Administração Pública, muitas vezes corrompida no cenário de corrupção sistêmica apresentado neste estudo, e apenas uma das partes envolvidas na contratação, restando justificada, portanto, a dificuldade do controle exclusivo por apenas uma parte confiável; **[3] há dificuldade em decidir quem controla o banco de dados ou em qual local será armazenado,** eis que, indo ao encontro do item 2, pode-se afirmar que a dificuldade está inserida, justamente, na falta de confiança e transparência que hoje permeia os processos de contratação pública, especialmente pelo ambiente de corrupção sistêmica que se busca alterar com as novas tecnologias analisadas neste estudo; **[4] os** participantes da rede têm interesses conflitantes ou problemas de confiança, especialmente considerando a realidade de desconfiança generalizada no país e, sobretudo, da corrupção sistêmica no âmbito das contratações públicas, de modo que todas as partes interessadas no processo de contratação pública possuem problemas de confiança umas para com as outras, conforme relatado no decorrer deste estudo, o que ocorre nas três fases da contratação, aumentando, por conseguinte, a assimetria de informação bem como o conflito de interesses; [5] depois de armazenar os registros, os dados nunca são alterados ou excluídos no caso das contratações públicas, eis que, via de regra, depois de inseridas as informações em um processo de contratação, estas não deveriam ser alteradas, salvo em caso de diligências ou adequações de legalidade, mas tudo de acordo com a lei e regulamentos aplicáveis. Ocorre que, mais uma vez considerando a realidade de corrupção sistêmica, alguns dados são alterados mediante fraude e ilícitos de corrupção; [6] dados sensíveis serão raramente armazenados no livro-razão, eis que, via de regra, as informações de processos licitatórios e contratações públicas não são consideradas dados sensíveis, e, por sua natureza, são informações públicas, nos termos do artigo 7º, inciso IV, da Lei de Acesso à Informação, sendo assim, apenas em hipóteses excepcionais é que pode se considerar que dados sensíveis poderão fazer parte do cenário das contratações públicas; Por fim, [7] há necessidade crítica de armazenar o histórico das transações de forma imutável e inviolável, já que, considerando todo o externado no decorrer do capítulo 2, bem como nos itens anteriores, a necessidade existe justamente como uma tentativa de aumentar a confiança, transparência e, por consequência, a legitimidade dos processos de contratação pública.

Agora, não se olvida que para o seu sucesso deverá haver capacitação dos envolvidos; integração com os sistemas já existentes, especialmente em relação ao compartilhamento de dados já armazenados; implementação gradual, mediante utilização em compras recorrentes e menos complexas, em que todo o processo possa ser padronizado; colaboração entre diversos órgãos e entidades, inclusive em diversas esferas de poder e da federação, reduzindo a insegurança jurídica que paira sobre os processos de contratação pública, o que pode ser realizado criando-se uma estrutura de governança em rede. Da mesma forma, deve-se atentar para o tipo de *blockchain* a ser utilizado, considerando os problemas da utilização de plataformas *blockchain* integralmente públicas, devendo-se prezar pelas permissionadas ou privadas.

A tecnologia *blockchain*, portanto, pode ser uma alternativa para melhorias na prestação de contas e transparência nas contratações públicas, não se podendo esquecer, entretanto, que qualquer tecnologia só mitiga a corrupção até certo ponto, de modo que mudanças culturais, sociais e comportamentais são essenciais para superar práticas corruptas endêmicas.

REFERÊNCIAS

ANDRADE, Giulia; SCHIER, Adriana da Costa Ricardo. O papel da Administração Pública no fomento à inovação tecnológica: a Lei de Incentivos à Inovação e à Pesquisa Científica e Tecnológica do Município de Curitiba. *In:* SCHIER, Adriana da Costa Ricardo; GUIMARÃES, Edgar; VALLE, Vivian Lima López (Org.). *Passando a limpo a gestão pública*: arte, coragem e loucura. Curitiba: NCA – Comunicação e Editora, 2020, p. 12-35.

ABADI, Joseph; BRUNNERMEIER, Markus. Blockchain Economics. *National Bureau of Economic Research – NBER*. Cambridge, 2018. Disponível em: https://www.nber.org/system/files/working_papers/w25407/w25407.pdf. Acesso em: 14 dez. 2020.

ALLESSIE, David; SOBOLEWSKI, Maciej; VACCARI, Lorenzino. *Blockchain for digital government*. Luxembourg: Publications Office of the European Union, 2019.

ALMEIDA, Alberto Carlos. *A cabeça do brasileiro*. São Paulo: Record, 2007.

AMUNDSEN, Inge. *Political corruption*: an introduction to the issues. Bergen: Michelsen Institute, 1999.

ANTUNES ROCHA, Carmem Lúcia. Princípios constitucionais do processo administrativo no direito brasileiro. *Revista de informação legislativa*, v. 34, n. 136, p. 5-28, out./dez. 1997. Disponível em: http://www2.senado.leg.br/bdsf/handle/id/287 Acesso: 31 maio 2017.

ASSIS, José Carlos de. *A dupla face da corrupção*. Rio de Janeiro: Paz e Terra, 1984.

ATZORI, Marcella. *Blockchain Technology and Decentralized Governance*: Is the State Still Necessary? Disponível em: https://ssrn.com/abstract=2709713. Acesso em: 14 dez. 2020.

BACK, Adam; CORALLO, Matt; DASHJR, Luke *et al. Enabling Blockchain Innovations with Pegged*. Disponível em: https://pdfs.semanticscholar.org/1b23/cd2050 d5000c05e1da3c9997b308ad5b7903.pdf?_ga=2.76411733.151879753.1612896338-1347005117.1594730610. Acesso em: 14 de. 2020.

BARRETT, Richard. *Building a values-driven organization*: a whole system approach to cultural transformation. Oxford: Elsevier, 2006. Disponível em: http://shora.tabriz.ir/Uploads/83/cms/user/File/657/E_Book/Economics/Building%20a%20Values-Driven.pdf. Acesso em: 12 dez. 2020.

BARROSO, Luís Roberto. *Curso de direito constitucional contemporâneo*: os conceitos fundamentais e a construção do novo modelo. 2. ed. São Paulo: Saraiva, 2010.

BERTOCCELLI, Rodrigo de Pinho. Compliance. *In:* CARVALHO, André Castro; ALVIM, Tiago Cripa; BERTOCELLI, Rodrigo de Pinho; VENTURINI, Otávio. *Manual de Compliance*. Rio de Janeiro: Forense, 2019.

BETHELL, Leslie. *A abolição do tráfico de escravos no Brasil, 1807-1869*. Rio de Janeiro: Expressão Cultural, 1976.

BITCOINADVISER. *Blockchain*: La revolución descentralizada. 1Millionxbtc, 2019.

BLANCHET, Luiz Aberto. *Roteiro prático das licitações*. Curitiba: Juruá, 2009.

BLANCHET, Luiz Alberto. Ineficiência, corrupção e seus efeitos sobre o empreendedorismo e sobre o desenvolvimento. *In:* BLANCHET, Luiz Alberto; HACHEM, Daniel Wunder; SANTANO, Ana Claudia (Coord.). *Eficiência e Ética na Administração Pública*: Anais do Seminário Internacional realizado no Programa de Pós-Graduação em Direito da Pontifícia Universidade Católica do Paraná. Curitiba: Íthala, 2015.

BOBBIO, Norberto; MATTEUCCI, Nicola; PASQUINO, Gianfranco. *Dicionário de Política*. 5. ed. Brasília: Universidade de Brasília, 2000.

BOBBIO, Norberto. *Liberalismo e Democracia*. 4ª reimp. 6. ed. Tradução Marco Aurélio Nogueira. São Paulo: Brasiliense, 2000.

BOBBIO, Norberto. *O Futuro da democracia*. Rio de Janeiro: Paz e Terra, 1986.

BOFF, Leonardo. *Corrupção*: crime contra a sociedade. Disponível em: http://www.ihu. unisinos.br/172-noticias/noticias-2012/508498-corrupcaocrimecontraasociedade. Acesso em: 10 jun. 2020.

BRASIL. *Guia da Política de Governança Pública*. Brasília: Casa Civil da Presidência da República, 2018. Disponível em: https://www.gov.br/casacivil/pt-br/centrais-de-conteudo/downloads/guia-da-politica-de-governanca-publica. Acesso em: 2 jun. 2020.

BRASIL. *Lei de Licitações e Contratos Administrativos*. Lei nº 14.133, de 1º de abril de 2021. DOU de 1º.4.2021 – Edição extra-F. Disponível em: http://www.planalto.gov.br/ccivil_03/_ato2019-2022/2021/lei/L14133.htm. Acesso em: 4 abr. 2021.

BRASIL. Tribunal de Contas da União. *Levantamento da tecnologia blockchain*. Relator Ministro Aroldo Cedraz. Brasília: TCU, Secretaria das Sessões (Seses), 2020.

BREKKE, Jaya Klara. *Disassembling the Trust Machine:* Three cuts on the political matter of blockchain. 2019. 237f. Tese (doutorado em geografia) – Geography Department, Durham University, Inglaterra, 2019. p. 165. Disponível em: http://distributingchains. info/wp-content/uploads/2019/06/DisassemblingTrustMachine_Brekke2019.pdf. Acesso em: 14 dez. 2020.

BUENO, Eduardo. *A coroa, a cruz e a espada*: lei, ordem e corrupção no Brasil Colônia. Rio de Janeiro: Objetiva, 2006.

BUTERIN, Vitalik. On Public and Private Blockchains. *Ethereum Blog*. Disponível em: https://blog.ethereum.org/2015/08/07/on-public-and-private-blockchains/. Acesso em: 14 dez. 2020.

CANETTI, Rafaela; MENDONÇA, José. Corrupção para além da punição: aportes da economia comportamental. *Revista de Direito Econômico e Socioambiental*, Curitiba, v. 10, n. 1, p. 104-125, jan./abr. 2019. DOI: 10.7213/rev.dir.econ.soc.v10i1.19003.

REFERÊNCIAS | 165

CARRIERE-SWALLOW, Yan; HAKSAR, Vikram. *The economics and implications of data*: an integrated perspective. Washington, DC: International Monetary Fund – IMF, 2019. Disponível em: https://www.imf.org/en/Publications/Departmental-Papers-Policy-Papers/Issues/2019/09/20/The-Economics-and-Implications-of-Data-An-Integrated-Perspective-48596. Acesso em: 2 jun. 2020.

CASTELLS, Manuel. A era da informação: economia, sociedade e cultura. *In:* CASTELLS, Manuel. *A Sociedade em rede*. v. 1. 6. ed. São Paulo: Paz e Terra, 2000.

CASTELLS, Manuel. *A Galáxia da Internet*: reflexões sobre a Internet, os negócios e a sociedade. Rio de Janeiro: Jorge Zahar Editor, 2003.

CASTRO, Rodrigo Pironti Aguirre de; ZILIOTTO, Mirela Miró. O Novo CPC e a motivação como dever de todos os sujeitos processuais: uma análise do dever de boa-fé e do princípio da colaboração. *Interesse Público – IP*, Belo Horizonte, ano 19, n. 105, p. 65-84, set./out. 2017.

CERTIK. *The Blockchain Trilemma*: Decentralized, Scalable, and Secure? Disponível em: https://medium.com/certik/the-blockchain-trilemma-decentralized-scalable-and-secure-e9d8c41a87b3. Acesso em 14. dez. 2020.

CLAYTON, Mona. Entendendo os desafios de *Compliance* no Brasil: um olhar estrangeiro sobre a evolução do *compliance* anticorrupção em um país emergente. *In:* DEBBIO, Alessandra Del; MAEDA, Bruno Carneiro; AYRES, Carlos Henrique (Coord.). *Temas de Anticorrupção e Compliance*. Rio de Janeiro: Elsevier, 2013. p. 152.

CLÈVE, Clèmerson Merlin. O cidadão, a administração pública e a nova constituição. *Revista de Informação Legislativa*, Brasília, ano 27, n. 106, p. 82-83, abr./jun. 1990.

COINDESK, 2016. *Understanding The DAO Attack*, 25 June. Disponível em: https://www.coindesk.com/understanding-dao-hack-journalist. Acesso em: 14 dez. 2020.

COSTA, Helena Regina Lobo da. Corrupção na História do Brasil: reflexões sobre sua origem no período colonial. *In:* DEBBIO, Alessandra Del; MAEDA, Bruno Carneiro; AYRES, Carlos Henrique (Coord.). *Temas de Anticorrupção e Compliance*. Rio de Janeiro: Elsevier, 2013.

COUTINHO, Clara; LISBÔA, Eliana. Sociedade da informação, do conhecimento e da aprendizagem: desafios para educação no século XXI. *Revista de Educação*, Lisboa, vol. XVIII, n. 1, 2011. Disponível em: http://revista.educ.ie.ulisboa.pt/arquivo/vol_XVIII_1/artigo1.pdf. Acesso em: 2 maio 2020.

COUTO E SILVA, Almiro do. O Princípio da Segurança Jurídica (Proteção à Confiança) no Direito Público Brasileiro e o Direito da Administração Pública de Anular seus Próprios Atos Administrativos: o prazo decadencial do art. 54 da lei do processo administrativo da União (Lei nº 9.784/99). *Revista Eletrônica de Direito do Estado*, Salvador, Instituto de Direito Público da Bahia, n. 2, abr./maio/jun. 2005. Disponível em: http://www.direitodoestado.com.br. Acesso em: 15 maio 2017.

COWART, Tammy; SCHULZKE, Kurt; JACKSON, Sherry. Carrots and Sticks of Whistleblowing: What Classification Trees Say About False Claims Act Lawsuits. Accounting, Finance & Business Law Faculty Publications and Presentations, paper 6, 2019, p. 27. Disponível em: http://hdl.handle.net/10950/1869. Acesso em: 2 jun. 2020.

CRESPO, Antônio Pedro Albernaz; GUROVITZ, Elaine. A pobreza como um fenômeno multidimensional. *RAE eléctron*, São Paulo, v. 1, n. 2, p. 1-12, dez. 2002. Disponível em: http://www.scielo.br/scielo.php?script=sci_arttext&pid=S167656482002000200003&lng=pt&nrm=iso. Acesso em: 30 jul. 2020.

CRISTÓVAM, José Sérgio da Silva. O Estado Democrático de Direito como princípio estruturante do regime jurídico-administrativo. *In:* MOTTA, Fabrício; GABARDO, Emerson (Coord.). *Limites do controle da administração pública no Estado de Direito*. Curitiba: Íthala, 2019.

CUNHA, Daniele Estivalete; MOURA, Gilnei Luiz de; RIZZETTI, Daniele Medianeira; TEIXEIRA, Emidio Gressler. A influência dos valores organizacionais no comportamento estratégico: Um estudo das empresas do setor hoteleiro da região turística das Hortênsias/RS. *Espacios*, vol. 37, n. 28, p. 19, 2016. Disponível em: https://www.revistaespacios.com/a16v37n28/16372819.html. Acesso em: 12 dez. 2019.

DIAMANDIS, Peter; KOTLER, Steven. *The future is faster than you think*: how converging technologies are transforming business, industries, and our lives. New Yorl: Simon & Schuster, 2020.

DOCEVSKI, Boban. *The Rai Stones*: Huge stone wheels used as currency on the island of Yap. Disponível em: https://www.thevintagenews.com/2016/09/15/rai-stones-huge-stone-wheels-used-currency-island-yap/. Acesso em: 20 dez. 2020.

DUARTE JR., Ricardo C. F. *Liberdades políticas e internet*: uma relação essencial para o desenvolvimento a partir da teoria de Amartya Sen. Disponível em: http://www.publicadireito.com.br/artigos/?cod=79514e888b8f2aca. Acesso em: 30 jul. 2020.

EFING, Antônio Carlos; KIAME, Eduarda Alencar M. O direito ao esquecimento no armazenamento de dados: análise comparada entre o direito europeu e o direito brasileiro. *Revista Jurídica Luso-Brasileira*, Lisboa, ano 6, n. 1, p. 1-21, 2020.

ESTRATÉGIA NACIONAL DE COMBATE À CORRUPÇÃO E À LAVAGEM DE DINHEIRO (ENCCLA). *Integridade nas compras públicas*, 2019. Disponível em: http://enccla.camara.leg.br/acoes/arquivos/resultados-enccla-2019/cartilhaintegridadecompraspublicas/view. Acesso em: 2 jun. 2020.

EURASIANET. *Georgia*: Authorities Use Blockchain Technology for Developing Land Registry. Disponível em: https://eurasianet.org/georgia-authorities-use-blockchain-technology-developing-land-registry. Acesso em: 14 dez. 2020.

FAORO, Raymundo. *Os donos do poder*. Rio de Janeiro: Globo, 1987.

FERNÁNDEZ, Tomás-Ramón; GARCÍA DE ENTERRÍA, Eduardo. *Curso de derecho administrativo*. 6. ed. Madrid: Civitas, 1999. v. 2.

REFERÊNCIAS | 167

FERRAZ, Leonardo Araújo. A transparência como ferramenta da legitimação do agir estatal por meio do impulsionamento da eficiência e integridade governamentais. *In:* ZENKNER, Marcelo; CASTRO, Rodrigo Pironti Aguirre de (Coord.). *Compliance no setor público*. Belo Horizonte: Fórum, 2020.

FERRAZ, Leonardo de Araújo. A transparência como ferramenta de legitimação do agir estatal por meio do impulsionamento da eficiência e integridade governamentais. *In:* ZENKNER, Marcelo; CASTRO, Rodrigo Pironti Aguirre de (Coord.). *Compliance no setor público*. Belo Horizonte: Fórum, 2020.

FERREIRA, Sérgio de Andrea. Moralidade e probidade administrativas. *In:* PONTES FILHO, Valmir; MOTTA, Fabrício; GABARDO, Emerson (Coord.). *Administração Pública*: desafios para transparência, probidade e desenvolvimento. XXIX Congresso Brasileiro de Direito Administrativo. Belo Horizonte: Fórum, 2017.

FOCKINK, Caroline. Os efeitos negativos da corrupção nas instituições públicas e no regime democrático. *Revista de Direitos Fundamentais & Democracia*, Curitiba, v. 24, n. 3, p. 181-210, set./dez. 2019.

FORTINI, Cristiana; MOTTA, Fabrício. Corrupção nas licitações e contratações públicas: sinais de alerta segundo a Transparência Internacional. *A&C – Revista de Direito Administrativo & Constitucional*, Belo Horizonte, ano 16, n. 64, p. 93-113, abr./jun. 2016.

FREITAS, Juarez. *Discricionariedade administrativa e o direito fundamental à boa administração pública*. São Paulo: Malheiros Editores, 2007.

FREITAS, Juarez. *O controle dos atos administrativos e os princípios fundamentais*. 5. ed. rev. e ampl. São Paulo: Malheiros Editores, 2013.

FREITAS, Juarez. *Sustentabilidade*: direito ao futuro. 2. ed. Belo Horizonte: Fórum, 2012.

FREITAS, Juarez. *Sustentabilidade*. direito ao futuro. 4. ed. Belo Horizonte: Fórum. 2019.

FRISCHTAK, Cláudio; MOURÃO, João. *O estoque de capital de infraestrutura no Brasil*: uma abordagem setorial. Disponível em: https://epge.fgv.br/conferencias/modernizacao-da-infraestrutura-brasileira-2017/files/estoque-de-capital-setorial-em-infra-brasil-22-08-2017.pdf. Acesso em: 2 jun. 2020.

GABARDO, Emerson. *Eficiência e legitimidade do Estado*: uma análise das estruturas simbólicas do direito político. Barueri: Manole, 2003.

GADAMER, Hans-Georg. *Verdade e método*. 8. ed., v. I. Petrópolis: Vozes, 2007.

GARSCHAGEN, BRUNO. *Pare de acreditar no governo*: Por que os brasileiros não confiam nos políticos e amam o Estado? 8. ed. Rio de Janeiro: Record, 2016.

GODINHO, Thiago José Zanini. Contribuições do direito internacional ao combate à corrupção. *Revista da Faculdade de Direito da Universidade Federal de Minas Gerais*, Belo Horizonte, n. 58, p. 347- 386, jan./jun. 2001.

GOTO, Reynaldo. O combate à corrupção sob a ótica dos objetivos de desenvolvimento sustentável. *In:* PAULA, Marco Aurélio Borges de; CASTRO, Rodrigo Pironti Aguirre de. (Coord.). *Compliance, gestão de riscos e combate à corrupção:* integridade para o desenvolvimento. Belo Horizonte: Fórum, 2018.

GUIMARÃES, Fernando Vernalha; REQUI, Érica Miranda dos Santos. Exigência de programa de integridade nas licitações. *In:* PAULA, Marco Aurélio Borges de; CASTRO, Rodrigo Pironti Aguirre de (Org.). *Compliance, gestão de riscos e combate à corrupção.* Belo Horizonte: Fórum, 2018.

HACHEM, Daniel Wunder. A noção constitucional de desenvolvimento para além do viés econômico: reflexos sobre algumas tendências do Direito Público brasileiro. *Revista de Direito Administrativo & Constitucional – A&C,* Belo Horizonte, ano 13, n. 53, p. 133-168, jul./set. 2013. p. 150.

HARARI, Yuval Noah. *Na batalha contra o coronavírus, faltam líderes à humanidade.* Trad. Odorico Leal. São Paulo: Companhia das Letras, 2020.

JAYACHANDRAN, Praveen. *The difference between public and private blockchain.* Disponível em: https://www.ibm.com/blogs/blockchain/2017/05/the-difference-between-public-and-private-blockchain/. Acesso em: 14 jul. 2020.

JUSTEN FILHO, Marçal. *Comentários à Lei de Licitações e Contratos Administrativos.* 17. ed. rev., atual. e ampl. São Paulo: Revista dos Tribunais, 2016.

KOOPS, Bert-Jaap. Forgetting footprints, shunning shadow. A critical analysis of the "right to be forgotten" in big data practice. *Scripted,* vol. 8, n. 3, p. 229-256, dez. 2011. Disponível em: https://script-ed.org/article/forgetting-footprints-shunning-shadows/. Acesso em: 2 maio 2020.

LAFER, Celso. *A reconstrução dos direitos humanos:* um diálogo com o pensamento de Hannah Arendt. 7. reimp. São Paulo: Companhia das Letras, 2009.

LARENZ, Karl. *Derecho justo:* fundamentos de ética jurídica. Tradução e Apresentação de Luiz Diez-Picazo. Madrid: Civitas, 2001.

LEAL, Rogério Gesta. Os descaminhos da corrupção e seus impactos sociais e institucionais: causas, consequências e tratamentos. *Interesse Público – IP,* Belo Horizonte, ano 14, n. 74, jul./ago. 2012. Disponível em: http://www.bidforum.com.br/bid/PDI0006.aspx?pdiCntd=81184. Acesso em: 20 dez. 2020.

LEAL, Rogério Gesta. Controle social e deliberação pública no combate à corrupção: alguns fundamentos políticos e filosóficos. *In:* PONTES FILHO, Valmir; MOTTA, Fabrício; GABARDO, Emerson (Coord.). *Administração Pública:* desafios para transparência, probidade e desenvolvimento. XXIX Congresso Brasileiro de Direito Administrativo. Belo Horizonte: Fórum, 2017.

LIMBERGER, Têmis; KOSSMANN, Edson Luís. O princípio constitucional da eficiência ante o Estado (in)suficiente. *Revista de direito administrativo – RDA,* Rio de Janeiro, v. 273, p. 287-311, set./dez. 2016.

LOJKINE, Jean. *A revolução informacional.* São Paulo: Editora Cortez, 2002.

MÂNICA, Fernando; MENEGAT, Fernando. Transparência nas parcerias com o terceiro setor: inovações da Lei n. 13.019/14 e deveres decorrentes da Lei n. 13.460/17. *In:* LIBÓRIO, Daniela; GUIMARÃES, Edgar; GABARDO, Emerson (Org.). *Eficiência e Ética no Direito Administrativo.* Curitiba: Íthala, 2017.

MÂNICA, Fernando Borges. *Compliance* no setor da saúde. *In:* NOHARA, Irene; PEREIRA, Fábio Leão Bastos (Coord.). *Governança, Compliance e Cidadania.* São Paulo: Thomson Reuters, 2019.

MEHTA, Neel; AGASHE, Aditya; DETROJA, Parth. *Bubble or Revolution?* The present and the future of blockchain and cryptocurrencies. 2. ed. Paravane Ventures, 2020.

MELLO, Celso Antônio Bandeira de. *Curso de Direito Administrativo.* 31. ed. rev. e atual. São Paulo: Malheiros Editores, 2009.

MENDES, Renato Geraldo. *O Processo de contratação pública:* fases, etapas e atos. Curitiba: Zênite, 2012.

MESGRAVIS, Laima. *História do Brasil Colônia.* São Paulo: Contexto, 2015.

MODESTO, Paulo. Notas para um debate sobre o princípio da eficiência. *Jus Navegandi,* Teresina, ano 5, n. 48, dez. 2000.

MOHAN, Geoffrey. *Walmart to salad growers:* If you want to sell, you have to blockchain. Chicago Tribune, 2018. Disponível em: https://www.chicagotribune.com/business/ct-biz-walmart-salad-growers-blockchain-20180925-story,amp.html. Acesso em: 14 dez. 2020.

MOLINA, José Molina. *Por qué la transparencia.* Pamplona: Thomson Reuters, 2015.

MOREIRA NETO, Diogo de Figueiredo; FREITAS, Rafael Véras de. A juridicidade da Lei Anticorrupção – Reflexões e interpretações prospectivas. *Revista Fórum Administrativo,* Belo Horizonte, v. 14, n. 156, fev. 2014. Disponível em: http://www.editoraforum. com.br/wp-content/uploads/2014/01/ART_Diogo-Figueiredo-Moreira-Neto-et-al_Lei-Anticorrupcao.pdf. Acesso em: 10 nov. 2018.

MOREIRA, Egon Bockmann; GUIMARÃES, Fernando Vernalha. *Licitação Pública.* São Paulo: Malheiros, 2012.

MOREIRA, Egon Bockmann. *Processo Administrativo:* Princípios Constitucionais e a Lei 9.784/1999. 4. ed. São Paulo: Editora Malheiros, 2010.

MOTTA, Fabrício. Notas sobre publicidade e transparência na Lei de Responsabilidade Fiscal no Brasil. *Revista de Direito Administrativo & Constitucional – A&C,* Belo Horizonte, ano 7, n. 30, p. 91-108, out./dez. 2007. Disponível em: http://www.revistaaec.com/index. php/revistaaec/article/viewFile/638/465. Acesso em: 2 jun. 2020.

MOTTA, Fabrício. *Publicidade e transparência são conceitos complementares.* Disponível em: https://www.conjur.com.br/2018-fev-01/interesse-publico-publicidade-transparencia-sao-conceitos-complementares. Acesso em: 2 jun. 2020.

MURRAY, Matthew; SPALDING, Andrew. *Freedom from Official Corruption as a Human Right.* Disponível em: https://www.brookings.edu/wp-content/uploads/2016/06/Murray-and-Spalding_v06.pdf. Acesso em: 29 jan. 2020.

NAKAMOTO, Satoshi. *Bitcoin:* A Peer-to-Peer Electronic Cash System. 2008. Disponível em: www.bitcoin.org. Acesso em: 2 dez. 2019.

NOHARA, Irene Patrícia. *Reforma administrativa e burocracia:* impacto da eficiência na configuração do direito administrativo brasileiro. São Paulo: Atlas, 2012.

NOHARA, Irene Patrícia. *Fundamentos de Direito Público.* São Paulo: Atlas, 2016.

NOHARA, Irene. Desafios de inovação na Administração Pública Contemporânea: "destruição criadora" ou "inovação destruidora" do Direito Administrativo. *In:* PONTES FILHO, Valmir; MOTTA, Fabrício; GABARDO, Emerson (Coord.). *Administração Pública:* desafios para transparência, probidade e desenvolvimento. XXIX Congresso Brasileiro de Direito Administrativo. Belo Horizonte: Fórum, 2017.

OCDE. *Seminário OCDE-CADE sobre Licitação Pública e Colusão.* Disponível em: https://www.oecd.org/brazil/seminario-ocde-cade-sobre-licitacao-publica-e-colusao-discurso-de-abertura.htm Acesso em: 20 dez. 2019.

OLIVEIRA, Gustavo Justino de. Administração pública democrática e efetivação dos direitos fundamentais. *Revista Prismas:* Dir., Pol. Publ. e Mundial., Brasília, v. 5, n. 1, p. 83-105, jan./jun. 2008 Disponível em: https://publicacoes.uniceub.br/prisma/article/viewFile/569/494. Acesso em: 20 jun. 2020.

OLIVEIRA, Gustavo Justino de. Participação administrativa. *Revista de Direito Administrativo e Constitucional – A&C,* Belo Horizonte, ano 5, n. 20, p. 167-194, abr./jun. 2005.

OLIVEIRA, Gustavo Justino; SCHIEFLER, Gustavo Henrique Carvalho. *Contratação de Serviços Técnicos por Inexigibilidade de Licitação.* Curitiba: Zênite, 2015.

ONU. *ONU News,* 9 dez. 2018. Disponível em: https://news.un.org/pt/story/2018/12/1651051. Acesso em: 9 dez. 2018.

PACTO GLOBAL. Rede Brasil. Objetivos de Desenvolvimento Sustentáveis – ODS. Disponível em: https://www.pactoglobal.org.br/ods. Acesso em: 20 jun. 2021.

PALMA, Luis María. Modernización judicial, gestión y administración en América Latina. *Acta sociológica,* n. 72, jan./abr., 2017, p. 151. Disponível em: https://reader.elsevier.com/reader/sd/pii/S018660281730035X?token=A2A726A6ADECAB2B7A31324667BC44B5AD0F9F3569645957184A411CF9ED930E8F19CF735EF527A4BAE5CA3EED527ECD. Acesso em: 20 dez. 2020.

PALMA, Luis María. Administração e Gestão Judiciária em um Mundo Globalizado. *In:* BLANCHET, Luis Alberto; HACHEM, Daniel Wunder; SANTANO, Ana Claudia (Org.). *Estado, Direito & Políticas Públicas:* Homenagem ao Professor Romeu Felipe Bacellar Filho. Curitiba: Editora Ithala, 2014. p. 40.

PARISE, Elaine Martins. Direito fundamental ao governo probo: a transparência dos atos administrativos e a efetiva participação popular na Administração Pública. *In:* ALMEIDA, Gregório Assagra de (Coord.). *Coleção Direitos Fundamentais e acesso à justiça no estado constitucional de direito em crise.* Belo Horizonte: Editora D'Plácido, 2018.

REFERÊNCIAS | 171

PARISI, Nicoletta. The institutionalization of strategies to prevent corruption: the international and European model. *Revista Brasileira de Estudos Políticos*, Belo Horizonte, n. 119, p. 397-447, jul./dez. 2019.

PARRISH, Kevin. *Hackers seize Atlanta's network system, demand $51,000 in Bitcoin as ransom.* Disponível em: https://www.digitaltrends.com/computing/atlanta-network-hostage-ransomware-bitcoins/. Acesso em: 14 dez. 2020.

PÉRCIO, Gabriela Verona. Contratação de soluções inovadoras para o atendimento de demandas administrativas: um caminho à luz do ordenamento jurídico vigente. *In:* FORTINI, Cristiana; PERCIO, Gabriela Verona (Coord.) *Inteligência e inovação em contratação pública.* Belo Horizonte: Fórum, 2021.

PETERS, Gareth; PANAYI, Efstathios. *Understanding Modern Banking Ledgers Through Blockchain Technologies:* Future of Transaction Processing and Smart Contracts on the Internet of Money. Disponível em: https://ssrn.com/abstract=2692487. Acesso em: 14 dez. 2020.

PINHEIRO, Maurício Mota Saboya. As liberdades humanas como bases do desenvolvimento: uma análise conceitual da abordagem das capacidades humanas de Amartya Sen. *Instituto de Pesquisa Econômica Aplicada.* Brasília: Ipea, 2012. p. 16. Disponível em: http://repositorio. ipea.gov.br/bitstream/11058/989/1/TD_1794.pdf. Acesso em: 30 jul. 2020.

PIOVESAN, Flávia; GONZAGA, Victoriana Leonora Corte. Combate à corrupção e ordem constitucional: desafios e perspectivas para o fortalecimento do Estado democrático de direito. *Revista dos Tribunais*, São Paulo, v. 967, p. 21-38, maio 2016.

PIRONTI, Rodrigo; ZILIOTTO, Mirela. *Compliance nas contratações públicas:* exigência e critérios normativos. Belo Horizonte: Fórum, 2019.

PIRONTI, Rodrigo; ZILIOTTO, Mirela. Contratação de Programas de Integridade e *Compliance* pela Administração Pública Direta e a equivocada escolha pela modalidade do pregão. *In:* ZENKNER, Marcelo; PIRONTI, Rodrigo (Coord.). *Compliance no setor público.* Belo Horizonte: Fórum, 2020.

PLATAFORMA AGENDA 2030. Os 17 Objetivos de Desenvolvimento Sustentável. Disponível em http://www.agenda2030.com.br/ods/9/. Acesso: 20 jun. 2020.

RAVLIN, Elizabeth. Valores. *In:* COOPER, Cary L.; ARGYRIS, Chris (Org.). *Dicionário enciclopédico de administração.* São Paulo: Atlas, 2003.

RAYCRAFT, Rachel Davidson; LANNQUIST, Ashley. Estudo sugere uso de blockchain contra corrupção em contratos públicos. *Opinião.* Disponível em: https://www1.folha. uol.com.br/cotidiano/2020/06/estudo-sugere-uso-de-blockchain-contra-corrupcao-em-contratos-publicos.shtml. Acesso em: 20 dez. 2020.

RESENDE, André Lara. Corrupção e capital cívico. *Valor Econômico*, São Paulo, 31 jul. 2015.

REYNA, Justo; GABARDO, Emerson; SANTOS, Fábio S. Electronic Government, Digital Invisibility and Fundamental Social Rights. *Revista Sequuência*, Florianópolis, n. 85, p. 30-50, ago. 2020. p. 34-35. Disponível em: https://www.scielo.br/j/seq/a/YCv8TN5KHb k5ZsntDsygGcr/?format=pdf&lang=en. Acesso em: 24 jun. 2021.

RIBEIRO, Renato Janine. *A sociedade contra o social:* o alto custo da vida pública no Brasil. São Paulo: Companhia das Letras, 2000.

ROGERS, Adam. *The Hard Math Behind Bitcoin's Global Warming Problem.* Disponível em: https://www.wired.com/story/bitcoin-global-warming/. Acesso: 14 dez. 2020.

ROHR, Altieres. Google "fora do ar": por que você deve se preparar para quedas em serviços on-line. *Blog do Altieres Rohr.* Disponível em: https://g1.globo.com/economia/tecnologia/blog/altieres-rohr/post/2020/12/14/google-fora-do-ar-por-que-voce-deve-se-preparar-para-quedas-em-servicos-on-line.ghtml. Acesso em: 14 dez. 2020.

ROSE-ACKERMAN, Susan; PALIFKA, Bonnie J. *Corruption and government:* causes, consequences and reform. 2. ed. New York: Cambridge University Press, 2016.

SALGADO, Eneida Desiree; VIOLIN, Tarso Cabral. Transparência e acesso à informação: o caminho para a garantia da ética na administração pública. *In:* BLANCHET, Luiz Alberto; HACHEM, Daniel Wunder; SANTANO, Ana Claudia (Coord.). *Eficiência e Ética na Administração Pública*: Anais do Seminário Internacional realizado no Programa de Pós-Graduação em Direito da Pontifícia Universidade Católica do Paraná. Curitiba: Íthala, 2015.

SANTANO, Ana Claudia. A publicidade, a transparência e a accountability no desenvolvimento de políticas públicas e no combate à corrupção: uma aproximação conceitual. *In:* BLANCHET, Luiz Alberto; HACHEM, Daniel Wunder; SANTANO, Ana Claudia (Coord.). *Eficiência e Ética na Administração Pública*: Anais do Seminário Internacional realizado no Programa de Pós-Graduação em Direito da Pontifícia Universidade Católica do Paraná. Curitiba: Íthala, 2015.

SANTOS, Anderlany Aragão dos; SILVA, Amanda Stefanie Sérgio da; ROZENDO, Cimone. Libertar para desenvolver: os grandes empreendimentos e o "desenvolvimento" na comunidade tradicional do Cumbe, Ceará, Brasil. *Revista Desenvolvimento e Meio Ambiente – DEMA*, Curitiba, v. 45, p. 22-41, abril 2018.

SANTOS, Franklin Brasil; SOUZA, Kleberson Roberto. *Como combater a corrupção em licitações:* detecção e prevenção de fraudes. 3. ed. rev., ampl. e atual. Belo Horizonte: Fórum, 2020.

SARLET, Ingo Wolfgang. A Eficácia do Direito Fundamental à Segurança Jurídica: Dignidade da Pessoa Humana, Direitos Fundamentais e Proibição de Retrocesso Social no Direito Constitucional Brasileiro. *Revista Brasileira de Direito Público – RBDP*, Belo Horizonte, ano 3, n. 11, p. 111-156, out./dez. 2005.

SCHIER, Adriana da Costa Ricardo; ZILIOTTO, Mirela Miró. Objetivos de Desenvolvimento Sustentável: os impactos do combate à corrupção para afirmação da Agenda 2030 da ONU à luz da Teoria do Desenvolvimento como Liberdade de Amartya Sen. *Revista Brasileira de Estudos Políticos – RBEP*, Belo Horizonte, n. 121, p. 3-48, jul./dez. 2020.

SCHIER, Adriana da Costa Ricardo. *Fomento:* administração pública, direitos fundamentais e desenvolvimento. Curitiba: Íthala, 2019.

REFERÊNCIAS | 173

SCHUMPETER, Joseph Alois. *A teoria do desenvolvimento econômico:* uma investigação sobre lucro, capital, crédito, juro e o ciclo econômico. Rio de Janeiro: Nova Cultural, 1982.

SEN, Amartya. *Development as freedom.* New York: Knoph, 2000.

SEN, Amartya. *On ethics and economics.* Cap. 1. Tradução de Regis de Castro Andrade. Oxford: Blackwell, 1987. Disponível: https://www.scielo.br/scielo.php?script=sci_arttext&pid=S0102-64451992000100005. Acesso em: 20 dez. 2020.

SEN, Amartya. Economics, Law and Ethics. *In:* GOTOH, Reiko; DUMOUCHEL, Paul (Ed). *Against injustice:* the new Economics of Amartya Sen. Cambridge: Cambridge University Press, 2009.

SEN, Amartya. *Inequality reexamined.* Oxford: Oxford University Press, 1992.

SEN, Amartya. Well-being, agency and freedom: the Dewey lectures 1984. *The Journal of Philosophy,* v. 82, n. 4, p. 169-221, abr. 1985. p. 203.

SENNA, Gustavo. Combate à má governança e à corrupção: uma questão de direitos fundamentais e direitos humanos. *In:* ALMEIDA, Gregório Assagra de (Coord.). *Coleção Direitos Fundamentais e acesso à justiça no estado constitucional de direito em crise.* Belo Horizonte: D'Plácido, 2018.

SILVA, Hélio; CARNEIRO, Maria Cecília Ribas. *História da República Brasileira:* Desenvolvimento e Democracia – 1956-1960. São Paulo: Três Letras, 1998.

SILVA, Hélio; CARNEIRO, Maria Cecília Ribas. *História da República Brasileira:* O suicídio de Getúlio Vargas – 1951/1954. São Paulo: Três Letras, 1998.

SILVA, Hélio; CARNEIRO, Maria Cecília Ribas. *História da República Brasileira:* A renúncia de Jânio – 1961. São Paulo: Três Letras, 1998.

SMITH, Adam. *The theory of moral sentiments.* Cambridge: Cambridge University Press, 1970, p. 143. Disponível em: http://assets.cambridge.org/97805215/91508/sample/9780521591508ws.pdf. Acesso em: 20 dez. 2020.

SMITH, Mark. *Blockchain:* conociendo la revolución del blockchain y la tecnologia detrás de su estructura. 2016.

SOL. *Conheça o SOL.* Disponível em: https://www.sol-app.net. Acesso em: 20 dez. 2020.

SOL. *Governança.* Disponível em: https://github.com/SolucaoOnlineDeLicitacao/Governanca/wiki/Manuais-SOL. Acesso em: 20 dez. 2020.

SOL. *O que é.* Disponível em: https://www.sol-app.net/sol-o-que-e. Acesso em: 20 dez. 2020.

SOL. *Principais funcionalidades do SOL.* Disponível em: https://www.sol-app.net. Acesso em: 20 dez. 2020.

SOL. *Tecnologia.* Disponível em: https://www.sol-app.net/tecnologia. Acesso em: 20 dez. 2020.

SUPREMO TRIBUNAL FEDERAL. Tribunal Pleno. *Ação Direta de Inconstitucionalidade – ADI/MC nº 3.540-DF*. Relator: Ministro Celso de Mello. DJ: 01 set. 2005. Disponível em: http://redir.stf.jus.br/paginadorpub/paginador.jsp?docTP=AC&docID=387260. Acesso em: 20 dez. 2020.

SWAN, Melany. *Blockchain:* Blueprint for a New Economy. Sebastopol: O'Reilly, 2015.

TAPSCOTT, Don. *The Blockchain Revolution*. Disponível em: https://www.mckinsey.com/industries/technology-media-and-telecommunications/our-insights/how-blockchains-could-change-the-world. Acesso em: 14 dez. 2020.

TCU. *Relatório FISCOBRAS 2019*. Disponível em: https://portal.tcu.gov.br/biblioteca-digital/fiscobras-2019.htm. Acesso em: 2 jun. 2020.

THE Social Dilemma. Direção: Jeff Orlowski. Produção: Larissa Rhodes. Netflix, 2020.

TOMAZ, Carlos Alberto Simões de; CALDAS, Roberto Correia da Silva Gomes. A cooriginariedade entre o direito e a moral e a conformação da moralidade administrativa no sistema jurídico brasileiro. *Revista Brasileira de Estudos Políticos*, Belo Horizonte, n. 117, p. 159-191, jul./dez. 2018.

TRANSPARÊNCIA INTERNACIONAL – TI. *Sobre a Transparência Internacional*. Disponível em: https://transparenciainternacional.org.br/quem-somos/sobre-a-ti/. Acesso em: 20 jan. 2019.

TRANSPARÊNCIA INTERNACIONAL. *What is corruption*. Disponível em: https://www.transparency.org/what-is-corruption#define. Acesso em: 12 dez. 2019.

TRANSPARENCY INTERNATIONAL. *Procuring for life*. Disponível em: https://www.transparency.org/en/news/procuring-for-life#. Acesso em: 30 jul. 2020.

UK. *Distributed Ledger Technology: beyond block chain*. A report by the UK Government Chief Scientifc Adviser. Disponível em: https://assets.publishing.service.gov.uk/government/uploads/system/uploads/attachment_data/file/492972/gs-16-1-distributed-ledger-technology.pdf. Acesso em: 2 jun. 2020.

UNIÃO EUROPEIA. The European Commission's science and knowledge service. *Blockchain now and tomorrow:* assessing multidimensional impacts of distributed ledger technologies. European Commission, Joint Research Centre, Brussels, 2019. Disponível em: https://ec.europa.eu/jrc/en/facts4eufuture/blockchain-now-and-tomorrow. Acesso em: 14 dez. 2020.

UNODC. *Corrupção e Desenvolvimento*. Disponível em: https://www.unodc.org/documents/lpo-brazil/Topics_corruption/Campanha-2013/CORRUPCAO_E_DESENVOLVIMENTO.pdf. Acesso em: 23 mar. 2020.

VAINZOF, Rony. Disposições Preliminares. *In:* MALDONADO, Viviane Nóbrega; BLUM, Renato Opice (Coord.). *LGPD:* Lei Geral de Proteção de Dados comentada. São Paulo: Thomson Reuters Brasil, 2019.

VIANA, Ana Cristina A.; KREUZ, Letícia Regina C. Administração Pública na aldeia global: enfrentando o "admirável mundo novo" das tecnologias disruptivas. *In:* MOTTA, Fabrício; GABARDO, Emerson (Coord.). *Limites do controle da administração pública no Estado de Direito.* Curitiba: Íthala, 2019.

WARBURG, Bettina. *How the blockchain will radically transform the economy.* Disponível em: https://www.ted.com/talks/bettina_warburg_how_the_blockchain_will_radically_ transform_the_economy. Acesso em: 10 dez. 2020.

WEFORUM. *Exploring Blockchain Technology for Government Transparency:* Blockchain-Based Public Procurement to Reduce Corruption. Disponível em: https://www.weforum.org/ reports/exploring-blockchain-technology-for-government-transparency-to-reduce-corruption. Acesso em: 2 jun. 2020.

WHERTEIN, Jorge. A sociedade da informação e seus desafios. *Scielo.* Inf., Brasília, v. 29, n. 2, p. 71-77, maio/ago. 2000. Disponível em: https://www.scielo.br/pdf/ci/v29n2/ a09v29n2.pdf. Acesso em: 2 maio 2020.

ZANON, Patricie Barricelli; GERCWOLF, Susana. Programas de Compliance e incentivos no combate à corrupção no Brasil. *In:* NOHARA, Irene Patrícia; PEREIRA, Fábio Bastos (Coord.). *Governança, Compliance e Cidadania.* 2. ed. rev., atual. e ampl. São Paulo: Thomson Reuters Brasil, 2019.

ZENKNER, Marcelo. *Integridade governamental e empresarial:* um espectro da repressão e da prevenção à corrupção no Brasil e em Portugal. Belo Horizonte: Fórum, 2019.

ZENKNER, Marcelo. Sistemas públicos de integridade: evolução e modernização da Administração Pública brasileira. *In:* ZENKNER, Marcelo; CASTRO, Rodrigo Pironti Aguirre de (Coord.). *Compliance no setor público.* Belo Horizonte: Fórum, 2020.

ZIMBICO, Octávio José. O Estado e a Sociedade Civil: uma relação histórica baseada no exercício do poder? *Revista Brasileira de Estudos Políticos,* Belo Horizonte, n. 120, p. 341-368, jan./jun. 2020.

APÊNDICE

Entrevista do Coordenador do Departamento de Tecnologia da Informação da Companhia de Desenvolvimento e Ação Regional da Bahia (CAR)

1) Existiram estudos preliminares para a criação da tecnologia SOL no âmbito das compras públicas? Se sim, quais foram?

Na verdade, a ideia partiu do Setor de Aquisições do Banco Mundial, juntamente com as equipes dos Projetos Bahia Produtiva (Bahia) e Governo Cidadão (Rio Grande do Norte), que verificaram a necessidade de um aplicativo para a compra no âmbito dos subprojetos visando facilitar todo o processo. Algumas questões que vinham sendo visualizadas serviram entre algumas motivações. Entre elas podemos citar:

- Dificuldade das entidades (associações e cooperativas) encontrarem fornecedores em quantidade e com requisitos adequados para participar das licitações;
- Dificuldade das entidades na elaboração de documentos (edital, atas, contratos).

2) Existe algum *paper* informando como a tecnologia SOL funciona? Se sim, poderiam disponibilizar?

Existem manuais de uso do SOL e algumas apresentações utilizadas para demonstrar o aplicativo (sol-app.net).

3) Como a ferramenta funciona na prática?

A entidade cria a licitação e na data de abertura o processo fica disponível para os fornecedores encaminharem as propostas.

4) Em quais momentos do processo licitatório e das contratações a ferramenta se aplica?

Em todo o processo.

5) Existe análise de KPIs em relação à efetividade da ferramenta para combate à corrupção?

Ainda não foi aplicado nenhum indicador. O que temos é a tecnologia *blockchain*, que fica responsável por fazer com que as transações estejam em ambiente seguro, garantindo integridade e confiabilidade no processo.

6) A utilização da ferramenta aumenta a transparência nas contratações públicas?

Totalmente. Todo o processo pode ser auditado pelos órgãos de controle.

Esta obra foi composta em fonte Palatino Linotype, corpo 10
e impressa em papel Offset 75g (miolo) e Supremo 250g (capa)
pela Gráfica Paulinelli.